©HeRaS Verlag, Rainer Schulz, Göttingen 2017
www.herasverlag.de
Layout Buchdeckel Rainer Schulz
Das Motiv zeigt die Berolina
auf dem Alexanderplatz um 1905
ISBN 978-3-95914-128-4

DIE DENKMÄLER BERLINS

Ein historischer Streifzug

mit
HERMANN MÜLLER-BOHN
und
RAINER V. SCHULZ

Ich bitt' Euch, lasst uns sättigen den Blick
An jedem Denkmal, jedem Ehrenmal,
Das diese Stadt verschönt.
(Shakespeare: „Was Ihr wollt".)

INHALT

Denkmäler sind Zeugen der Vergangenheit	11
Vorwort der Ausgabe von 1905	17

TEIL I: ZWISCHEN ALEXANDERPLATZ UND BRANDENBURGER TOR

Die Berolina	24
Das Lutherdenkmal	29
Das Reiterdenkmal des großen Kurfürsten	33
Der monumentale Schlossbrunnen	41
Die beiden Wandbrunnen am Marstallgebäude	48
Das Nationaldenkmal für Kaiser Wilhelm I.	50
Der Schinkelplatz: F. Schinkel, P. Beuth, A. Thaer	60
Die Kriegergruppen auf der Schlossbrücke	66
Die Rossebändiger	69
Die Bronzestatue des heiligen Georg	72
Das Coligny-Denkmal	74
Das Reiterdenkmal König Friedrich Wilhelms III.	76
Der Lustgarten	83
Das Reiterdenkmal König Friedrich Wilhelms IV	91
Das Denkmal des Dichters Adelbert Chamisso	94
Der Marmorne Monumentalbrunnen	96
Das Nationaldenkmal für Kaiser Friedrich III.	98
Zu beiden Seiten der Königswache	102
Gegenüber der Königswache	105
Das Reiterdenkmal Friedrichs des Großen	114
Das Brandenburger Tor	130

TEIL II: DER TIERGARTEN

Die Monumente des Kaisers und der Kaiserin Friedrich	140
Das Goethe-Denkmal	145
Die Löwengruppe	148
Das Lessing Denkmal	151
Das Richard-Wagner-Denkmal	158
Das Denkmal der Königin Luise	161
Das Denkmal Friedrich Wilhelm III.	167
Haydn-Mozart-Beethoven-Denkmal	172
Der Großfürstenplatz	178
Jagdgruppen am Großen Stern	182

TEIL III: DIE SIEGESALLEE

Der Rolandsbrunnen	192
Die Denkmäler der Siegesallee	195
Der Königsplatz	236

TEIL IV: DER WESTEN MIT CHARLOTTENBURG

Die Technische Hochschule	260
Das Reiterstandbild Kaiser Friedrichs	263
Das Denkmal des Prinzen Albrecht	265
Das Mausoleum zu Charlottenburg	267
Das Denkmal Bismarcks	274
Das Bodinius-Denkmal	277
Die Herkulesbrücke	281
Die beim Baden gestörte Nymphe	286
Bronzegruppen auf der Potsdamer Brücke	288

TEIL V DER BERLINER SÜDEN

Der Leipziger Platz	294
Der Generalpostmeister	297
Die Denkmäler der Helden des siebenjährigen Krieges	301
Das Schleiermacher-Denkmal	311

Das Schiller-Denkmal	313
Denkmal des Staatskanzlers von Hardenberg	318
Das Stein-Denkmal	322
Der Spindlerbrunnen	326
Das Standbild der heiligen Gertraude	329
Die Fischerbrücke	332
Das Denkmal Waldecks	338
Das Denkmal des Turnvaters Jahn	340
Das Kriegerdenkmal auf dem Garnisonskirchhof	344
Die Friedenssäule auf dem Belle-Allianceplatz	346
Die Denkmäler im Victoriapark	349

TEIL VI: DER BERLINER NORDEN UND OSTEN

Friedrichshain	368
Das Schulze-Delitzsch-Denkmal	372
Die Wäscherin	376
Das Denkmal Wilms	379
Das Feuerwehrdenkmal	381
Das Denkmal auf dem Koppenplatz	384
Das Denkmal Senefelders	385
Die Invalidensäule im Invalidenpark	388
Die Bronzebüste von Neuhaus	392
Das Denkmal Albrecht von Graefes	394
Die Löwengruppe vor dem Kriminalgericht	397
Anhang	403
Quellen	413
Reklame	415

Dom mit Friedrichsbrücke und Börse

DENKMÄLER SIND ZEUGEN DER VERGANGENHEIT

Nach seiner Gründung erlebten das Deutsche Reich und seine Hauptstadt einen ungeheuren wirtschaftlichen und kulturellen Aufstieg. Lebten in Berlin 1871 etwa 900.000 Einwohner, so wuchs diese Zahl bis 1905 auf 2 Millionen. Übrigens ohne die Städte Charlottenburg, Köpenick, Neukölln, Schöneberg, Spandau und Wilmersdorf, die gemeinsam mit einigen Umlandgemeinden erst 1920 nach Groß-Berlin eingemeindet wurden. Damit war die Stadt, gemessen an der Zahl seiner Einwohner (3,8 Millionen), die drittgrößte Stadt der Welt.

Gleichzeitig entwickelte sich ein geradezu übersteigerter Nationalstolz mit dem Königreich Preußen und seiner glorifizierten Vergangenheit im Mittelpunkt. Wie konnten Sieg und Heldentum besser dargestellt werden, als in Denkmälern? Berlin wimmelte geradezu davon. Wilhelm II., der sich um die Errichtung von Denkmälern besonders verdient gemacht hatte, erhielt sogar im Volksmund den Beinahmen „Denkmal-Willy".

Und so dauerte es nicht lange, bis dazu zahllose Bücher veröffentlicht wurden. Eines davon, „Die Denkmäler Berlins in Wort und Bild" von Hermann Müller-Bohn, ein gut ausgestattetes Buch, im Format von ca. 21 x 30 cm, (Das DIN-Format gibt es erst seit 1922) erschien in mehreren Auflagen. Es sollte ... *zum ersten Male den Versuch bieten, in volkstümlicher, auch der Jugend verständlicher Sprache die Bedeutung der Denkmäler Berlins nach der geschichtlichen und kunstgeschichtlichen Seite hin in Wort und Bild zu erklären.*

Hermann Müller-Bohn (1855-1917), Bankbeamter, Verlagsmitarbeiter und Volksschullehrer -die Schriftstellerei betrieb er nebenher- war seinerzeit ein bekannter preußisch-deutsche Biograf von beispielsweise Kaiser Friedrich III. (1889) und Moltke (1891). Aber auch Werke wie „Deutschlands Ruhmeshalle" oder „Des Deutschen Vaterland" gehörten zu seinem Oeuvre.

Hermann Müller-Bohn wählte bei seinen Streifzügen auch heute noch leicht nachvollziehbare Wege; Interessierte sind geladen, seinen Spuren zu folgen.

Die Ausgabe von 1905 seiner Berliner Denkmäler, mit all dem Pathos jener Zeit, bildet die Grundlage für unsere historischen Streifzüge, ergänzt um zeitgenössische Anmerkungen.

Es wird aber auch der Frage nachgegangen, was aus den Denkmälern wurde. Sie wurden versetzt, im Kriege zerstört oder aus ideologischen Gründen entfernt. Insbesondere im Ostteil der Stadt war man in den 50er Jahren im Umgang mit politisch nicht adäquaten Skulpturen wenig zimperlich. Das traf nicht nur Preußens Glanz und Gloria, sondern ebenso den noch kurz zuvor hoch verehrten Genossen Stalin. Dessen überlebensgroßes Standbild wurde 1951 in der Stalinallee mit viel Pomp eingeweiht. Nur zehn Jahre später wurde die Skulptur stillschweigend wieder entfernt und eingeschmolzen. Der betreffende Abschnitt der Stalinallee wurde in Karl-Marx-Alle umbenannt.

Auch nach der Wende setzte sich die Tradition fort. Der Bürgermeister von Berlin, Eberhard Diepgen, wollte alle Denkmäler der DDR abräumen, Straßen umbenennen, den Palast der Republik abreißen. Sein Stadtentwickler Volker Hassemer erklärte, die Revolution von 1989 sei erst dann beendet, wenn das letzte DDR-Denkmal verschwunden sei. Ein Beispiel:

Auf dem „Leninplatz", in Berlin Friedrichshain, ehedem „Landsberger Platz" heute „Platz der vereinten Nationen", wurde am 19. April 1970 vor etwa 200.000 Besuchern das 19 m hohe Lenindenkmal eingeweiht.

1991 beschlossen die Abgeordneten des Stadtbezirks Friedrichshain mehrheitlich den Abriss des Denkmals. Daraufhin strich Hassemer die Skulptur von der Liste der Berliner Denkmäler. Anwohner protestierten, gründeten eine Bürgerinitiative und klagten gegen den Abriss – ohne Erfolg: Am 8. November 1991 begannen die Arbeiten. Das Denkmal wurde zerlegt und die Teile in einer Sandgrube nahe Müggelheim vergraben. Gerüchten zufolge, haben ehemalige Stasimitarbeiter sogar das Gelände bewacht, damit Lenin unversehrt bliebe. (Foto: Bundesarchiv)

2009 wurde eine Dauerausstellung in der Spandauer Zitadelle zu den Denkmälern Berlins konzipiert, zu der auch, zumindest, der Kopf des Lenindenkmals wieder ausgegraben werden sollte. Der Senat entschied 2014 allerdings, den Kopf nicht freizugeben, weil die Denkmalschutzbehörde inzwischen für den Erhalt des gesamten Denkmals, was ja offiziell gar kein Berliner Denkmal mehr war, votierte. Außerdem fehle das Geld. Einen Monat später erfolgte nach massiven Protesten die Kehrtwende; allerdings nicht ohne neue Schwierigkeiten. Der „Tagesspiegel" schrieb: „Auf jenem Hügel (in den Müggelbergen) hat sich dank sonniger Lage und Gestrüpps eine unbekannte Zahl streng geschützter Zauneidechsen angesiedelt, die im Sommer mit einem Folienzaun samt vergrabenen Puddingbechern eingesammelt und auf eine eigens freigelegte Nachbarfläche umgesiedelt wurden."

Heute liegt der Kopf in Spandau.

Das Königreich Preußen endete mit der Abdankung von Kaiser Wilhelm II. und dem Ausrufen der Republik 1918. Diese Republik wurde übrigens zweimal ausgerufen: Am frühen Nachmittag des 9. November von Philipp Scheidemann (SPD) von der Reichskanzlei aus, und kurze Zeit später von Karl Liebknecht (USPD) vor einem Portal des Stadtschlosses – Letzterer rief eine „freie sozialistische" aus. Dieses Portal wurde beim Bau des Staatsratsgebäudes der DDR rekonstruiert und in dasselbe eingebaut.

Der Staat Preußen wurde erst 1947 vom Alliierten Kontrollrat aufgelöst, sein letzter Ministerpräsident war Hermann Göring.

Doch nun brechen wir auf in die Kaiserzeit.

Deckblatt der Ausgabe von 1905

VORWORT
(...der Ausgabe von 1905)

Die Kunst dem Volke! Dies in letzter Zeit so oft gehörte Schlagwort ist zu einer Parole geworden, unter welcher man die verschiedenartigsten kunst- und volkspädagogischen Absichten zusammenzufassen pflegt. Gewiss ein hohes, erstrebenswertes Ziel! Sollte unser Volk dem Einfluss der Kunst und des Schönen weniger zugänglich sein als die alten Hellenen? Fast scheint es so, wenn man an den Denkmälern der Kunst beobachtet wie Jahr für Jahr Tausende und Abertausende hier achtlos vorübergehen. Ja, man kann die unziemlichsten Scherze gerade vor den Denkmälern hören, welche Begeisterung und Pietät in den Herzen der Beschauer erwecken sollen, so dass man ernstlich im Zweifel darüber sein kann, ob diese Kunstschöpfungen den breiten Massen des Volkes gegenüber ihren Zweck erfüllen. Aber die Ursache dieser betrübenden Erscheinung liegt wohl noch in einem anderen Umstande. Auch derjenige fremde oder einheimische Beschauer, der mit Bewunderung und spannungsvollem Interesse vor die Denkmäler der Kunst hintritt, verlässt sie oft mit geteilten Empfindungen. Die Tatsache, dass er dies oder jenes sich an ihnen nicht erklären kann, diese oder jene allegorische oder symbolische Darstellung ihm völlig dunkel bleibt, verstimmt ihn, erfüllt ihn mit einem Gefühl des unbefriedigt Seins, das den ästhetischen Genuss des Kunstwerkes stark beeinträchtigt.

Aus dieser Tatsache heraus entstand vor einigen Jahren das vorliegende Buch, welches zum ersten Male den Versuch wagte, in volkstümlicher, auch der Jugend verständlicher Sprache die Bedeutung der Denkmäler Berlins nach der geschichtlichen und kunstgeschichtlichen Seite hin in Wort und Bild zu erklären. Der Versuch konnte nach dem Erfolg als völlig gelungen bezeichnet werden. Er rief aus den Reihen der Kunstfreunde, namentlich auch der Berliner Schulmänner, sowie zahlreicher hochstehender Militärs eine große Reihe von Zustimmungen und günstigen Beurteilungen hervor, die dem Buche schnell seinen Weg bahnten. Seitdem ist die Zahl der Berliner Denkmäler um mehr als das Doppelte gestiegen, und das längst vergriffene Buch präsentiert sich jetzt in einem völlig neuen Gewande. Es ist mit seinen 142 Denkmalabbildungen genau um hundert Illustrationen und auch textlich fast um das Dreifache vermehrt worden.

Den Berlinern selbst wird die Tatsache überraschend sein, dass die Zahl der öffentlichen Denkmäler - die an den Sockeln figurenreicher Monumente (Friedrich der Große, Luther) dargestellten Persönlichkeiten allerdings miteingerechnet - auf mehr als 500 gestiegen ist. Den Berufsständen nach stellen 85 Denkmäler Fürsten und Fürstinnen dar; Staatsmänner und hohe Verwaltungsbeamte sind vertreten mit 41; Feldherren mit 55; Gelehrte mit 33; hervorragende Bürger, Volksmänner und für das Gemeinwohl tätig Gewesene mit 10; Dichter und Schriftsteller mit 22; Musiker, Komponisten mit 7; Maler, Bildhauer, Baumeister, Ingenieure mit 24; berühmte Theologen mit 16; Großindustrielle mit 5 Denkmälern. Dazu kommen die Krieger- und Nationaldenkmäler, die zahlreichen Schmuckdenkmäler und Monumentalbrunnen, wobei bemerkt werden muss, dass die Skulpturen an Brücken, an privaten und öffentlichen Gebäuden (mit geringen Ausnahmen) aus räumlichen Gründen keine Aufnahme finden konnten. Bei den wichtigeren, Denkmälern ist auf deren Geschichte eingegangen; auch die Größenverhältnisse und Herstellungskosten fehlen bei den meisten nicht. Nicht zu umgehende Kunstausdrücke wie Apsis, Architrav, Voluten usw. sind - dem bildenden Zwecke des Buches entsprechend - durch Fußnoten kurz erläutert worden.

Die Denkmäler Berlins sind ein Stück Geschichte unseres Vaterlandes, sie begleiten das nationale, geistige und gewerbliche Aufblühen unseres Staates wie seiner Reichshauptstadt; sie sind ein Bild ihres Werdens und Wachens. Mögen Jugend und Volk zu den Fürsten und Helden, den Dichtern und Denkern und Volksmännern, den Gelehrten und Erfindern, welche allesamt mithalfen an dem Aufbau unserer nationalen und geistigen Größe, aufschauen in begeisterungsvoller Bewunderung, in dem Streben, ihnen nachzueifern in den Taten und Tugenden, welche sie würdig machten, noch nach Jahrhunderten in Stein und Erz zu den nachgeborenen Geschlechtern zu reden. Ein Volk, welches seine großen Männer ehrt, ehrt sich selbst.

Steglitz - Berlin, den 18. August 1905. Hermann Müller-Bohn.

Teil I

Zwischen Alexanderplatz und Brandenburger Tor

Stadtplan 1905

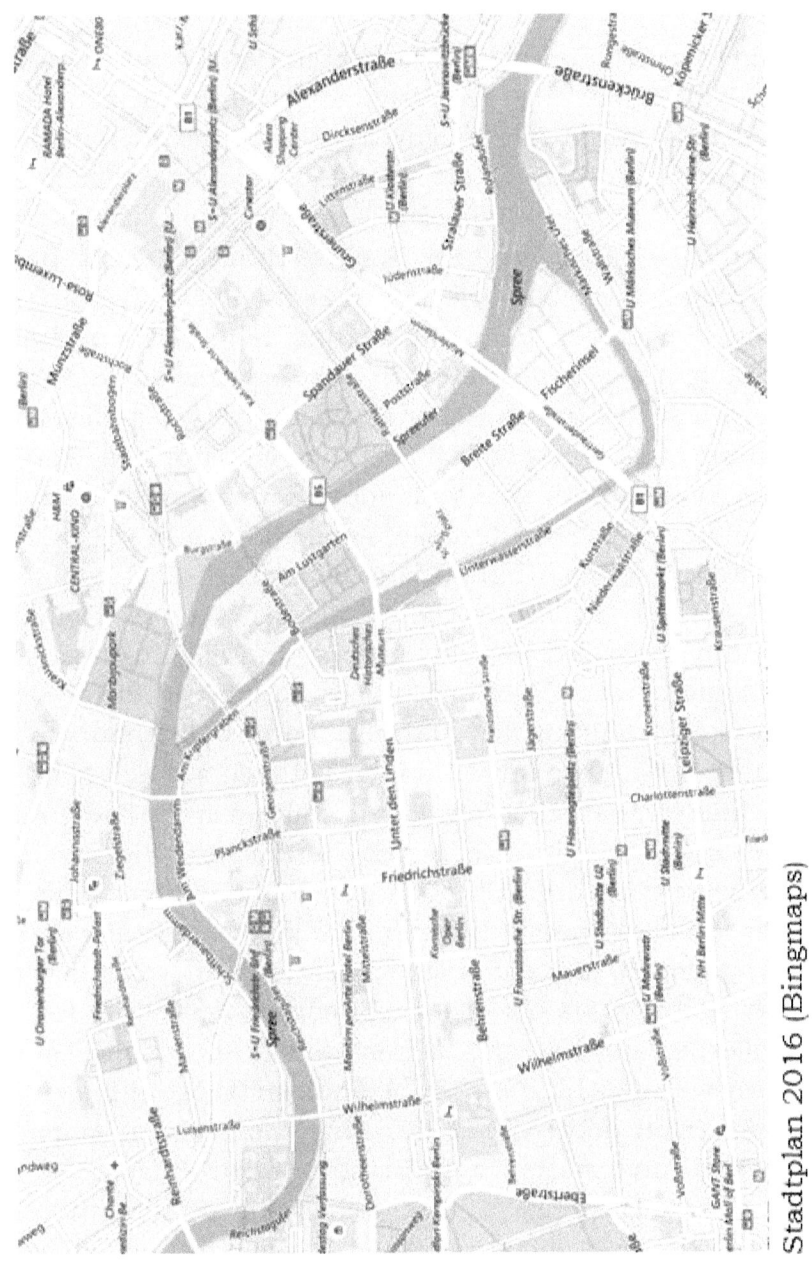

Stadtplan 2016 (Bingmaps)

DIE BEROLINA

Auf dem Alexanderplatz, im Herzen Berlins, an einer Stelle, wo der Verkehr der Weltstadt am mächtigsten flutet, erhebt sich die Riesenfigur der Schutzgöttin Berlins auf einem Sockel von rotem Granit. Das ursprüngliche Modell entwarf der Bildhauer Hundrieser aus Anlass des festlichen Einzugs des Königs Humbert von Italien (1890), bei welcher Gelegenheit es in Gipsausführung auf dem Potsdamer Platz Aufstellung fand. Das mächtige, 7,50 m hohe, durch Peters in Kupfer getriebene Standbild zeigt ein jugendlich schönes Weib von edler Gestalt in stolzer, selbstbewusster Haltung. Die üppigen Formen des Oberkörpers sind von einem Kettenpanzerhemd umschlossen. Die vorn zusammengeraffte, um den Gürtel gebundene, nach hinten lang herabfallende Faltenmasse erhöht die malerische Wirkung der Statue. Das edle Haupt schmückt die Mauerkrone und ein Kranz aus Eichenlaub. Vom Hals herab fällt die lange goldene Kette, die auf der Brust das Amtszeichen des Oberhauptes der Stadt trägt. Die rechte Hand stützt sich auf einem hohen Schild von barocker Form; das uralte Wappenbild darauf, der Bär, erzählt eine reiche Geschichte. Bis ins Jahr 1244 reichen die Urkunden der Stadt Berlin zurück, die der Schwesterstadt Kölln bis 1238. Lange hat das alte Wappentier aufrecht gestanden in stolzer, selbstbewusster Haltung, bis der eiserne Friedrich, der zweite Hohenzoller, es auf die Vordertatzen zwang. Aber die Hohenzollern wussten klug die Selbständigkeitsbestrebungen der Märker zu achten. Der Bär ging wieder hoch emporgerichtet, und in dem aufwärtsstrebenden Fluge der brandenburgisch-preußischen Geschichte hat die Stadt Berlin ihre Geschicke mit denen ihrer Fürsten trefflich zu vereinen gewusst. In Leid und Freud stand die Stadt treu zu ihren Fürsten, dabei immer bestrebt, ihre Selbständigkeitsrechte zu wahren, für die Freiherr vom Stein im Jahre 1808 durch die Städteordnung den gesetzlichen Boden schuf. Noch heute bildet die Selbstverwaltung den größten Stolz der Reichshauptstadt, und die Schutzgöttin auf dem Alexanderplatz, die stolze Berolina, ist schnell zu einem volkstümlichen Wahrzeichen der Stadt geworden. Wie zum Willkommensgruße streckt sie dem Fremden die Linke entgegen.

Modell für die Berolina stand die Berliner Blumenverkäuferin Anna Sasse, die bereits 1887 für ein Bild der Berolina von Johannes Mühlenbruch Modell gestanden hatte, welches im Roten Rathaus aufgehängt wurde.

Gegen Ende des Ersten Weltkriegs wollte das deutsche Militär die Statue zur Munitionsgewinnung einschmelzen lassen; dazu kam es jedoch wegen des Kriegsendes nicht mehr (richtiger: noch nicht, wie wir gleich sehen werden).

Die Berolinastatue wurde 1927 im Zuge der Großbaustelle für die U-Bahn entfernt und in einen Schuppen an der Treptower Chaussee, nahe dem S-Bahnhof Treptower Park gebracht. Nach Abschluss der Bauarbeiten sollte die Statue wieder ihren alten Platz einnehmen. Allerdings kam der Magistrat 1929 zu der Erkenntnis, dass die Berolina keinen künstlerischen Wert habe, und sie deshalb nicht wieder aufgestellt werden sollte. So lautete die offizielle Mitteilung: „Der Magistrat beschloss, von einer abermaligen Aufstellung der Berolina aus künstlerischen Rücksichten Abstand zu nehmen. Die Bronze-Statue soll vielmehr veräußert werden."

Nach langem Hickhack und auf großen öffentlichen Druck, und sicher auch wegen der Zusage der Berolina-Grundstücksgesellschaft, die Kosten von geschätzten 51.000 Mark zu übernehmen, wurde die Berolina am 28. Oktober 1933 doch aufgestellt. Zwar nicht am gleichen Standort - dort befand sich jetzt der U-Bahneingang - sondern an der Südseite des Alexanderplatzes, der damals die Bezeichnung „Platz" noch zu Recht trug, unweit der heutigen Weltzeituhr.

Am 27. März 1940 erließ Generalfeldmarschall Hermann Göring den „Aufruf zur Metallspende des deutschen Volkes". Ziel war die Beschaffung kriegswichtiger Rohstoffe.

Dieser Aufruf richtete sich nicht nur an Privatleute, sondern auch Kommunen, Firmen, Vereine und Kirchengemeinden. Bereits zwei Tage nach Görings Aufruf, wurde eine Verordnung zum Schutz der Metallsammlung des deutschen Volkes erlassen, in der es u. a. heißt: „Wer sich an gesammeltem oder von Verfügungsberechtigten zur Sammlung bestimmtem Metall bereichert oder solches Material sonst seiner Verwendung entzieht, schädigt den großdeutschen Freiheitskampf und wird daher mit dem Tode bestraft."

Und so kam es zu einer systematischen Erfassung von Metallgegenständen im öffentlichen Raum, also auch von Denkmälern. 1942 setzten die Nationalsozialisten auch die Berolina auf die Liste der „künstlerisch unbedeutenden" Plastiken. Diese Liste, die uns noch häufiger begegnen wird, umfasste allein in Berlin 191 Objekte.

1943 wurde die Berolina endgültig entfernt und aller Wahrscheinlichkeit nach eingeschmolzen.

Die Basalt-Platten, die den Betonsockel umgaben wurden Anfang der Fünfzigerjahre als begehrtes Baumaterial abmontiert und bei der Anlage von Gehegen im Berliner Tierpark Friedrichsfelde verwendet. 1958 wird der Alexanderplatz vollkommen umgestaltet – nichts erinnert mehr an die Berolina.

Wer sie dennoch sehen will, möge das Märkische Museum besuchen, denn dort gibt es eine Replik, die ebenfalls von Hundrieser geschaffen wurde. Sie ist allerdings nur etwa 30 Zentimeter groß.

Doch der Kampf geht weiter: Zur Rückgewinnung des „Historischen Berlins" wurde am 30. Januar 2000 der Förderverein zur „Wiedererstellung und Pflege der Berolina" gegründet; 2001 wurde die Gemeinnützigkeit erlangt.

Man kann dem Verein bei seinem Vorhaben nur viel Erfolg wünschen, wenngleich ein solches Ensemble natürlich nicht wieder herstellbar ist. Hier ein Eindruck; der Alexanderplatz wie ihn Hermann Müller-Bohn im Jahre 1903 gesehen hat:

DAS LUTHERDENKMAL

Die Königstraße entlang wandernd, an den prächtigen Königskolonnaden vorbei, einer Schöpfung Gontards, des Hofbaumeisters Friedrichs des Großen, gelangen wir an den Hohen Steinweg. Die kurze Straße führt nach wenigen Schritten auf den Neuen Markt. Hier im Angesicht der ehrwürdigen Marienkirche erhebt sich

das Lutherdenkmal,

begonnen von Otto, nach dessen Tode vollendet von Robert Toberentz. Zu der von einer Balustrade umgebenen Plattform steigt man auf zehn Stufen empor. Aus der Mitte der zahlreichen, in charakteristischen Stellungen den

Sockel umgebenden Gestalten, die Gehilfen Dr. Martin Luthers darstellend, erhebt sich die hochragende Gestalt des kühnen Reformators. In der Linken die aufgeschlagene Bibel haltend, mit der Rechten voll heiliger Überzeugung auf die Schrift weisend, die Quelle seiner Glaubensstärke, auf welche er, als die einzig maßgebende Richtschnur, seine Gegner immer und immer wieder verwies, so steht er da als der streitbare, der kämpfende, der siegende Luther. Zu seinen Füßen die treuen Gehilfen und kühnen Streiter der Reformation; links die hohe, schlanke Gestalt Melanchthons, Luthers Hauptmitarbeiter, des gelehrten und freimütigen Verfassers der „Augsburger Konfession" und der „Apologie"; auf der rechten Seite Bugenhagen, der Reformator Pommerns; vor Melanchthon die sitzenden Gestalten Reuchlins und Spalatins, zweier hervorragender Theologen der Reformationszeit; vor Bugenhagen die sitzenden Gestalten von Cruciger und Jonas, Luthers Mitarbeitern bei der Bibelübersetzung. Auf den Treppenwangen vor dem Denkmal die von Toberentz genial ausgeführten sitzenden Gestalten Huttens und Sickingens; rechts Ulrich von Hutten, der von Kaiser Maximilian I. zum Dichter gekrönte streitbare Freund Luthers, einer der kühnsten Vorkämpfer für geistige Freiheit im Reformationszeitalter („Ich hab's gewagt!"); links Franz von Sickingen, Huttens Freund, das mächtige Schwert, mit dem er, wie dieser, für die Reformation eingetreten, trotzig über beide Knie gelegt.

Der von Müller-Bohn beschriebene Weg, führte über die heutige Rathausstraße (damals Königstraße). Die Königskolonnaden waren wirklich sehenswert. 1910 wurden beide Kolonnaden abgetragen und an der Ostseite des Kleistparks an der Potsdamer Straße wieder aufgebaut. Hier eine Aufnahme am alten Standort, von Waldemar Titzenthaler aus dem Jahre 1909:

Der Hohe Steinweg begann direkt vor dem Rathaus und entspricht heute etwa dem Weg, der in Richtung Neptunbrunnen führt. Der Neue Markt befand sich Kaiser-Wilhelm-Straße (heute Karl-Liebknecht-Straße)/Ecke Spandauer Straße.

Tatsächlich handelte es sich um eine der größten Denkmalanlagen der Stadt aus jener Zeit. Im Krieg wurden die Begleitfiguren am Sockel der Anlage eingeschmolzen, Luther selber blieb hingegen unversehrt.

Der Neue Markt wurde von Fliegerbomben komplett zerstört, auch diese hat die Lutherfigur überstanden. Sie wurde zunächst im Berliner Stadtteil Weißensee untergebracht, und im Oktober 1989, kurz vor dem Fall der Mauer an der Nordseite der Marienkirche, unweit ihres alten Standortes wieder aufgestellt.

Damit nicht genug – 2017 ist schließlich das Lutherjahr. Folglich haben das Land Berlin und die evangelische Kirche einen Wettbewerb für eine Neugestaltung des Denk-

mals durchgeführt. Nun soll zusätzlich zur bestehenden Figur noch eine aus poliertem Aluminium aufgestellt werden. Beide Figuren sehen sich an, als ob sie in einen Dialog treten.

Der doppelte Martin!

Warum hatte eigentlich niemand die Idee, ihm Katharina von Bora, seine Frau, zur Seite zu stellen?

REITERDENKMAL DES GROßEN KURFÜRSTEN

Die Kaiser Wilhelmstraße bis zur Heilige-Geist-Straße entlang wandernd und dann in diese einbiegend, gelangen wir in kurzer Zeit wieder nach der Königstraße zurück und dann nach wenigen hundert Schritten zu dem

Reiterdenkmal des Großen Kurfürsten.

Geschichte des Denkmals: Auf der Kurfürstenbrücke, an einer geschichtlich in mehrfacher Hinsicht merkwürdigen Stelle, erhebt sich majestätisch das Reiterstandbild Friedrich Wilhelms, des großen Kurfürsten, des Schöpfers und Begründers des brandenburgisch-preußischen Staates. Die Brücke, welche unter dem Namen „Lange Brücke" in früheren Jahrhunderten in einer bedeutend größeren Ausdehnung die seit 1307 vorübergehend zu einem Gemeinwesen vereinigten Schwesterstädte Berlin und Kölln verband, ist schon aus dem Grunde denkwürdig, weil auf ihr das gemeinschaftliche Rathaus beider Städte gestanden hat.

Schon in seinen ersten Regierungsjahren hatte Kurfürst Friedrich III., der nachmalige König Friedrich I. (1688-1701-1713) sich mit der Absicht getragen, seinem großen Vater ein Denkmal auf dieser Brücke zu errichten. Der Neubau der Brücke, welche uns mit dem Monument zusammen als ein einziges, harmonisch wirkendes Baudenkmal entgegentritt, begann im Jahre 1692 nach Entwürfen von Nehring.

Mit der Ausführung der Reiterstatue betraute der Kurfürst Andreas Schlüter (1664-1714). Den Guss begann Jakobi am 22. Oktober 1700. Die Enthüllung der Reiterstatue fand am Geburtstage Friedrichs I. (12. Juli 1703) statt. An den Sklaven des Postaments arbeitete Andreas Schlüter noch im Jahre 1706, und noch 1708 war Jakobi mit dem Guss beschäftigt. Die Modelle zu den vier Eckfiguren sind nach Schlüters Skizzen von den Bildhauern Baker, Brückner, Henzi und dem älteren Nahl ins Große übertragen, vor dem Guss jedoch noch einmal von Schlüter selbst überarbeitet worden. Behufs Gewinnung eines besonderen Standplatzes für das Reiterbild wurde das Mitteljoch der Brücke stromaufwärts vorgeschoben. Mit der letzteren selbst wurden im Laufe der Jahre mit Rücksicht auf den sich stetig steigernden Verkehr wiederholt

Veränderungen und Umbauten vorgenommen, die letzten im Jahre 1896, bei welcher Gelegenheit die Brücke im Interesse der Schifffahrt statt der ursprünglich fünf kleineren Bogen drei größere und höhere erhielt und auch bedeutend verbreitert wurde.

Beschreibung des Denkmals: Auf einem marmorverkleideten Sockel erhebt sich majestätisch, weithin sichtbar, in erhabener Ruhe und Einfachheit, wie ein Fels in dem wogenden Meer des Riesenverkehrs das Reiterbild des Begründers der preußischen Monarchie. Die mächtige Gestalt des großen Brandenburgers erscheint in halb römischer, halb dem Geschmacke seiner Zeit angemessener Tracht. Die breite Brust umschließt der eiserne Panzer. Das Haar der mächtigen Allongeperücke wallt ihm bis zur Schulter herab. Das gewaltige Löwenhaupt dem Schloss seiner Ahnen zugerichtet, die rechte Hand mit dem Kommandostab gebieterisch ausgestreckt während unter dem Druck der nervigen Linken das mächtige Ross ruhig und fromm einherschreitet, so tritt der Kurfürst dem Beschauer entgegen als der geborene Herrscher, wie der Feldherr bei der Heerschau, als die mächtige Persönlichkeit, welche nach der traurigen Zeit des dreißigjährigen Krieges Brandenburg-Preußen zu einem Kulturstaat erhob. Einen starken Gegensatz zu der ruhigen Majestät und Erhabenheit dieses Fürstenbildes bilden die heftig bewegten Sklavenfiguren an den vier Ecken des Sockels, ungebärdige, trotzige Gestalten, von denen nur eine das Antlitz Gnade flehend zu dem gewaltigen Herrscher emporhebt. Diese Gestalten stellen teils die von dem Kurfürst bekämpften und besiegten feindlichen Gewalten dar, teils deuten sie auf die sittliche Kraft und unbeugsame Willensstärke, mit welcher er schon in seiner Jugend seine Leidenschaften bezwang.

In der Mitte des Sockels, zwischen den beiden vorderen Eckfiguren, ein prächtig modelliertes Wappenschild aus Bronze, unter diesem die bronzene Widmungstafel mit folgender Inschrift in lateinischer Sprache:

> DIVO FRIDERICO GUILELMO MAGNO
> S. R. I. ARCHIC. ET ELECT. BRANDENB.
> S.R.I. ARCHIC ET ELECT. BRANDENB.
> SUO PATRIAE EXERCITUUM PATRI OPT. MAX. INCLYTO
> QUUM INCOMPARABILIS HEROS DUM VIXIT AMOR
> ORBIS
> AEQUE AC TERROR HOSTIUM EXTITISSET
> HOC PIETATIS ET GLOR. AETERNAE MONUM.
> L. M. Q. P. (Libenter meritoque prorsus)
> PRIMUS E SUA STIRPE REX BORUSS.
> AN. A. CH. N. CDDCCIII.

In deutscher Übersetzung: „Dem erhabenen Friedrich Wilhelm dem Großen, des heiligen römischen Reiches Erzkämmerer und brandenburgischen Kurfürsten, seinem wie des, Vaterlandes und des Heeres trefflichsten, berühmten Vater, der ein unvergleichlicher Held, während seines Lebens, die Liebe der Menschen, aber auch ein Schrecken der Feinde gewesen, setzte dies ewige Denkmal der Verehrung gern und nach vollem Verdienste Friedrich, erster König von Preußen, aus seinem Stamme, im Jahre n. Chr. Geburt 1703."

Die Reliefs auf der östlichen und westlichen Seite stellen mit ihren Sinnbildern und allegorischen Gestalten das Kurfürstentum, beziehungsweise das Königtum dar, darauf hindeutend, wie sich erst auf der durch den großen Kurfürsten begründeten Macht das Königtum aufbauen konnte. Auf der östlichen Seite ist das Kurfürstentum durch eine mit der Kurkrone und dem Zepter geschmückten weiblichen Gestalt gekennzeichnet. Eine Fortuna schwebt auf sie zu, umgeben von den Tugendgestalten der Religion, Tapferkeit. (Herakles) und der Vaterlandsliebe. Letztere ist personifiziert durch Mutius Scaevola, jenen heldenhaften Römer, der, um seine Standhaftigkeit und Vaterlandsliebe zu beweisen, ruhig seine rechte Hand in ein neben ihm loderndes Opferfeuer streckte. Im Hintergrund das alte Schloss als Repräsentant der Kurfürstenzeit. Auf dem westlichen Relief eine auf dem Throne sitzende, mit der Krone geschmückte weibliche Gestalt, einen Palmenzweig in der Hand haltend. Zwei allegorische Figuren übergeben ihr die Abbildungen zur „Langen Brücke". Im Hintergrunde das unter Friedrich I. erbaute königliche Schloss als Repräsentant des Königtums. Am Boden der Flussgott Spree.

Auf der Rückseite, dem Wasser zu, eine in den Marmorsockel eingelassene Bronzetafel mit der Inschrift: „Errichtet unter König Friedrich I. im Jahre 1703. Der Sockel erneuert unter Kaiser Wilhelm II. im Jahre 1896".

Höhe des Reiterstandbildes: 2,90 m, des Sockels 2,70 m, des ganzen Denkmals 5,60 m. Kosten des Reiterstandbildes 126.000 Mk., des gesamten Denkmals 180.000 Mk.

Das Reiterstandbild des Großen Kurfürsten ist eins der hervorragendsten plastischen Werke der Welt, das idealste Denkmal Berlins und die bedeutendste Schöpfung der Spätrenaissance. Mit seiner erhabenen Einfachheit und majestätischen Ruhe, der trefflichen Abstimmung seiner Maße, der glücklichen Harmonie der Hauptfiguren mit den Sockelgestalten, bringt es in künstlerisch vollendeter Durchbildung die mächtige Herrscherpersönlichkeit des Großen Kurfürsten zu vollendeter Wirkung.

Victor Laverrenz erzählt in seinem im Jahre 1900 erschienenen Buch „Die Denkmäler Berlins und der Volkswitz" die folgende Anekdote: Einen sehr dramatischen Beigeschmack hat eine Legende, welche im Volke umgeht von dem traurigen Ende des genialen Bildhauers. Nachdem das Denkmal des großen Kurfürsten unter großem Jubel des Volkes enthüllt war, kam ein Berliner Schusterjunge vorüber und besah sich das Kunstwerk in größter Seelenruhe. Plötzlich wendet er sich verächtlich von dem Denkmal ab und äußert laut: „Det Ding is ja jar nischt wert, da fehlt ja an'n linken Vorderfuß det Hufeisen!" Schlüter, der dies vernahm, soll sich diese vernichtende Kritik so zu Herzen genommen haben, dass er aus Gram darüber, dass trotz seines Strebens, etwas wirklich Vollkommenes zu schaffen, ein solcher Mangel entdeckt wurde, sich in die Spree, welche unter dem Denkmal dahinfließt, gestürzt haben soll. Die Tatsache, dass das Pferd wirklich an allen vier Hufen keine Eisen hat, erklärt sich einfach daraus, dass die römischen Imperatoren ihre Pferde nicht beschlagen zu lassen pflegten.

Über den Tod Schlüters schwebt bekanntlich ein ungelichtetes Dunkel.

Am Standort der Kurfürstenbrücke, der heutigen Rathausbrücke, befand sich die, nach der Mühlendammbrücke, zweitälteste Brücke Berlins, welche damals den Namen „Lange Brücke" trug. Diese wurde 1307 als zweiter Spreeübergang aus Holz gebaut und verband die Städte Berlin und Cölln. Als diese beiden Städte zusammenwuchsen, ließen die Stadtväter ihr erstes gemeinsames Rathaus auf dieser Brücke errichten.

Die Brücke wurde im Laufe der Geschichte mehrfach ausgebaut, und am Ende des Zweiten Weltkriegs von der deutschen Wehrmacht gesprengt, nur das Mittelstück auf dem sich das Standbild ursprünglich befand, stand noch. Das Reiterstandbild des Großen Kurfürsten selbst, war bereits 1943 in Sicherheit gebracht worden: Zunächst kam es auf einem Spreekahn in das Havelland, und nach dem

Krieg, 1946, in den Borsighafen am Tegeler See. Dort versank es aber im Winter 1947.

Taucher fanden es später auf dem Grund des Tegeler Sees, und 1949 wurde das Denkmal geborgen.

Heute befindet sich das Standbild im Ehrenhof des Schlosses Charlottenburg, eine Nachbildung befindet sich im Eingangssaal des Bode-Museums.

Linden, Ecke Friedrichstraße

DER MONUMENTALE SCHLOSSBRUNNEN

Vom Kurfürstendenkmal unsere Blicke auf das Ecke König- und Burgstraße gelegene Kaufhaus „Alte Post" richtend, erblicken wir an der Wasserfront dieses Gebäudes die Bronzestandbilder von Kurfürst Friedrich I., Albrecht Achilles, König Friedrich I. und Friedrich dem Großen. Dann uns westwärts dem alten Königsschlosse zuwendend, zeigt sich unserm Auge mitten auf dem Schlossplatze

der monumentale Schlossbrunnen

Geschichte des Brunnens: Schon Schinkel (1781-1841) hatte den Plan gefasst, zur Erinnerung an die Freiheitskriege auf dem Schlossplatze einen Monumentalbrunnen aufzustellen. Der Gedanke kam nicht zur Ausführung. Spätere Pläne hatten ebenso wenig Erfolg, bis Reinhold Begas (geb. 15. Juli 1831 zu Berlin), angeregt durch seinen Aufenthalt in Rom, wo ihn Salvis berühmter Brunnen, die Fontana di Trevi, sowie die Meisterschöpfungen Berninis auf der Piazza Navona entzückt hatten, den Gedanken eines Monumentalbrunnens von neuem aufnahm. Schon 1880 hatte er einzelne Teile des Brunnens modelliert; bald darauf brachte er seinen Plan in einem kleinen Modell zum vorläufigen Abschluss. Lange stand es in seinem Atelier. Der für alle Kunstbestrebungen so begeisterte Kronprinz Friedrich Wilhelm, der spätere Kaiser Friedrich, interessierte sich lebhaft für den Plan, aber über der Ausführung desselben schwebte noch immer ein Unstern. Erst im Jahre 1888, nach dem Tode der beiden ersten deutschen Kaiser, wurde die Ausführung beschlossen, indem die Stadt Berlin den Brunnen dem Kaiser Wilhelm II. als Huldigungsgeschenk darbrachte. Die Vollendung des Brunnens, bei welchem die Bildhauer Karl Albert Bergmeier, Karl Bernewitz, Johann Götz, sowie des Künstlers Bruder, Karl Begas, dem Meister zur Seite standen, erfolgte 1891, die Enthüllung am 1. November desselben Jahres.

Beschreibung des Brunnens: Der Blick des Beschauers wird zunächst gefesselt durch die mächtige Gestalt des Neptuns (Poseidon), des allgewaltigen Beherrschers der Meere, der auf einem mächtigen Felsblock thront. Das Zeichen seiner Macht, den wogenstillenden Dreizack über die linke Schulter geworfen, die Rechte auf den Schenkel gestemmt, das königliche Haupt, dessen wassertriefender Bart bis auf die Brust herabhängt, in wahrhaft monumentaler Ruhe in die Ferne gerichtet, auf dem Felsen über einer riesigen Muschel thronend, welche von vier mächtigen Tritonen (Seecentauren) getragen wird, so erscheint hier Poseidon wie der von seinen Recken auf den Schild erhobene König der altgermanischen Heldengeschichte. Diese Seecentauren mit ihren menschlichen Oberkörpern, ihren Pferdeleibern und Schwimmflossen, den glotzenden blöden Augen und den weitgeöffneten, wasserspeienden Fischmäulern, mit ihren langen, ineinander geflochtenen Flossenschwänzen, mit den vielgewundenen, nachschleppenden Netzen, an denen die tierischen und pflanzlichen Gebilde des Meeres (Seesterne, Korallen, Fische, Seetang) in naturwahren Gruppierungen hängen, sind Gestalten von wilder, kühner Phantastik, welche, obwohl völlig unabhängige Neuschöpfungen, an die phantastischen Gestalten auf den Meeresidyllen des Malers Böcklin erinnern. Einen lieblichen Gegensatz zu dem finstern barschen Riesen auf dem Muschelthrone und diesen seltsamen vier Meeresgesellen bilden die reizenden Kindergestalten, welche in den mannigfachsten Stellungen, mit dem verschiedensten Gesichtsausdruck ihr munteres, neckendes, oft übermütiges Spiel treiben, bald jauchzend, bis zu dem Bart des Alten emporkletternd, oder den Wasserkrug in die Muschelschale leerend, bald ängstlich an den glatten wasserbespülten Felsen sich festhaltend, wie erstarrt beim Anblick irgend eines der zahlreichen, von ihnen noch nicht geschauten Meeresungeheuer, welche in Gestalt von Schildkröten, Hummern und Meerespolypen herankriechen, mit ihren ausgestreckten Fangarmen nach den reizenden nackten Bübchen langend.

Alle die menschlichen, tierischen und pflanzlichen Gebilde stellen das Kleinleben des Meeres mit einer überraschenden Naturwahrheit, mit einer so jauchzenden Lust, mit einem so milden Humor dar, dass über das ganze Kunstgebilde der Schimmer des wirklichen Lebens gebreitet ist, Und all dieses vielfache, hundertgestaltige Leben ist eingeschlossen von einem Becken aus rotem schwedischen Granit, auf dessen Rand vier prächtige Flussnymphen lagern, die vier größten Ströme Deutschlands darstellend.

Die durch das Obst- und Weizenland Böhmen fließende Elbe ist durch Früchte und Ähren, die Oder durch eine Ziege und Schaffelle (Breslauer Wollmarkt), die durch waldreiche Gegenden strömende Weichsel durch große Holzklötze, der Rhein durch Weinlaub und Fischnetz gekennzeichnet. Diese vier Gestalten von ungewöhnlicher Formenschöne sitzen oder lagern gleich lebenden Wesen auf dem Beckenrand; in natürlicher Haltung über den Rand des Brunnens hinwegragend, berühren sie sich mit der Wirklichkeit, durchschneiden kühn die sonst so strengen Linien der Architektonik und setzen so das frischpulsierende Leben der Hauptstadt mit den Kunstgebilden des Brunnens in innige Beziehung. Und wenn nun alle Wasser springen: aus dem Barte des alten Neptun, aus jeder Muschelsorte, aus den Mäulern der mächtigen Meertritonen, aus den Krügen der allerliebsten Putten, der reizvollsten Geschöpfe des Brunnens, aus den vier diagonal gestellten kolossalen Wassertieren (Seeschildkröte, Seehund, Krokodil und Schlange), aus den Urnen der vier mächtigen Flussnymphen, aufwärts und abwärts in tollem Durcheinander - dann ist dem Beschauer die Täuschung vollkommen, als fühle er sich versetzt in ein Stück des Meerlebens, so dass er auf einige Augenblicke das brandende Gewoge des großstädtischen Lebens um sich her vergisst.

Der Schlossbrunnen, einer der größten Brunnen der Welt (größter Abstand zwischen zwei gegenüberliegenden Ausbuchtungen des Beckens 18m, Höhe bis zur Spitze des Dreizacks 10m), ist eine der eigenartigsten Schöpfungen von Reinhold Begas und dasjenige Werk des Meisters, durch welches er, bis dahin nur in engeren Kunstkreisen bekannt, mit einem Schlage volkstümlich wurde.

Kosten des Brunnens: 378.000 Mk., inkl. Künstlerhonorar und Modelle: 500.000 Mk.

Müller-Bohn erwähnt den Grund für den Originalstandort des Brunnens nicht: Während des barocken Schlossumbaus zu Beginn des 18. Jahrhunderts ließ der Architekt Andreas Schlüter eine runde Scheibe anbringen, als Botschaft an alle: Das Schloss war der Mittelpunkt Berlins, der Mittelpunkt Preußens. Genauer wurde dieser Punkt dann im 19. Jahrhundert durch einen Schinkel-Kandelaber markiert. Und genau an dieser Stelle wurde der Brunnen errichtet.

Von diesem Nullpunkt aus entwickelte man übrigens das preußische Meilensystem. Dessen noch überall sichtbare Meilensteine, die heute teilweise zum UNESCO-Weltkulturerbe zählen, messen ihre Entfernung immer von diesem Punkt aus. Hier eine Meilensäule aus Flensdorf in der Uckermark (Foto: Uckermaerker)

Später, mit Einrichtung des Brunnens, wurde die sog. „Urmeile" vom Schlossplatz an den Dönhoffplatz an der Leipziger Straße verlegt, ohne dass sich die Entfernungsangaben der Meilensteine änderten. (Quelle: Förderverein Berliner Schloss e. V.)

Aus der Königlich-Preußischen Maß- und Gewichtsordnung vom 16. Mai 1816: „Das Grundmaß ist der preußische Fuß. Zwölf dieser Füße machen eine preußische Ruthe. Eine preußische Meile ist eine Länge von zweitausend solcher Ruthen." Ausgehend von einer Ruthenlänge von 3,7662 Metern ergibt sich somit eine Länge von 7.532,48 Metern für eine preußische Meile.
Kurz nach der Reichsgründung, im Jahre 1873 wurde die Maß- und Gewichtsordnung neu gefasst. Fortan galt die neue Einteilung nach Metern, Kilometern und Myriametern, wobei 1 Myriameter der Entfernung von 10 Kilometern entsprach.

Aber zurück zu unserem Brunnen: Um ihn vor den Luftangriffen zu schützen, wurde dieser 1942 komplett eingemauert. Tatsächlich hat er auch die Luftangriffe unbeschadet überstanden. Nach dem Krieg, 1946, wurde er wieder freigelegt. Metalldiebe beschädigten allerdings die Figuren. 1951 wurden diese Figuren eingelagert, der Sockel und die Marmorschüssel komplett zerstört. Erst 1969 wurde er als „Neptunbrunnen" auf seinem heutigen Standort, der großen Freifläche vor dem Roten Rathaus, wieder aufgebaut; die neue Brunnenschale besteht nun aus Granit.

Wilhelm II. kannte seine respektlosen Berliner recht gut. Um den üblichen öffentlichen Spott zu vermeiden, sagte er in seiner Rede zur Enthüllung des Brunnens: „Und damit das Kind einen Namen habe, so denke ich, nennen wir den neuen Brunnen einfach Schlossbrunnen, denn meine lieben Berliner sind etwas boshaft und machen gerne Witze."

Genutzt hat es nichts, denn im Berliner Volksmund wurde der Brunnen „Forckenbecken" genannt, in Anspielung auf den damaligen Bürgermeister Forckenbeck und den Dreizack (Forke), den Neptun in der Hand hält.

Und von den vier Frauengestalten hieß es, sie seien die einzigen Berlinerinnen, die den Rand halten können ...

DIE BEIDEN WANDBRUNNEN AM MARSTALLGEBÄUDE

in den Nischen der Eckrisalite, modelliert von Otto Lessing. Der östliche, nahe der Kurfürstenbrücke, stellt den gefesselten Prometheus dar, der den Menschen zuliebe den Göttern das Feuer stahl und auf die Erde herab brachte und deswegen von den Göttern an einen Felsen des Kaukasus geschmiedet wurde, wo zur Vermehrung seiner Qual ein Adler an seiner stets wieder sich erneuernden Leber fraß. Die Okeaniden, die Töchter des Okeanos, beklagen den gepeinigten Prometheus.

Der westliche (Ecke der Breiten Straße gelegene) Wandbrunnen zeigt die Befreiung der Andromeda durch Perseus.

Da Müller-Bohn keine Illustration liefert, hier eine Aufnahme aus dem Jahre 1951 (Quelle: Bundesarchiv):

Der Marstall war im Krieg zerstört und wurde mit einfacherer Fassade wieder aufgebaut. An Stelle der zwei Wandbrunnen, deren Wiederherstellung möglich gewesen wäre, befinden sich heute zwei Reliefs, die an die revolutionäre Bewegung 1918 erinnern.

„Es lebe die soziale Revolution. Es lebe der Frieden der Völker" steht auf der linken Seite, die rechte zeigt, wie Karl Liebknecht am 9. November die „Freie Sozialistische Republik" ausruft.

DAS NATIONALDENKMAL FÜR KAISER WILHELM I.

Von diesen uns nach Westen wendend und nur wenige Schritte über den Platz schreitend, erblicken wir

das Nationaldenkmal für Kaiser Wilhelm I.

Geschichte des Denkmals: Schon wenige Monate nach dem Tode Kaiser Wilhelms I. begann der bereits zu seinen Lebzeiten gehegte Plan, dem Wiederhersteller des deutschen Reiches ein würdiges Denkmal zu errichten, feste Gestalt zu gewinnen. Kaiser Wilhelm II. ergriff den Gedanken mit der ihm eigenen Energie und berief bereits im Herbst 1888 zur Vorberatung eine Anzahl hervorragender Künstler und Gelehrter (Reinhold Begas, Heinrich von Treitschke u. a.). Für die Ausschreibung eines Wettbewerbs bewilligte der Reichstag in der Sitzung vom 23. Dezember 1888 die Summe von 100.000 Mk. Die eingegangenen 147 Denkmalentwürfe zeigten das eigentümliche Ergebnis, dass die architektonischen Entwürfe, diejenigen der Bildhauerkunst, bei weitem überragten. Den ersten Preis erhielt der Architekt Bruno Schmitz für den Plan eines großartig angelegten Kaiserforums, den zweiten Preis die Architekten Rettig und Pfann. Die Großmeister der Bildhauerkunst: Schaper, Schilling, Hildebrandt, Hilgers u. a. hatten nur geringere Preise davongetragen; Reinhold Begas, der spätere Schöpfer des Denkmals, war ganz leer ausgegangen. Am 2. Juli 1890 wurde durch Reichstagsbeschluss ein zweiter engerer Wettbewerb für den 1. April 1891 ausgeschrieben, zu welchem Begas, obwohl er nicht zu den Siegern der ersten Konkurrenz gehörte, auf Befehl des Kaisers dennoch als Preisbewerber aufgefordert wurde. Bei dieser zweiten Konkurrenz spielte die Platzfrage eine hervorragende Rolle. Kaiser Wilhelm II. hatte von Anfang an als Standort für das Denkmal seines Großvaters einen Platz bestimmt, der gegenüber dem Schloss seiner Ahnen erst durch Niederreißen einer langen Häuserreihe, der sogenannten „Schlossfreiheit", gewonnen werden sollte. Diesem Plane war von vornherein der von Begas in Gemeinschaft mit dem Hofbaurat von Ihne ausgearbeitete Entwurf entgegengekommen, während die übrigen Künstler größtenteils den Platz vor dem Brandenburger Tor als den geeignetsten angenommen hatten. Begas Entwurf fand denn auch den Beifall des Kaisers, und im Dezember 1892 erhielt der Künstler vom Kaiser den endgültigen Auftrag zur Ausführung des Denkmals.

Am 7. November 1893 konnte mit der riesenhaften Reiterstatue begonnen werden, deren Modell bis zum 1. Januar 1895 fertig gestellt war. Bezüglich der Ausführung des architektonischen Hintergrundes zu dem Denkmal fand schließlich nach Aufhebung des Ihneschen Entwurfs ein von dem Architekten Halmhuber, einem Schüler Wallots, in Gemeinschaft mit Begas ausgearbeiteter Plan die Genehmigung des Kaisers. Bei der Vollendung der schwierigen Ausführung des Denkmals wurde Begas von folgenden, zum Teil aus seiner eigenen Schule hervorgegangenen Künstlern unterstützt: Werner Begas, des

Meisters Sohn, Bernewitz, L. Cauer, Felderhoff, Gaul, Kraus, u.a.. Am 18. August 1895, dem 25jährigen Gedenktage der Schlacht bei Gravelotte, fand die feierliche Grundsteinlegung statt. Die Enthüllung des Riesenwerks, welche am 22. März 1897, dem hundertjährigen Geburtstag Kaiser Wilhelms I. vor sich ging, gestaltete sich unter Beteiligung der deutschen Fürsten zu einem großartigen Festtag für die ganze deutsche Nation.

Beschreibung des Denkmals: Das Reiterdenkmal Kaiser Wilhelms I. wird von einer monumentalen, aus gelblichem Sandstein bestehenden, mit dem Rücken sich gegen die Spree lehnenden, nach dem Schloss zu geöffneten Säulenhalle forumartig umgeben. Zwischen dem Denkmal und der sich bis zu einer Höhe von 12m über dem Straßenniveau erhebenden Säulenhalle dehnt sich in einer beträchtlichen Breite ein zur Abhaltung von patriotischen oder Nationalfesten bestimmter Festplatz aus, zu welchem neun Stufen emporführen. Ein in Elfenbein und Schwarz gehaltener Mosaikfries, auf welchem die Wappen sämtlicher deutschen Bundesstaaten auf schwarzem Grund abgebildet sind, umzieht die vorderste Kante dieses Platzes. Die in freien ionischen Stilformen gehaltene Säulenhalle, deren reiche Ornamentik mit den Kunstformen des an der Westseite des Schlosses gelegenen Eosanderportals im harmonischen Einklang steht, ist an ihren beiden bogenförmig auslaufenden Enden von zwei pavillonartigen Kuppelbauten flankiert. Ihren Hauptschmuck bilden zwei herrliche, in Kupfer getriebene, kühn bewegte Vierergespanne (Quadrigen), geführt von zwei heldenhaften Frauengestalten. Das südliche Gespann (von Bernewitz) stellt die kraftstrotzende Bavaria (Bayern), das nördliche (von Götz) die siegesgewohnte Borussia (Preußen) dar. Reicher bildnerischer Schmuck krönt die Halle über den Balustraden; an der Innenseite (dem Denkmal zugekehrt) vier ornamentale Gruppen, die vier Bundeskönigreiche Preußen, Bayern, Sachsen und Württemberg darstellend; die beiden inneren Gruppen von mächtigen Adlern mit geöffneten Schwingen, die beiden äußeren von Kronen überragt. Die dem Wasser zu gelegene Rückseite der Halle ist mit vier allegorischen Sandsteingruppen gekrönt, deren beide äußere „Ackerbau und Industrie", sowie „Handel und Schifffahrt" darstellen (beide von Cauer). Die erste (nördliche) Gruppe (Handel und Schifffahrt) zeigt zwei kräftige, wetterharte, auf Warenballen sitzende, von den Sinnbildern der Schifffahrt (Anker usw.) umgebene Gestalten; auf der südlichen Gruppe (Ackerbau und Industrie) erblickt man zwei Männergestalten, die eine an einen Amboss gelehnt, während die andere auf einem mächtigen Zugtier ruht. Von den beiden inneren Gruppen versinnbildlicht die nördliche (von Hidding) die Kunst (ein junger Bildhauer arbeitet an einem mächtigen Jupiterkopf), die südliche (von Karl Begas) die Wissenschaft, dargestellt durch die behelmte Büste der Pallas Athene, zu deren Rechten eine in tiefes Studium versenkte Frauengestalt sitzt.

Zu der Plattform des Reiterstandbildes steigt man auf neun Stufen empor. Auf ihr erhebt sich ein Unterbau von rotem poliertem schwedischem Granit. Vier strahlenförmig in der Richtung zweier sich kreuzenden Diagonalen vorspringende Postamente gliedern sich an diesen Unterbau. Auf ihnen erheben sich vier gewaltige bronzene Löwen, lebensvoll geschaffene, kühn bewegte Tierbilder von mächtiger Wirkung, machthaltend über der errungenen Siegesbeute, und in ihren vier verschiedenen Stellungen (fauchend, brüllend, lauernd und ruhend) dräuendes Vorwärtsschreiten, donnerndes Warnungsgebrüll, grimmiges Aufbäumen und ruhige Siegeszuversicht verkörpernd.

Auf den beiden Schmalseiten des Sockels, auf den oberen Treppenstufen die Sinnbilder der Entwicklungsgeschichte des Hohenzollernreiches vom Kurfürstentum zum Kaiserreich, und zwar an der hinteren Sockelseite. Turnierhelm, Streitaxt, Kettenhemd, die Zeit des Faustrechts symbolisierend, auf der vorderen Sockelseite unter der Inschrift die Reichsinsignien: Kaiserkrone, Königsmantel, Zepter und Reichsschwert, dazu das geschriebene (verfassungsmäßige) Gesetz, die neue Zeit charakterisierend.

An den vier abgeschrägten Ecken dieses mehrfach gegliederten Sockels leicht beschwingte, auf Kugeln herabschwebende, weibliche Idealgestalten, dem Sieger Blumen und Kränze streuend, Sieges- und Friedensgöttinnen, auf eine Kugel von 80cm Durchmesser leicht die Fußspitze aufsetzend. Trotz der großen Dimensionen von einer bezaubernden Anmut und Grazie und von großer Formenschönheit, zeigen diese Figuren den Meister Begas in der Beherrschung der Formen und Maße auf der Höhe seiner Kunst.

Vor den Längsseiten des Sockels, auf der obersten Stufe der Treppe sitzend, die dreifach lebensfrohen Gestalten des Krieges (rechts) und des Friedens (links); der Krieg, dargestellt durch die muskulöse Gestalt eines jungen Kriegers. Die Rechte auf den Boden stemmend, die Linke auf das gegen den Boden gestemmte Schwert stützend, sitzt er da, zum Aufspringen bereit, die durch Wilhelms I. Militärreorganisation geschaffene Kriegsbereitschaft des Deutschen Reiches trefflich verkörpernd. Auf der gegenüberliegenden (linken) Seite des Sockels die Gestalt des Friedens, ein jugendlich kräftiger Mann mit gelocktem Haar, den linken Arm auf die zweiköpfige Janusblüte stützend. Vollgereifte, schwer niederhängende Ährenbündel und der dicht mit reifen Früchten beladene Apfelzweig deuten auf die Segnungen des Friedens hin.

Hinter diesen beiden Kolossalgestalten die wunderbar schön ausgeführten Flachreliefs des Krieges und des

Friedens. Den Hintergrund des Kriegsreliefs bildet eine sturmgepeitschte, von Blitzen durchzuckte, wildaufgeregte Landschaft, die zerstörenden Wirkungen des Krieges zeigend. Menschenskelette bedecken den Boden. Auf der linken Seite schlägt der Blitz zündend in einen Gottesacker. Auf wildem Rosse, mit mordgierigen Blicken, das medusenähnliche Haupt von Schlangen umzüngelt, in jeder Hand eine Brandfackel schwingend, von gierigen Geiern und Raben umkreist, rast die wilde, entsetzliche Gestalt der Kriegsfurie über das sturmgepeitschte, vor kurzem noch im Ährenschmuck prangende Ackerfeld dahin. Zwei Mordgesellen sind ihre Begleiter, der eine mit der Linken das feuersprühende Ross an der Mähne geleitend, mit der Rechten die Stachelgeißel schwindend, der andere ihm voranschreitend, mit dem breiten, sichelförmigen Schwert nicht nur die Halme und Blumen des Feldes, sondern auch das blühende Menschenleben dahinmähend: Männer- und Jünglingsgestalten in ergreifenden, der grausigen Wirklichkeit abgelauschten Stellungen, der eine rückwärts mit ausgestreckten Armen überschlagend; rechts davon eine rührend schöne Jünglingsgestalt, mit beiden Händen bemüht, sich von dem furchtbaren Streich aufzurichten, während sein Gefährte zur Rechten, gefällt vom Krummschwert des fürchterlichen Mähers, im Todeskampfe mit der Hand krampfhaft den Boden krallt. Angstvoll kniet an dem Zerstörungswege die junge Mutter, den nackten Knaben mit ihrem Leibe zu schützen, während links am Wege die Not kauert, ein in Lumpen gehülltes Weib, mit blassem, abgehärmten Antlitz, das Kinn in dumpfer Verzweiflung in die Hand gestützt, neben ihr ein dem Hunger erliegendes Knäblein, den abgezehrten, vom Elend entkräfteten Körper mühsam mit den hageren Armen auf den Boden stützend.

Einen lieblichen Gegensatz zu diesen Schrecken des Krieges bildet das Friedensrelief. Über der anmutigen

Hügellandschaft liegt heiterer Sonnenschein. Sanft sich schlängelnde Pfade führen zu traulichen Hütten empor. Am Fuß des Hügels, zur linken Hand, liegt der Hirt in idyllischer Ruhe inmitten seiner Herde, während zur Rechten ein junger Landmann behaglich an einen jungen Stier lehnt. Zwischen diesen beiden Gruppen schreitet, den Genius des Friedens zu ihrer Rechten, halb schwebenden Ganges die Göttin des Friedens, eine entzückende Frauengestalt, in reicher Fülle Blumen und Früchte auf ihren Weg streuend, die ein Knabe zu ihrer Linken auf dem Haupt trägt. In dankbarer Verzückung aufschauend zu der holden Göttin, knien im Vordergrund zur Linken zwei Gestalten, links eine junge Bäuerin, rechts ein alter Landmann im groben Kittel, die Hände wie zum Gebet gefaltet. Dankbaren Gefühls für das lebensvolle Friedenswalten der himmlischen Göttin, pflanzt die junge Mutter mit ihrem Knäblein im Vordergrund rechts die Friedenseiche. Alles atmet Heiterkeit und Glück; himmlischer Friede und holder Märchenglanz ist über die gesegnete Landschaft ausgegossen.

Auf dem so geschmückten Sockel erhebt sich die mächtige Reiterfigur des Wiederherstellers des Deutschen Reiches, von dem Genius des Friedens geleitet.

Leicht geflügelten Ganges, den Palmenzweig in der Linken, das edle Haupt mit dem Lorbeer umwunden, den Blick schwärmerisch zu dem Helden emporgerichtet, die herrlichen Glieder von einer leichten Gewandung umflossen, schwebt er dahin, eine entzückende Wohlgestalt, welche unverkennbar die Züge der Tochter des Meisters Begas trägt.

Der Kaiser selbst sitzt in edler, natürlicher Haltung im Sattel des mächtigen, vorwärtsstrebenden Streitrosses, zu dessen breithalsiger Gestalt der Hippokrates, das frühere Leibpferd des Kaisers, als Modell gedient hat. Über der einfachen Generalsuniform trägt der Held den schlichten Feldmantel, dessen weiter Kragen malerisch im Winde zurückflattert. Die Linke lenkt das prächtige Schlachtross am Zügel, die Rechte stützt sich mit dem Feldherrnstab gegen den Schenkel. Das Haupt bedeckt der unbebuschte Gardehelm. Hoheit, Würde und Milde thronen auf dem Antlitz des Herrschers, dessen Heldengestalt der Künstler in der Auffassung wiedergegeben hat, wie ihn das Volk kurz nach dem Kriege von 1871 erschaute, in der Rüstigkeit und Frische des Körpers und Geistes, und wie er noch heute in der Erinnerung des deutschen Volkes fortlebt.

Die Formen und einzelnen Teile des Denkmals gehen ins Riesenhafte. Die Gesamthöhe von Ross und Reiter beträgt 9 m, die des Kopfes mit dem Helm allein 1m. Gesamthöhe des Denkmals über der Straßenfläche 20m (etwa die Höhe eines vierstöckigen Gebäudes). Bei einer Wandung von nur 5mm Stärke sind 1770 Zentner Bronze zu dem Reiterdenkmal verwendet worden. Der nach dem Wachsschmelzverfahren von der Gladenbeckschen Kunstgießerei hergestellte Guss ist auch den größten Feinheiten des Modells gerecht geworden.

Einen Eindruck von der Dimension des Denkmals vermittelt eine zeitgenössische Aufnahme besser als die von Müller-Bohn verwendete:

Die Baukosten für das Denkmal werden übrigens auf rd. 4 Millionen Mk. geschätzt.

Nicht alle Berliner waren hingegen von dem Nationaldenkmal so angetan wie Müller-Bohn. So spottete Victor Laverrenz „19 halbnackte Weiber, 22 dito Männer und 12 dito Kinder. Die eigentliche Zoologie aber ist, wie folgt, vertreten: 21 Pferde, 2 Ochsen, 8 Schafe, 4 Löwen, 16 Fledermäuse, 6 Mäuse, 1 Eichhorn, 10 Tauben, 2 Raben, 2 Adler, 16 Eulen, 1 Eisvogel, 32 Eidechsen, 18 Schlangen, 1 Karpfen, 1 Frosch, 16 Krebse, zusammen 157 Tiere."

Der Volksmund agierte weniger detailliert: „Zoo von Wilhelm zwo" oder „Wilhelm in der Löwengrube".

1918, während der Novemberrevolution wurde das Denkmal nur leicht beschädigt. Es wurde, wie in Berlin üblich nach ausgiebiger Diskussion, in der Weimarer Republik restauriert. Auch den Zweiten Weltkrieg überstand das Monument ohne größere Schäden

Aber am 6. Dezember 1949, kurz nach der Gründung der DDR, wurde mit dem Abbau des Reiterstandbildes be-

gonnen, nichts sollte mehr an diese Vergangenheit erinnern. Im Frühjahr 1950, war das Denkmal abgetragen. Es existieren lediglich noch zwei Löwengruppen mit jeweils zwei Figuren, die vor dem Raubtierhaus im Tierpark Berlin-Friedrichsfelde aufgestellt wurden, sowie eine der Adlerfiguren im Innenhof des Märkischen Museums

Der Sockel ist auch heute noch am südwestlichen Rand des Schlossplatzes zu finden; er steht unter Denkmalschutz.

Während der Arbeiten an diesem Buch wurde (vielleicht) endgültig beschlossen, auf diesem Sockel das Denkmal zur Deutschen Einheit zu errichten, nachdem der Haushaltsausschuss des Bundestages dieses Vorhaben 2016 aus Kostengründen gestoppt hatte. Die Kosten sollten von geplanten 10 auf 15 Millionen Euro steigen.

Es wird eine begehbare Schale, 50 Meter lang und 18 Meter breit sein, die sich entsprechend der Gewichtsverteilung der Besucher in die eine oder andere Richtung neigt. Obwohl noch nicht einmal mit dem Bau begonnen wurde, hat das Werk bereits seinen Spitznahmen erhalten: Die Einheitsbanane!

Die Einweihung ist für den 9. November 2019 vorgesehen. Man wird sehen ...

DER SCHINKELPLATZ

Hinter dem Nationaldenkmal, auf dem Schinkelplatz, jenseits des Spreearmes, vor der Bauakademie, halb versteckt unter hohen, schattigen Bäumen, die Denkmäler Schinkels, Beuths und Thaers. In der Mitte, etwas zurücktretend und die beiden anderen überragend,
das Denkmal Friedrich Schinkels

modelliert von Friedrich Drake (1869). Baumeister Karl Friedrich Schinkel (1781-1841) war es, der nach der Wiedererweckung der Antike (Kunst der alten Griechen und Römer) diesen durch seine Vorgänger bereits wieder aufgenommenen Baustil durch geistvolle Verwendung hellenischer Formen neu belebte. Er ist der Erbauer des Schauspielhauses, der neuen Wache, der Schlossbrücke, des gotischen Nationaldenkmals auf dem Kreuzberge, der Werderschen Kirche, des nach ihm benannten Museums im Lustgarten zu Berlin und zahlreicher anderer Monumentalgebäude.

An den vier Ecken des Sockels Karyatiden, die Baukunst, die Bildhauerei, die Wissenschaft und die Malerei darstellend. Links davon das

Denkmal Peter Beuths,

modelliert von Kiß, Reliefs von Drake, (13. Mai 1861 aufgestellt). Peter Beuth war als preußischer Staatsmann der Begründer des Gewerbe-Institutes, der Abteilung für Handel, Gewerbe und Bauwesen und der baugewerblichen Schulen. Preußens gewerblicher Aufschwung seit 1815 ist vorzugsweise ihm zu verdanken. Inschrift am Denkmal: „P. C. W. Beuth, geb. 28. Dec. 1781, gest. 27. Sept. 1853." Die schönen Reliefs von Drake beziehen sich auf die durch Beuths unermüdliche Tätigkeit geförderte Industrie, Künste und Gewerbe. Auf dem vorderen Relief Darstellungen aus der Tuchfabrikation, Beuth als Vor-

tragender über technische Errungenschaften. Auf dem linksseitigen Relief wird eine Gruppe, aus Mutter und Kindern bestehend, fotografiert; zur Rechten dieser Gruppe außer anderen berühmten Männern (Schinkel, Rauch usw.) als Repräsentanten der Bauwissenschaft, Bildhauerkunst und Technik, die Gestalt Goethes, darüber der Goethesche Spruch: „Denn die Natur ist aller Meister Meister, sie zeigt uns erst den Geist der Geister."
Auf dem rückseitigen Relief, in der Mitte einer lebensvollen, in voller Tätigkeit befindlichen Gruppe das Bild Alexander von Humboldts, rechts davon eine Druckmaschine, auf welcher Humboldts Hauptwerk, der „Kosmos", gedruckt wird, Auf dem rechtsseitigen Relief Arbeiter beim Eisenguss und Eisenschmieden beschäftigt. Außer Goethes und Humboldts Porträts auf den Reliefs noch diejenigen von Schinkel, Rauch, Schubart, Borsig und anderen.

Zur Rechten des Schinkelmonuments
      das Denkmal Albrecht Thaers,

des Begründers des wissenschaftlichen Landbaues und einer rationellen Viehzucht, Rauchs letztes Werk (unter Mitwirkung seines Schülers Hagen entworfen und von diesem vollendet), Guss von Gladenbeck. Inschrift: „Albrecht Thaer, dem Begründer des wissenschaftlichen Landbaues das dankbare Vaterland. Errichtet im Jahre 1860." Der durch ihn neu geweckte wissenschaftlich vertiefte Landbau ist in lebensvollen Reliefs zur Darstellung gebracht; man erblickt darauf die Porträtgestalten der Familie Thaer, Koppe, Menzel, von Thümen u. a. Auf dem vorderen Relief: Thaer als lehrender Landwirt inmitten seiner Schüler; auf dem linksseitigen: Schnitter in der Ernte; auf dem rechtsseitigen: die Schafschur; auf dem rückseitigen: die Ehrung Thaers inmitten seiner Familie.

Erstmals wurden mit diesen Denkmälern in der preußischen Hauptstadt Vertreter des Bürgertums auf den Sockel gehoben, bzw. wie Christian Daniel Rauch 1857 bemerkte „die ersten Helden auf öffentlichem Platze ohne Degen!" In den Denkmälern spiegelte sich das erstarkte Selbstbewusstsein des preußischen Bürgertums wider.

Seine endgültige Gestaltung nach Plänen der Ministerial-Baukommission erhielt der Platz 1886/87. Diese Form der Anlage bestand bis 1962, als die Bauakademie und der Schinkelplatz der Überbauung durch das Außenministerium der DDR weichen mussten.

Auch diese Denkmäler hatten Kriegsschäden erlitten. Das Schinkel-Standbild war vom Sockel gestürzt, die Reliefs am Beuth- bzw. Thaer-Denkmal wiesen Einschüsse und Splitterschäden auf. Im August 1949 wurde der Diebstahl der vier Karyatiden (weibliche tragende Figuren in der Architektur) vom Schinkel-Denkmal, sowie der vier quadrati-

schen und eines länglich rechteckigen Reliefs vom Thaer-Denkmal gemeldet. Vermutlich eingeschmolzen, wird der genannte Sockelschmuck bis heute vermisst. Ebenfalls verschollen sind die Granit-Sockel der Denkmäler von Beuth und Schinkel.

Anhand von Fotos und überlieferten Unterlagen wurde unter maßgeblicher Mitwirkung des Berliner Bildhauers Hans Starcke der Zustand des Schinkelplatzes von 1886/87 wiederhergestellt. Zu den umfangreichen Arbeiten gehörten auch Nachbildungen bzw. Nachgüsse der verschollenen oder beschädigten Sockelreliefs an den Denkmälern für Thaer und Beuth. Zunächst fehlten wegen ungesicherter Finanzierung noch die Karyatiden am Sockel des Schinkeldenkmals; Starcke fertigte Nachbildungen dieser Figuren und ließ sie im Juli 2011 am Denkmal anbringen. Die Gesamtkosten der Wiederherstellung betrugen rund 1,6 Millionen Euro. Am 17. Oktober 2008 wurde der erneuerte Platz eingeweiht.

Akademie der Künste

DIE MARMORNEN KRIEGERGRUPPEN AUF DER SCHLOSSBRÜCKE

Unsern Weg nach dem Lustgarten nehmend, müssen wir die monumentale Schlossbrücke passieren, die an dieser Stelle den Spreearm überbrückt. Unserem Auge fällt hier sofort auf:

Die marmornen Kriegergruppen auf der Schlossbrücke,

nach Schinkels Angaben entworfen und 1845-1857 aufgestellt. Die aus carrarischem Marmor gefertigten acht Gruppen bringen in idealer altgriechischer Weise die von Pallas Athene und der Siegesgöttin Nike geleitete Heldenlaufbahn eines Krieges zur Darstellung. Die 1. Gruppe (von Emil Wolff) zeigt uns Nike, die Siegesgöttin, den Knaben in der Heldengeschichte unterweisend; auf dem Schilde die Namen: Alexander, Caesar, Friedrich. In der 2. Gruppe (von Schievelbein): unterweist Pallas Athene den Jüngling im Gebrauch der Waffen. 3. Gruppe (von Moeller): Pallas waffnet den jungen Krieger. 4. Gruppe (von Drake): Nike schmückt den jungen Krieger mit dem Eichenkranz. 5. Gruppe (von Wichmann): Nike richtet den Verwundeten auf. 6. Gruppe (von Bläser): Der Jüngling, von Pallas von neuem in den Kampf geführt. 7. Gruppe (von R. Wolff): Der junge Held im Schlachtengewühl von Pallas unterstützt. 8. Gruppe (von Wredow): Der siegreich Gefallene wird zum Olymp emporgetragen.

Von der Schlossbrücke aus genießen wir den unvergleichlichen Anblick des Lustgartens mit den ihn umgebenden monumentalen Bauwerken, eines der schönsten Plätze der Welt. Im Hintergrund der imposante Dom; zur Linken das Alte Museum im hellenischen Stil; zur Rechten das altehrwürdige Schloss der preußischen Könige. Dass hier ein König wohnt, scheinen schon die mächtigen, von der stolzen Kuppel der Schlosskapelle überragten Flügel dem Fremden eindringlich zum Bewusstsein zu bringen; eine königliche Ruhe predigt auch die ununterbrochen fortlaufende oberste Schlusslinie, zeigen die einzelnen Teile des gewaltigen Baues von dem altersgrauen „grünen Hut" der älteste bis zu dem herrlichen Eosanderportal der Westfront. Es ist die Geschichte der Berliner Baukunst, die diese den verschiedensten Stilperioden angehörenden Teile des Schlosses uns vor Augen führen; es ist die Geschichte des preußischen Königshauses, die seine altersgrauen Türme und Mauern uns erzählen. Außer Friedrich Wilhelm III. und Kaiser Wilhelm I. haben alle Hohenzollernschen Kurfürsten und preußischen Könige hier gewohnt, und in diesem Königsschloss, dem Wahrzeichen Hohenzollernscher Macht und Größe, schlug auch der an den Traditionen seines Herrscherhauses so innig festhaltende Kaiser Wilhelm II. bei der Thronbesteigung seine Residenz auf.

Die steinerne Schlossbrücke wurde nach Plänen Schinkels zwischen 1822 und 1824 erbaut. Sie ersetzte die alte „Hundebrücke". Der Name „Hundebrücke" kommt daher, weil die Brücke von Jagdgesellschaften auf dem Weg vom Schloss in den Tiergarten benutzt wurde. Hunde waren damals fester Bestandteil der Jagd.

Ursprünglich hatte Schinkel als Schmuck acht Figurengruppen vorgesehen, die an die Befreiungskriege gegen Napoleon erinnern sollten. Allerdings wurde die Ausführung aus Geldmangel zunächst zurückgestellt, die Fertigstellung der Skulpturen wurde erst 1857 abgeschlossen.

Die Figuren sorgten unter den Berlinern für Aufregung; nicht etwa wegen ihrer patriotischen Botschaft, sondern man fürchtete wegen ihrer Nacktheit um Sitte und Anstand. Varnhagen schrieb voller Ironie: „Der König wird noch befehlen müssen, den Bildsäulen während der Nacht die Geschlechtsteile wegzumeißeln." Außerdem erfuhr er, dass der Kulturminister tatsächlich beim König den amtlichen Antrag gestellt habe, „die nackten Bildsäulen von der Schlossbrücke wieder abzunehmen", und ins Zeughaus zu stellen.

Im Zweiten Weltkrieg wurden die Figuren, die im Volksmund mittlerweile als „Schlosspuppen" bezeichnet wurden, abgenommen und sicher verwahrt. Die Brücke selbst überstand den Krieg fast unversehrt. Nach dem Ende des Krieges und der Teilung Berlins, befand sie sich in der Sowjetischen Zone, die Statuen hingegen in der Westzone.

1951 wurde das Stadtschloss abgerissen und der entstandene freie Platz Marx-Engels-Platz getauft. In diesem Zuge wurde auch die Brücke in Marx-Engels-Brücke umbenannt. Diesen Namen führte sie noch bis zum 3. Oktober 1991.

Bereits 1981 wurden die Marmorfiguren im Rahmen eines Kulturaustauschs an die DDR gegeben und zwischen 1983 und 84 wieder an ihren angestammten Plätzen aufgestellt.

DIE ROSSEBÄNDIGER

An der rechten Seite des alten Königsschlosses erblicken wir auf der Lustgartenseite die Adlersäule auf der Schlossterrasse, aus einem riesigen Wanderblock (Monolith oder Einstein) gearbeitet, den man im Hangelsberger Forst, unweit Hartmannsdorf an der Spree fand.

Die mit einem Adler gekrönte Säule erhebt sich an der Stelle des alten Münzturmes, bis fast zum historischen Eckfenster jenes Stockwerks aufsteigend, in welchem unter Friedrich Wilhelm I. das Tabakskollegium seine Zusammenkünfte hielt und in dem Napoleon I. im Jahre 1806 wohnte. (Erbaut von Cantian.)

In dem Buch von Müller-Bohn gibt es zur Adlersäule keine Illustration. Deshalb hier eine Aufnahme aus dem Bundesarchiv. Aufgenommen zum Zeitpunkt des Abrisses des Berliner Schlosses:

Die Säule selbst ist verschollen; sie wurde nach der Sprengung des Schlosses abgetragen, seitdem verliert sich ihre Spur. Laut „Tagesspiegel" könnte sie allerdings in einem der Berliner Skulpturendepots lagern. Der Adler soll nach Sanssouci gebracht worden sein. Sicher ist nur der Verbleib des Kapitells der Säule: im Innenhof des Pergamonmuseums.

An der mächtigen Front des Schlosses entlang schreitend, fällt unser Auge auf die den Eingang zu Portal IV flankierenden, auf der Schlossterrasse stehenden

Gruppen der Rossebändiger,

im Volksmunde der „beförderte Rückschritt" und der „gehemmte Fortschritt" genannt. Es sind Nachbildungen der Gruppen vor dem königlichen Palastgarten in Neapel; modelliert von Baron Peter Clodt von Jürgensburg in Petersburg. Kaiser Nikolaus I. von Rußland machte sie 1842 dem König Friedrich Wilhelm IV. zum Geschenk.

1945 ließ der sowjetische Stadtkommandant die Skulpturen abbauen und in den Heinrich-von-Kleist-Park in Schöneberg hinter dem Gebäude des alliierten Kontrollrats (Berliner Kammergericht) aufstellen. Das Gebiet war Sicherheitszone und durfte deshalb nicht betreten werden – so gerieten die Rossebändiger in Vergessenheit.

Der Streit darüber, ob die Rossebändiger wieder an ihren alten Standort zurückgebracht werden, dauert an.

DIE BRONZESTATUE DES HEILIGEN GEORG

Durch das Portal in den Schlosshof tretend, erblicken wir auf diesem

die Bronzegruppe des heiligen Georg,

des Schutzpatrons der Krankenhäuser und Schirmherrn der Ritter, im Kampf mit dem Drachen, eine Gruppe von dramatischer Kraft und Lebendigkeit, modelliert von Kiß (1865).

Dieses Denkmal wurde von der Witwe des wohlhabenden Bildhauers August Kiß nach dessen Tod dem König zum Geschenk gemacht und man hat deshalb ein bekanntes Sprichwort dem Drachen zu Liebe abgeändert, indem man sagte:

> *Einem geschenkten Drachen*
> *sieht man nicht in den Rachen.*

Nach einer anderen Quelle war es der Künstler selbst, der das Werk der Stadt Berlin vermacht hat.

Im Zuge des Abrisses des Stadtschlosses wurde der heilige Georg im Volkspark Friedrichshain aufgebaut und im Jahre 1987 in das Nikolaiviertel, direkt an das Spreeufer, gesetzt.

DAS COLIGNY-DENKMAL

Uns dann nach Osten der Kaiser Wilhelm-Brücke zuwendend, stoßen wir nach wenigen Schritten auf das vor der alten Schlossapotheke stehende, romantisch unter Bäumen versteckte

Coligny-Denkmal

an der Südseite des Königlichen Schlosses. Dass Kaiser Wilhelm II. diesem Denkmal einen so hervorragenden Platz gegeben hat, hat seine eigene Bewandtnis. Gaspard de Coligny, Admiral von Frankreich und französischer Staatsmann, der als erstes Opfer der Pariser Bluthochzeit in der Bartholomäusnacht (vom 23. zum 24. August 1572) fiel, zählt zu den Vorfahren des Deutschen Kaisers, Eine Tochter dieses berühmten Hugenottenführers, Luise von Coligny, wurde die Gattin des Prinzen Wilhelm von Oranien, des ruhmvollen Befreiers der Niederlande von der spanischen Gewaltherrschaft. Der dieser Ehe entsprossene Sohn, Friedrich Heinrich von Oranien, war der Vater Luise Henriettens, der ersten Gemahlin des Großen Kurfürsten, die also in direkter Linie Urenkelin des Admirals Coligny ist.

Das in Bronze gegossene Denkmal, eine Arbeit des Bildhauers Graf von Schlitz, genannt von Görtz, erhebt sich auf einem Postament von dunkelbraunem schwedischem Granit. Es zeigt den Admiral in der zeitgemäßen spanischen Tracht. Die rechte Hand hält den Admiralstab, die linke stützt sich leicht auf den Degen. Auf dem Sockel des Denkmals die Inschrift: „Gaspard de Coligny, Admiral von Frankreich, Urgroßvater der Gemahlin des Großen Kurfürsten Luise Henriette, geboren am 16. Februar 1517. Fiel für seinen Glauben in der Bartholomäusnacht am 24. August 1572." Höhe des Standbildes 2,20m. Enthüllt am 16. Februar 1905.

Luise Henriette hat Spuren hinterlassen: 1650 schenkte ihr der Große Kurfürst das „Amt Bötzow" im Norden Berlins. Dort ließ Luise Henriette an die Stelle eines vorhandenen alten askanischen Jagdschlosses ein neues Schloss im holländischen Stil erbauen und gab ihm im Januar 1652 den Namen Oranienburg. Kurz darauf nannte sich ganz Bötzow Oranienburg.

Das Denkmal wurde während des zweiten Weltkriegs eingeschmolzen.

DAS REITERDENKMAL
KÖNIG FRIEDRICH WILHELMS III.

Unsern Blick nach Norden richtend, erblicken wir mitten in den Anlagen des Lustgartens, von zwei Springbrunnen umgeben,

das Reiterdenkmal König Friedrich Wilhelms III.

Geschichte des Denkmals: Der Gedanke, seinem Vater und damit zugleich den glorreichen Taten seines Volkes und Heeres, sowie der ganzen großen Zeit der Befreiung von fremdem Joch ein würdiges Denkmal zu setzen, war bereits von Friedrich Wilhelm IV. gefasst, nach dessen Heimgang von König Wilhelm I. mit Liebe aufgenommen worden. Auf die am 15. März 1860 seitens des Kultusministers von Bethmann-Hollweg an hervorragende Künstler erlassene Einladung zur Preisbewerbung, welcher ein Programm aus der Feder des Historikers Ranke beigegeben war, lief eine größere Anzahl von Entwürfen ein. Die öffentliche Meinung bekundete für die Arbeit Albert Wolffs, eines Lieblingsschülers von Rauch, die meiste Neigung, Der auch durch die Akademie der Künste gutgeheißene Entwurf wurde dem Monarchen noch einmal zur Entscheidung vorgelegt, welcher nach einigen unwesentlichen Abänderungen den Künstler mittels Schreibens vom 27. März 1862 mit der Ausführung des Modells betraute. Am 17. März 1863, dem 50 jährigen Gedenktage des Erlasses des denkwürdigen Aufrufes „An mein Volk", erfolgte unter großen Feierlichkeiten die Grundsteinlegung durch König Wilhelm I. im Lustgarten. Das kolossale Reiterbild ging 1868 aus der Kunstgießerei von Lauchhammer fertig hervor. Die bereits für den 3. August 1870, dem hundertjährigen Geburtstage des Königs, geplante Enthüllung des Denkmals musste infolge des ausgebrochenen Krieges mit Frankreich hinausgeschoben werden; sie fand nach Beendigung des Krieges, am 16. Juni 1871, beim Einzuge der siegreichen Truppen im Beisein des Kaisers und seiner Paladine unter glänzenden militärischen Feierlichkeiten statt. Der bis dahin noch nicht fertig gestellte Sockelschmuck kam erst im Jahre 1876 zur Aufstellung.

Beschreibung des Denkmals: Zu der Plattform des Denkmals steigt man auf neun Stufen empor. Der reich mit Figuren geschmückte, unten weit ausladende Sockel ruht auf einem Unterbau von drei Granitstufen. Die Reiterfigur Friedrich Wilhelms III., zeigt den siegreich heimkehrenden Monarchen auf ruhig schreitendem Ross, die rechte Hand wie segnend erhoben. Das dem Schloss zugekehrte, überaus porträtähnliche Haupt trägt den vom Federbusch überwallten Generalshut. Um die Schultern wallt der Mantel bis zu dem Rücken und den Seiten des Pferdes herab.

An der vorderen Schmalseite des Sockels schreibt Klio, die Muse der Geschichte, die Worte: „Dem Gerechten". Unterhalb dieser Gestalt die Widmungsinschrift: „Dem Könige Friedrich Wilhelm III. König Wilhelm 1863". Zu Klios Linken ein gestürzter französischer Adler, darüber ein Lorbeerkranz mit der Inschrift: „Belle-Alliance", zur Rechten Schwert und Helm, vom Lorbeerkranz umwunden, auf dessen Bändern die Inschrift: „Leipzig-Paris".

Die rechte Seitenfläche des Sockels, dem Dome zugewendet, zeigt in sinnbildlicher Weise die herrliche Erhebung des Volkes zum Befreiungskriege, von der Memel bis zum Rhein. Auf dem vorderen, dem Schloss zugekehrten Ecksockel die mächtige Figur des „Vater Rhein", das Haupt mit Weinlaub umrankt, den linken Arm um die weinumwundene Urne gelegt, über welcher ein kühn aufwärtsblickender Adler die Flügel spannt. An der nördlichen Ecke die Gestalt eines blühenden jungen Weibes in ländlicher Tracht, den östlichen Grenzfluss des Landes, den in der Unglücksgeschichte Preußens durch die Flucht der Königin Luise oft genannten Memelfluss verkörpernd. Links davon Pflug, Korngarben, den Landbau der Provinz Ostpreußen andeutend, von welcher, nach Yorcks kühnem Vertrage von Tauroggen, die Erhebung ausging. Zwischen diesen beiden Flussgestalten, auf dem mittleren Sockel stehend, die mächtige Gestalt der Borussia mit dem pallasähnlichen Haupte, in der Linken den mit dem Landwehrkreuz geschmückten Adler, in der Rechten das Schwert haltend, die kraftvollen Glieder von einem weiten, faltenreichen, wappenumsäumten Gewande umflossen, mit dem Fuße auf die abgeschüttelten Fesseln tretend, darunter die bedeutsamen Worte des 119, Psalms: „Sie haben mich oft gedränget von meiner Jugend auf, aber sie haben mich nicht übermacht".

Auf der gegenüberliegenden (westlichen) Seite des Sockels die hoheitsvolle weibliche Idealgestalt der Gesetzgebung, das schöne Haupt mit dem Diadem geschmückt, der herrliche Körper vom Hermelin umwallt, in der Linken das Zepter haltend, die Rechte auf eine hohe Schildtafel stützend, welche die wichtigsten jener epochemachenden und tiefeingreifenden, unter Scharnhorsts und Steins Beihilfe erlassenen Gesetze enthält, die moralische Errungenschaft der Unglückszeit Preußens: „Aufhebung der Erbuntertänigkeit, Beschränkung des Zunftzwanges, Städteordnung, Gründung der Universität Berlin, Allgemeine Kriegspflicht, Zollverein, Union, Autorrecht. Auf dem Sockel der „Gesetzgebung" die Worte: „Gerechtigkeit erhöht ein Volk".

Zur Linken der „Gesetzgebung" die Gruppe des Handwerks und der Kunst, ersteres durch eine kräftige, sitzende Mannesgestalt verkörpert, welche den Arm auf den Griff des schweren Hammers stützt, während sich die „Kunst", eine schöne, ideale Jünglingsgestalt, mit dem rechten erhobenen Arm in einer Stellung von edler Anmut und Freiheit an ihn lehnt. Die Linke des Jünglings hält den Rundzirkel des Bildhauers und einen Lorbeerzweig. Daneben die Sinnbilder des Handwerks und der Kunst (Zahnrad, Hammer, Winkeltransporteur, ionisches Säulenkapitäl? und Palette). Zur Rechten der „Gesetzgebung" die Gruppe der Wissenschaft. Ein in tiefes Sinnen versunkener Mann stemmt mit der Rechten ein großes Buch gegen den Schenkel, während seine Linke einen auf dem anderen Schenkel ruhenden Globus umspannt. Ein über seine Schulter sich neigender Genius der Wissenschaft leuchtet dem Forschenden mit der Fackel der Wahrheit.

Die dem Museum zugewendete Rückseite des Sockels zeigt die milde, engelschöne Gestalt der Religion, in der Linken die Friedenspalme, in der Rechten den Kelch haltend, das uralte Symbol des Christentums, aber auch des Streites, welchem 1817 unter Friedrich Wilhelm III. durch die Stiftung der Union zwischen Reformierten und Lutheranern ein Ende bereitet wurde. Auf dem Sockel die Inschrift: „Friede auf Erden", eine Huldigung der duldsamen Sinnesart des Königs.

Höhe des Reiterbildes 5,80m, des Sockels mit dem Granitunterbau 6,60m. Kosten des Denkmals 620 000 Mark.

Von den Stufen des Denkmals aus genießen wir den Anblick des nach Raschdorffs Entwurf in den Formen der Hochrenaissance erbauten, mit zahlreichen Bronzeskulpturen geschmückten Domes. In der Mitte über dem Hauptportal und auf dem Hauptgesims die Kolossalstatue des segnenden Christus von Schaper. Dann, ebenfalls auf dem Hauptgesims und an den beiden Ecktürmen, die Gruppen der Apostel, und zwar links und rechts von dem segnenden Christus: Paulus und Jakobus der Ältere von Herter und Petrus und Andreas von Manzel. Rechts am Südturm: Jakobus der Jüngere (Brütt), Thomas (Brütt) und Thaddäus (Baumbach). Am Nordturm: Philippus (Calandrelli), Bartholomäus (Calandrelli) und Simon Zelatis (Pfannschmidt). Am Triumphbogen zwei Engel von Wiedemann: Gnade und Wahrheit. Darunter die beiden Gruppen der vier Evangelisten: nach norden Matthäus und Markus von Janensch, darunter das Relief: Luther auf dem Reichstage zu Worms. Rechts an der Südseite: Lukas und Johannes, von Götz, darunter das Relief: Luther, die Bibel übersetzend. An der Südseite über dem Giebel in der Mitte: Gruppe mit Kreuz: der Glaube (Kelch und Hostie): rechts und links davon: die Liebe (westlich) und die Hoffnung (östlich). An der Ostfront (Wasserseite) noch zwei Figuren auf dem Hauptgesims: Moses (Janensch) und Johannes der Täufer (Vogel). Am Fuß der Kuppel acht musizierende Engel (darunter je zwei Putten) begonnen von Geiger, nach dessen Tode vollendet von Schott.

Der erwähnte Aufruf „An mein Volk" gilt als Beginn des erfolgreichen Widerstandes gegen Napoleon. Den Text hatte der Staatsrat Gottlieb von Hippel entworfen. (Auszug):
„So wenig für Mein treues Volk, als für Deutsche, bedarf es einer Rechenschaft über die Ursachen des Krieges, welcher jetzt beginnt. (...) Jetzt ist der Augenblick gekommen, wo alle Täuschung über unsern Zustand aufhört. – Brandenburger, Preußen, Schlesier, Pommern, Litthauer! Ihr wißt, was Ihr seit fast sieben Jahren erduldet habt; Ihr wißt, was euer trauriges Loos ist, wenn wir den beginnenden Kampf nicht ehrenvoll enden. Erinnert Euch an die Vorzeit, an den großen Kurfürsten, den großen Friedrich. (...) Große Opfer werden von allen Ständen gefordert werden; denn unser Beginnen ist groß, und nicht geringe die Zahl und die Mittel unserer Feinde. Ihr werdet jene lieber bringen für das Vaterland, für Euern angeborenen König, als für einen fremden Herrscher, der, wie so viele Beispiele lehren, Eure Söhne und Eure letzten Kräfte Zwecken widmen würde, die Euch ganz fremd sind. Vertrauen auf Gott, Ausdauer, Muth und der mächtige Beistand unserer Bundesgenossen werden unsern redlichen Anstrengungen siegreichen Lohn gewähren.

Aber, welche Opfer auch von Einzelnen gefordert werden mögen, sie wiegen die heiligen Güter nicht auf, für die wir sie hingeben, für die wir streiten und siegen müssen, wenn wir nicht aufhören wollen, Preußen und Deutsche zu seyn. Es ist der letzte, entscheidende Kampf, den wir bestehen, für unsere Existenz, unsere Unabhängigkeit, unsern Wohlstand. Keinen andern Ausweg gibt es, als einen ehrenvollen Frieden, oder einen ruhmvollen Untergang. Auch diesem würdet Ihr getrost entgegengehen, um der Ehre willen; weil ehrlos der Preuße und der Deutsche nicht zu leben vermag. Allein wir dürfen mit Zuversicht vertrauen: Gott und unser fester Wille werden unserer gerechten Sache den Sieg verleihen, mit ihm einen sichern, glorreichen Frieden und die Wiederkehr einer glücklichen Zeit.
Breslau, den 17. März 1813.

Gleichzeitig mit dem Aufruf „An Mein Volk" stiftete der König auch das Eiserne Kreuz als Kriegsauszeichnung ohne Standesunterschied.

1936 wurde das Reiterstandbild an den Rand des Lustgartens verschoben, damit Platz für nationalsozialistische Aufmärsche und Paraden vorhanden war.
Im zweiten Weltkrieg wurde es so schwer beschädigt, dass eine Restaurierung nicht mehr möglich war; es wurde verschrottet.

DER LUSTGARTEN

Zwischen dem Denkmal Friedrich Wilhelms III. und dem Alten Museum, die Granitschale im Lustgarten.

Die 7m im Durchmesser haltende, 1500 Zentner schwere Schale wurde aus einem riesigen Granitblock, dem Markgrafensteine in den Rauenschen Bergen, südlich von Fürstenwalde, gehauen, nach Berlin geführt und unter Leitung des Baumeisters Cantian 1825 aufgestellt.

Eine zeitgenössische Abbildung befindet sich auf Seite 88. Hier ein Gemälde von Johann Erdmann Hummel aus dem Jahre 1831: „Aufrichtung der Granitschale im Packhof zu Berlin".

Eigentlich sollte die Schale im Inneren des Alten Museums aufgestellt werden. Wegen ihrer Größe fand sie jedoch draußen ihren Platz. Es handelt sich immerhin um die größte, aus einem Stein gefertigte, Schale.

1934 wurde die Schale nördlich des Doms versetzt, weil auch sie, ebenso wie das Reiterdenkmal Friedrich Wilhelms III., den Aufmärschen im Wege war. Im Zweiten Weltkrieg wurde sie durch Granattreffer beschädigt.

1981 wurde die Schale anlässlich des 200. Geburtstags von Schinkel wieder an ihren früheren Platz gesetzt. Dabei brach sie auseinander. Sie wurde zwar wieder zusammengefügt, aber der verkittete Riss ist noch sichtbar.

Wir richten unsere Augen auf die monumentale Säulenhalle des Alten Museums, des bedeutendsten und bekanntesten Werks Schinkels (1825-1830 erbaut) und erblicken auf den Treppenwangen zwei berühmt gewordene Bronzegruppen; zur Rechten des Beschauers

die Amazone zu Pferde,

im Kampfe mit einem Tiger, modelliert von Kiß, gegossen von Fischer; zur Linken den Löwenkämpfer zu Pferde,

den Speer auf einen unter ihm liegenden Löwen schleudernd, modelliert von Albert Wolff, gegossen von Gladenbeck.

Victor Laverrenz sah den Löwentöter durchaus kritisch: „Der Löwentöter vor dem Museum ist ja an sich eine ganz schöne Figur, nur das Pferd macht den Eindruck, als ob es aus Holz geschnitzt wäre, und hat deshalb eine gewisse Ähnlichkeit mit den Karussellpferden in der Hasenheide."

Beide Skulpturen haben den Krieg überstanden; sie befinden sich an ihren ursprünglichen Standorten.

In der großartigen, von 18 ionischen Säulen getragenen Vorhalle des Museums die Marmorstandbilder von zehn in der Geschichte der Kunst hervorragenden Männern und zwar, von links nach rechts:

1. Friedrich Schinkel, berühmter Baumeister und Maler (modelliert von Tieck).

2. Ottfried Müller (1797-1840), berühmter Altertumsforscher und hellenischer Geschichtsschreiber (modelliert von Tondeur).

3. Chodowiecki, berühmter Berliner Kupferstecher der friderizianischen und nachfriderizianischen Zeit (modelliert von Paul M. Otto).

4. A. J. Carstens (1754-1798), berühmter Zeichner (modelliert von G. Janensch 1894).

5. Johann Gottfried Schadow, berühmter Bildhauer, Schöpfer der Quadriga auf dem Brandenburger Tor, der Marmorstandbilder des Generals von Zieten und des Fürsten Leopold von Anhalt - Dessau auf dem Wihelmsplatz in Berlin, jetzt in das Kaiser Friedrich - Museum übergeführt und am Wilhelmsplatz durch bronzene Nachbildungen ersetzt (mod. von H. Hagen 1869).

6. Chr. Dan. Rauch, Schöpfer des Denkmals Friedrichs des Großen, des Sarkophags der Königin Luise im Mausoleum zu Charlottenburg, der Helden der Freiheitskriege (modelliert von Fr. Drake 1864).

7. Peter von Cornelius, genialer Maler, Begründer des monumentalen Stiles in der ersten Hälfte des 19. Jahrhunderts, Schöpfer zahlreicher berühmter Freskengemälde in Rom, München, Berlin usw. (modelliert von Calandrelli 1881).

8. G. W. von Knobelsdorff, berühmter Baumeister unter Friedrich dem Großen, Erbauer des Opernhauses zu Berlin und des Schlosses Sanssouci in Potsdam (modelliert von Karl Begas 1886).

9. Andreas Schlüter, berühmter Bildhauer und Baumeister, Schöpfer des Kurfürstendenkmals, Erbauer des Zeughauses (Schlütersche Masken der sterbenden Krieger) (mod. von M. Wiese 1897).

10. J. Winckelmann (1717-1768), wissenschaftlicher Begründer der Altertumswissenschaft (Archäologie) (modelliert von L. Wichmann).

Während der Zeit des Nationalsozialismus bildete das Alte Museum die Kulisse für Propagandaveranstaltungen, sowohl im Museum selbst, als auch im Lustgarten, der als Aufmarschplatz umgestaltet worden war. Im Zweiten Weltkrieg, wurde das Alte Museum stark beschädigt und brannte aus.

Das Bauwerk wurde als erstes Museum der Museumsinsel von 1951 bis 1966 im Wesentlichen originalgetreu wieder aufgebaut, allerdings ohne die „hervorragenden Männer aus Geschichte und Kunst". Hier eine Aufnahme aus dem Jahre 1938; Quelle: Bundesarchiv:

Vom Alten Museum uns ostwärts wendend, gelangen mir zu dem Neuen Museum, das mit dem alten durch einen Straßenüberbau verbunden ist. Unter der Kolonnade, an der Ostseite des Neuen Museums, die Büsten von Kiß, Fr. Kugler, Waagen, A. Hirt und Schnaase. Zwischen dem Neuen Museum und der Nationalgalerie ...

... die Bronzegruppe der Amazone zu Pferde

von Louis Tuaillon, eine Gestalt von entzückender Anmut, in der Rechten die Streitaxt haltend, die Linke leicht auf den Rücken des Pferdes gestützt.

Seit der Wiedereröffnung des Neuen Museums steht das Standbild im Kolonnadenhof, den das Neue Museum, das Pergamonmuseum und die Alte Nationalgalerie bilden.

Königliches Schloss mit Lustgarten

DAS REITERDENKMAL KÖNIG FRIEDRICH WILHELMS IV.

Unser kunstbegeisterter Blick schweift hinauf zu der in antiker Schönheit sich erhebenden, von einer Säulenhalle umgebenen, in der Form eines korinthischen Tempels emporsteigenden Nationalgalerie. Auf dem Frontispiz erblicken wir die Gruppe der Malerei, Architektur und Plastik von Schweinitz; im dreieckigen Giebelfelde das Wittigsche Hochrelief: Germania, die Künste beschützend. Am Fuß der Freitreppe links und rechts die Sandsteingruppen der Plastik und Malerei von Moritz Schulz; auf ganzer Treppenhöhe, den Eingang flankierend, die Figuren: der „Kunstgedanke" von Calandrelli und die „Kunsttechnik" von Moser. Unter der Vorhalle an der Front ein wundervoller Hochreliefffries: „Die hervorragendsten deutschen Künstler" von Moritz Schulz. Auf einem Podest der Freitreppe stehend

das Reiterdenkmal König Friedrich Wilhelms IV.

von Aexander Calandrelli. Der König, als Friedensfürst und Beschützer der Künste aufgefasst, sitzt unbedeckten Hauptes, umwallt von einem faltigen Hermelinmantel, auf dem ungeduldig mit den Füßen scharrenden Rosse, die Zügel mit beiden Händen fassend. An den Ecken des Sockels vier weibliche Idealfiguren in sitzender Stellung, vorn links 1. die Religion, das Kreuz an die Brust drückend; 2. die Geschichte, zwei Tafeln in der Hand haltend, auf deren eine sie die Worte schreibt: 15. Oktober 1795 (Geburtstag des Königs); 3. die Philosophie, eine ernste, grübelnde Gestalt, deren Körper und Haupt tief umhüllt sind, das vom Denken durchfurchte Gesicht in die rechte Hand gestützt, die linke in die Seite stemmend; und 4. die Dichtkunst, ein reizendes jugendliches Weib, das lorbeerumkränzte Haupt träumerisch in die Ferne richtend. Zwischen den vier Figuren Flachreliefs: auf der vorderen Seite ein fackeltragender Genius, auf der Rückseite eine Psyche. Auf der rechten Längsseite zwischen Religion und Geschichte ein aus Ranken emporwachsender Genius; auf der linken Längsseite zwischen Dichtkunst und Philosophie, im Mittelfelde, der von Rankenornamenten umgebene Kölner Dom, dessen Vollendung und Ausbau bekanntlich ein Werk des kunstsinnigen Königs war; rechts davon ein aus Ranken emporwachsender geflügelter Genius mit dem Modell des unter dem Könige 1851 gleichfalls vollendeten und enthüllten Denkmals Friedrichs des Großen von Rauch. Widmungsinschrift: „Dem Gedächtnis Friedrich Wilhelms IV., König Wilhelm 1886".

Höhe des Sockels 4,50 m, der Reiterfigur 4,71 m. Granitarbeit von Kessel und Röhl, Bronzeguss von H. Gladenbeck und Sohn in Friedrichshagen. Enthüllt 1886. Kosten 350 000 Mk.

Wenig bekannt ist, wie Friedrich Wilhelm IV. ein Attentat überstand. Helmut H. Schulz schreibt: ... Es geschah am Morgen des 26. Juli 1844 zu Berlin. Das königliche Paar war im Begriff, eine Badereise anzutreten, die zunächst nach Erdmannsdorf und dann weiter nach Bad Ischl führen sollte. In Bad Ischl trafen sich häufig die untereinander verwandtschaftlich verbundenen europäischen Monarchen zur Erholung, und um über das Glück ihrer Völker nachzudenken. Gleichviel, an dem erwähnten Tag der Abreise fiel ein Mann in der Menge Schaulustiger auf, der trotz der sommerlichen Wärme einen dicken Rock trug. Gegen acht Uhr kamen Königin und König die Treppe herunter, setzten sich in den Wagen, der König ließ eines der Fenster herunter, eigenhändig!, da schoss ein Kerl im Mantel zweimal aus der Doppelpistole auf ihn. Der erste Schuss traf Friedrich Wilhelm IV. vor die Brust, aber die Kugel drang nicht ein, sondern blieb stecken, verursachte eine leichte Quetschung der Brust, die zweite soll den königlichen Hut Elisabeths durchbohrt haben und im Holz des Wagengestells steckengeblieben sein. Selbstredend wurde der Attentäter sogleich erkannt, zu Boden geworfen und auf die Schlosswache geschleppt. Der König ließ abfahren, aber vor dem Schloss hielt er die Equipage an, er stieg aus und zeigte dem erstaunt wie bestürzt gaffenden Volk, dass er heil und gesund war. Danach trat er ohne Umstände seine Badereise an.

„Echt cool", würde mein 15jähriges Patenkind dazu sagen.

Als einziges der fünf Berliner Reiterstandbilder preußischer Könige wurde das Friedrich Wilhelms IV. vor der Alten Nationalgalerie zu DDR-Zeiten weder versetzt noch zerstört.

DAS DENKMAL DES DICHTERS ADALBERT VON CHAMISSO

Wir steigen die Freitreppe hinab und befinden uns, aus der Säulenhalle heraustretend, nach wenigen Schritten auf der Friedrichsbrücke, 1893-1894 nach Stahns Entwurf in Sandstein erbaut. Die Obelisken mit Adlern sind von Böse; die vier prächtigen, als Kandelaber gedachten Fackelträger sind von Karl Begas und Piper modelliert.

Von der Friedrichsbrücke aus erblicken wir zur rechten Hand die nach Hitzigs Plänen in klassischer Renaissance erbaute Börse. Auf dem Gebäude in der Mitte eine von Reinhold Begas modellierte Sandsteingruppe: Borussia, Ackerbau und Handel beschützend. Im Vestibül des mächtigen Gebäudes, die sitzende Marmorstatue Kaiser Wilhelms I. als Gesetzgeber von Professor Siemering.

Geradeaus, die Burgstraße entlang, am Zirkus Busch vorüber, gelangen wir nach einigen hundert Schritten in die Kleine Präsidentenstraße und, um die Ecke biegend, gleich darauf zu dem vor dem Monbijougarten sich ausdehnenden Monbijouplatz; auf diesem

das Denkmal des Dichters Adalbert von Chamisso,

eine marmorne Kolossalbüste, modelliert von J. Moser, enthüllt 1888.

Chamisso wurde 1781 in Frankreich geboren. Seine Eltern verließen 1792 Frankreich über die Niederlande und Süddeutschland und ließen sich 1796 in Berlin nieder. Chamisso schrieb im Jahre 1831 das Gedicht „Berlin". Die ersten Zeilen lauten:

Du, meine liebe deutsche Heimath, hast,
Warum ich bat, und mehr noch mir gegeben;
Du ließest freundlich dem gebeugten Gast
Die eig'ne traute Hütte sich erheben,
Und der bescheid'ne kleine Raum umfaßt
Ein neuerwachtes heitres reiches Leben;
Ich habe nicht zu bitten, noch zu klagen,
Dir nur aus frommem Herzen Dank zu sagen.

Das Denkmal befindet sich am alten Standort auf dem Monbijouplatz.

DER MARMORNE MONUMENTALBRUNNEN

Der marmorne Monumentalbrunnen am östlichen Säulengange der Nationalgalerie, eine Arbeit Max Kleins, zeigt eine unmutsvolle Mädchengestalt, die, in nachlässig graziöser Haltung an die Brunnenschale gelehnt, in süßem Selbstvergessensein das Haupt träumerisch in die Hand stützt. Ein Hauch von Anmut und Poesie scheint von dieser Statue auszugehen.

Dieser Brunnen wurde im Krieg zerstört; an dem Säulengang wurden Bronzeplastiken aufgestellt, die auf die reichen Bestände der Sammlung der Nationalgalererie verweisen: So die die Skulptur von Reinhold Begas „Centaur und Nymphe", von Erich Hösel „Hunne zu Pferde" oder „Der Fischer" (Gerettet) von Adolf Brück, Abbildung auf der nächsten Seite:

NATIONALDENKMAL FÜR KAISER FRIEDRICH III.

Den Monbijougarten umschreitend, der in dem Hohenzollernmuseum wertvolle Sammlungen aus der preußischen Geschichte enthält, gelangen wir an der Ostseite des Gartens entlang, die Kaiser-Friedrich-Museumstraße passierend, zu dem

Nationaldenkmal für Kaiser Friedrich III.

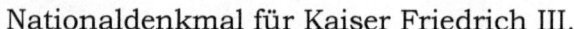

den sieggekrönten Helden von Königgrätz und Wörth, den edelmütigen und warmherzigen Menschenfreund, der als „Unser Fritz" eine der volkstümlichsten Gestalten unter den preußischen und deutschen Herrschern war und durch sein heldenmütiges Leiden und seinen tragischen Tod die Dornenkrone des Märtyrers mit dem Lorbeer des Siegers vereinte. Das von Rudolf Maison geschaffene Denkmal erhebt sich in schlichter Einfachheit auf einem zweistufigen Unterbau, über dem ein an der Vorder- und Rückseite abgerundeter Granitsockel mit der Reiterstatue des zweiten deutschen Kaisers emporsteigt. Der Kaiser in der Uniform der Kürassiere reitet auf ruhig schreitendem Rosse dem Eingang des Museums zu. Die Rechte stützt den Feldherrnstab auf den Oberschenkel. die Linke hält den Zügel. Die schweren Reiterstiefel sind bis oben hinaufgezogen. Der allzu tief Gesicht und Nacken bedeckende Kürassierhelm lässt das edle Antlitz nicht genügend zur Geltung kommen. Die Figur des Kaisers erscheint viel zu klein und zusammengedrückt und lässt nichts von der Siegfriedsgestalt des zweiten deutschen Kaisers erkennen. An der Vorderseite des Sockels eine lorbeerumrankte Tafel mit der Inschrift: „König Friedrich III., deutscher Kaiser, das deutsche Volk." An der hinteren Seite eine Kartusche mit Wappenzeichen. Die beiden Längsseiten des Sockels sind völlig kahl. Kaiser Friedrichs Beziehungen zur Kunst, die er durch Unterstützung des heimischen Kunstgewerbes, durch Begründung zahlreicher Kunstinstitute, insbesondere des Kunstgewerbemuseums und der Nationalgalerie, sowie durch persönliche Unterstützung zahlreicher Künstler, sein ganzes Leben lang in so reicher Weise betätigt hat, sind an dem Denkmal auch nicht durch ein einziges Sinnbild zum Ausdruck gekommen. Allerdings ist dabei wohl dem Umstande Rechnung getragen worden, dass Kaiser Friedrichs nahes Verhältnis zur deutschen Kunst durch die Stellung des Denkmals gegenüber dem Museum gekennzeichnet ist, das seinen Namen trägt: war es doch Kaiser Friedrichs Gedanke und unablässiges Streben gewesen, die vereinigten Kunstwerke der christlichen Epoche in einem Bau zusammenzuschließen, der durch seine ganze Gestaltung und Ausstattung imstande wäre, ihnen eine neue Heimat zu gewähren und sie dem Beschauer in einem Rahmen darzubieten, der ihre ursprüngliche Umgebung einigermaßen zu ersetzen vermöchte.

Das Denkmal wurde am Geburtstage Kaiser Friedrichs, dem 18. Oktober 1904, im Beisein des Kaiserpaares, der Großherzogin von Baden (der Schwester Kaiser Friedrichs), des Kronprinzen und des Prinzen Heinrich, sowie zahlreicher Würdenträger des Reiches und Vertreter der Kunst und Wissenschaft feierlich enthüllt.

Schloss Monbijou (mein Juwel) war die Sommerresidenz von Sophie Dorothea, der Gattin des Soldatenkönigs Friedrich Wilhelm I.. Seit 1820 wurde es als das erwähnte Hohenzollernmuseum genutzt. Im zweiten Weltkrieg zerstört, wurde es 1959 endgültig abgerissen.

Das heutige Bodemuseum erhielt seinen Namen erst im Jahre 1956, ursprünglich hieß es „Kaiser Friedrich Museum".

Die Ehrung Friedrichs III. als Kaiser durch ein Denkmal war wegen seiner kurzen Amtszeit umstritten. Auch Bismarck mischte sich in die Diskussion ein und schrieb am 30. August 1889 an sämtliche preußischen Staatsminister (Nach Reinhard Alings, „Monument und Nation", Berlin 1996): „Bei der Frage nach der Errichtung eines Denkmals für den verewigten Kaiser Friedrich, lässt sich die bedauerliche aber geschichtliche Tatsache nicht übersehen, dass der hohe Herr nach Gottes Ratschluss in seiner Stellung als Kaiser nicht in der Lage gewesen ist, Regierungshandlungen zu vollziehen ... Ich bin zunächst der Ansicht, dass den Denkmälern für Kaiser Wilhelm I. die Priorität vor jedem Versuche einzuräumen ist, die 99 Tage der Regierung Kaiser Friedrichs zu verewigen ... Ich stelle ergebenst anheim, ... dass die Inangriffnahme des projektierten Denkmals für Kaiser Friedrich erst dann zu erfolgen haben werde, wenn in Berlin ein Denkmal für Kaiser Wilhelm errichtet sei."

So geschah es.

Das Standbild wurde im zweiten Weltkrieg zerstört. Seit 1956 ist der Sockel des Denkmals verschwunden, seine Spuren sind allerdings im Pflaster noch zu sehen.

Das Denkmal für Kaiser Friedrich gehörte zu einem Ensemble von fünf Reiterstandbildern der Hohenzollernkönige, die auf das Berliner Stadtschloss zu ritten. (Friedrich II., Friedrich Wilhelm IV., Wilhelm I., Friedrich III.. Der Große Kurfürst ritt zwar auch auf das Schloss zu – aber er war eben kein König) Jedoch einer fehlt, das „schwarze Schaf der Hohenzollern: Friedrich Wilhelm II., Neffe und Nachfolger des „Alten Fritz". Dieser ahnte bereits, dass seinem Nachfolger, der der später im Volksmund „der alte Liederjan" genannt wurde, keine glückliche Hand beschieden sein würde: „Ich werde ihm sagen, wie es nach meinem Tode gehen wird, es wird ein lustiges Leben am Hofe werden, mein Neffe wird den Schatz verschwenden, die Armee ausarten lassen. Die Weiber werden regieren, und der Staat wird zugrunde gehen", erklärte er ein Jahr vor seinem Tode dem Grafen Hoym.

Da lag er nicht ganz falsch.

ZU BEIDEN SEITEN DER KÖNIGSWACHE
(NEUE WACHE)

Vom Kaiser-Friedrich-Denkmal eine kurze Strecke am Spreeufer entlang und dann durch den Lustgarten schreitend, gelangen wir wieder zur Schlossbrücke zurück. Dann in die „Linden" einbiegend, erblicken wir zu beiden Seiten dieser Straße die Denkmäler der Helden der Befreiungskriege, sämtlich von Rauch modelliert.

Das Denkmal des Generals von Bülow,

des Siegers von Großbeeren und Dennewitz, der mit der pommerschen Landwehr („So fluscht et bäter!") den ersten glorreichen Sieg der Freiheitskriege bei Großbeeren

(23.August 1813) und später den entscheidenden Sieg bei Dennewitz (6. September 1813) errang. Daher: Bülow von Dennewitz. Aufgestellt 1822. Inschrift: Friedrich Wilhelm III. dem General Grafen Bülow von Dennewitz im Jahre 1822. Die Reliefs zeigen die Siegesgöttin Viktoria in verschiedenen sinnbildlichen Darstellungen.

Das Denkmal des Generals von Scharnhorst,

enthüllt am 18. Juni 1822. Inschrift: Friedrich Wilhelm III. dem General von Scharnhorst im Jahre 1822.

Gerhard von Scharnhorst, der Vater der allgemeinen Wehrpflicht (geb. 10. November 1756, gest. 1813 infolge der bei Lützen erhaltenen Verwundung) war es, der in der schweren Zeit der Erniedrigung Preußens, als es nach dem Tilsiter Frieden durch Napoleons Machtspruch nur ein Heer von 42.000 Mann halten durfte, durch seine Entschlossenheit und Klugheit (Krümpersystem) ein großes, gewaltiges Heer, die Landwehr, schuf, welche mit unwiderstehlicher Macht den deutschen Boden vom Feinde reinfegte.

An den Fußgestellen Reliefs mit allegorischen Erinnerungen an die Jahre 1813 bis 1815 und zwar: Minerva als Lehrerin der Wissenschaft, Leiterin der Ausrüstung (ein Baumstamm wird als Lanzenschaft verarbeitet) und als Vorkämpferin im Befreiungskriege. Höhe des Standbildes 2,67 m, des Sockels 3,06 m.

Die Königswache war tatsächlich bis zur Abdankung Wilhelms II. eine Wache, wenn auch mehr zur Repräsentation. Wenn eine kaiserliche Hoheit im Wagen vorbeifuhr, ertönte ein lautes Kommando, die Mannschaft, vierzig Mann Garde, rannte aus der Wachstube, durch die Säulenhalle die Stufen hinunter, formierte sich in zwei Linien und präsentierte die Gewehre, während der wachhabende Offizier mit gezogenem Degen grüßte ... (Günter de Bruyn)

Den Zweiten Weltkrieg hatten diese Figuren überstanden. Nachdem sie in den Fünfzigerjahren abgebaut und auf der Museumsinsel eingelagert worden waren, wurden sie in den frühen Sechzigerjahren auf dem Bebelplatz, zwischen Deutscher Staatsoper und Prinzessinnenpalais, dem heutigen Opernpalais, aufgestellt.

GEGENÜBER DER KÖNIGSWACHE

zwischen dem Opernhause und dem Prinzessinnenpalais: drei Denkmäler, ebenfalls von Rauch modelliert.
1. in der Mitte stehend, künstlerisch das bedeutendste unter den Dreien,

das Denkmal des Fürsten Blücher von Wahlstatt.

Die Gestalt Blüchers auf erhöhtem Sockel, über seine Gefährten Yorck und Gneisenau, die er an kriegerischem Ruhm übertraf, hinausgerückt, erscheint in Generalsuniform, über welche der faltenreiche Mantel fällt. Der linke Fuß ist auf einen zerbrochenen Kanonenlauf, die linke Hand auf das Knie gestemmt. Das Haupt etwas gewendet, den Husarensäbel in der rechten Faust, im Gesicht kühne Entschlossenheit, scheint er ruhig und fest den Angriff des Feindes zu erwarten.

An der Vorderseite die Siegesgöttin über Blüchers Wappen, an der Rückseite die Jahreszahlen 1813, 1814, 1815. Am Gesims sind in 16 Rosetten die Orden Blüchers dargestellt. Die Reliefs am Sockel haben die große Zeit der Befreiungskriege zum Gegenstande. (Aufruf in Breslau, Auszug des Heeres, Einzug in Paris usw.)

Inschrift: „Friedrich Wilhelm III. dem Feldmarschall Fürsten Blücher von Wahlstatt. 1826".

Höhe des Sockels 4,60 m, des Standbildes 3,25 m, des Gesamtdenkmals 7,85 m. Kosten 160.000 Mk, Aufgestellt 18. Juni 1826.

Links davon das Standbild des Generals von Yorck.

Feldmarschall Ludwig von Yorck, der Eisenfeste, der Treue, der kühne Unterzeichner jener berühmten Konvention von Tauroggen, durch welche er sich auf eigene Faust von dem erzwungenen Bündnis mit Napoleon trennte und den Anstoß zur Befreiung Ostpreußens gab. Er hält beide Arme vor sich auf das Schwert gestützt, als gälte es, einen eisernen, gewagten Entschluss zu fassen. Der geschlossene Mund verrät die Heftigkeit seines Willens, das düstere Auge den finsteren Ernst und jene eiserne Gemessenheit, wegen derer ihn die Offiziere die „Warnungstafel" und seine Truppen ihn den „Isegrimm" nannten.
Inschrift: „Friedrich Wilhelm IV. dem Feldmarschall Grafen Yorck von Wartenburg. 1855." Enthüllt 11. Mai 1855.

Rechts von Blücher das Standbild des Feldmarschalls von Gneisenau,

„Blüchers Kopf", wie letzterer ihn selbst nannte, des „Moltke der Befreiungskriege", der den größten Teil der Feldzugspläne entwarf, die Blücher dann zur Ausführung brachte; scharfsinnig als Stratege und Diplomat, tapfer als Soldat. Berühmt durch die standhafte, mit Nettelbeck durchgeführte Verteidigung Kolbergs, sowie durch den meisterhaft ausgeführten strategischen Rückzug der Preußen von Groß-Görschen nach Breslau.

Inschrift: „Friedrich Wilhelm IV. dem Feldmarschall Grafen von Gneisenau 1855."

Rauch hat seinem Antlitz den Ausdruck von Kühnheit und Hochsinn verliehen. Den rechten Arm erhebt er gebieterisch, mit der Hand ein Zeichen gebend, als deute er auf eine entschiedene Vorwärtsbewegung gegen den Feind, den er mit dem Schwerte und der Waffe des Geistes restlos bekämpfte.

Enthüllt 21. Mai 1855.

Christian Daniel Rauch war mit seinem Blücherdenkmal nach der Einweihung 1826 nicht zufrieden, er schrieb: „Der erste Anblick einer beinahe vierjährigen, im Detail mit großer Aufmerksamkeit durchgeführten Arbeit stand nun mit einem Mal, ohne alles Detail mit einem Blick als Ganzes vor mir. Ein überwältigendes Missfallen, ja ein Schreck war der erste Eindruck von der Schlossbrücke bis zur Wache; zu lang, zu breit war mein erstes Besinnen, die Statue starr und ungelenk!"

Die Denkmäler Blüchers, Yorcks und Gneisenaus sind ebenfalls, neben denen Bülows und Scharnhorsts, auf dem Bebelplatz, zwischen Deutscher Staatsoper und Prinzessinnenpalais aufgestellt.

Zwischen Opernhaus und dem Palais Kaiser Wilhelms I., am Opernplatz,

das Marmordenkmal der Kaiserin Augusta.

Die Kaiserin, von dem Künstler (Fritz Schaper) in mittleren Jahren, in langem, faltenreichem Gewande dargestellt, sitzt auf einem Thronsessel, in der linken die Urkunde zu einer wohltätigen Stiftung haltend. Der aus rötlichem Untersberger Kalkstein hergestellte Sockel enthält zwei weiße Marmorreliefs, der Kaiserin humane Bestrebungen auf den Gebieten der Kranken-, Frauen- und Kinderpflege darstellend; links: die Pflege verwundeter Krieger auf dem Schlachtfelde, rechts: Pflege und Erziehung der Waisen.

Die Inschrift lautet: „Der Kaiserin und Königin Augusta in Liebe und Ehrfurcht das dankbare deutsche Volk 1895."

Höhe der Statue 2,10 m, des Postaments mit den Stufen 2,60 m. Die Kosten des Denkmals (150.000 Mk.) wurden aus freiwilligen Beiträgen gedeckt. Enthüllt 21. Oktober 1895.

Helmut H. Schulz schreibt: Die Nachwelt hat der ersten Kaiserin Preußen-Deutschlands keine Kränze geflochten. Was wir heute über sie wissen, stammt aus den zeitbedingten oder politisch bestimmten Urteilen ihrer Gegner. Bismarck hielt die Kaiserin Augusta für seine schlimmste Feindin, was zutrifft. Wilhelm I., ihr Herr Gemahl, misstraute ihrer Aktivität, nicht aber ihrem Urteil. Sie wollte den Gang der deutschen Geschichte gegen alle Widerstände in der ehrenwerten Familie in einem historischen Augenblick mitgestalten, als Preußen am Scheideweg stand. Anders als ihre Vorgängerin auf dem blauen Kornblumenthron Preußens, der Königin Luise, wurde sie in Berlin nicht geliebt, höchstens auf Grund ihrer Stellung respektiert.
Tatsächlich aber wurden auf ihre Initiative zahlreiche Krankenhäuser gegründet, sowie der „Vaterländische Frauenverein", der sich um verwundete und erkrankte Soldaten kümmerte. Augusta war überzeugte Pazifistin.

1928 wurde das Denkmal in den Schlosspark Monbijou umgesetzt. Im zweiten Weltkrieg wurde es komplett zerstört

Vor diesem Denkmal, dicht an den Linden, umgeben von Schmuckanlagen, die Kaiservase, ein Geschenk der Kaiserin Augusta an ihren Gemahl zu dessen 90. Geburtstag (22. März 1887). Auf dem Fries der Vase allegorische Figuren, der Friedensgöttin huldigend.

Auch die Vase wurde im Krieg zerstört.

Hinter der Königswache im Kastanienwäldchen

das Bronzestandbild des Chemikers Mitscherlich,

(1794 - 1863) berühmter Forscher auf dem Gebiete der Chemie, Entdecker des Benzols und verschiedener wichtiger Säuren, Schöpfer der großartigen Industrie der Teerfarbstoffe und der künstlichen Riechstoffe. Modelliert von Harter, enthüllt 1895.

Das Denkmal wurde 2012 restauriert; es befindet sich vor der Humboldtuniversität

Ganz in der Nähe, ebenfalls im Kastanienwäldchen, vor der Singakademie die Büste des Musikers und Komponisten

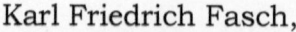
Karl Friedrich Fasch,

des Begründers und langjährigen Leiters der Berliner Singakademie. (1736 bis 1800) Modell von Friedrich Schaper, enthüllt 1891.

Das Denkmal für Fasch vor der ehemaligen Singakademie, in der heute das Maxim-Gorki-Theater residiert, ist ein Werk des Bildhauers Fritz Schaper. Die Büste gelangte nach 1945 über den damaligen Direktor der Singakademie, Georg Schumann, in die Sammlung des Märkischen Museums und wurde dort später als „unbekanntes Herrenbildnis" von Schaper geführt. Dem Berliner Kunsthistoriker Jörg Kuhn gelang 1996 die Identifizierung der Büste anhand historischer Aufnahmen. Diese Aufnahmen und die originale Büste dienten als Vorlage für das 2011 aufgestellte Fasch-Denkmal.

Etwa hundert Schritte entfernt, jenseits der das Kastanienwäldchen nördlich begrenzenden Dorotheenstraße, auf dem Hegelplatze,

die Kolossalbüste des Philosophen Hegel,

(1770 -1831), Begründers des nach ihm benannten Philosophiesystems, das jahrzehntelang die Wissenschaftslehre beherrschte. Seit 1818 an Fichtes Stelle an der Berliner Universität, übten seine Vorlesungen eine ungeheure Anziehungskraft auf die akademische Jugend, die aus allen Teilen der Welt zu ihm strömte. Die von Bläser modellierte Büste wurde 1872 enthüllt.

Die Büste steht hinter der Universität auf dem Hegelplatz.

Vom Hegel-Denkmal aus das Kastanienwäldchen nach den Linden zu durchquerend, besichtigen wir den Denkstein zum Gedächtnis der in den letzten drei Kriegen gefallenen Angehörigen der Berliner Universität, biegen dann in die Universitätsstraße ein, umschreiten das Universitätsgebäude wieder bis zur Front Unter den Linden und besichtigen die zu beiden Seiten des Portals befindlichen Denkmäler der Gebrüder Humboldt und zwar rechts

Alexander von Humboldt

(1769-1859), von Reinhold Begas auf einem Sessel sitzend dargestellt, in der Rechten eine exotische (außereuropäische) Pflanze haltend, neben sich auf dem Boden ein Globus. Das linksseitige Relief zeigt eine die Wissenschaft personifizierende nackte Frauengestalt, an deren Weisheitsbrüsten zwei Kinder saugen. Das rechtsseitige Relief bringt die Naturforschung zur Darstellung, eine Frauengestalt, mit dem linken Arm einen Knaben umschlingend, der mit kindlicher Wissbegier sich in ein Buch vertieft hat, dessen Blätter die Abbildungen von Pflanzen, Tieren und Himmelsfiguren enthalten, auf des großen Gelehrten vielseitige naturwissenschaftliche Tätigkeit hinweisend. Ein auf dem Boden sitzender, mit dem Zirkel auf einen Globus weisender Knabe, deutet auf Humboldts geographische Forschungen und seine Reisen in den fernen Weltteilen hin. Im Lorbeerkranz die Inschrift: „Alexander von Humboldt." Sockelhöhe 3,20 m. Figur über Lebensgröße. Enthüllt 28. Mai 1883. Kosten 90.000 Mk.

Wilhelm von Humboldt

(1767-1835), Bruder des vorigen, gleich groß als Staatsmann und Patriot wie als Gelehrter, Dichter und Sprachforscher. Die gleichfalls sitzende (von Paul Otto modellierte) Gestalt liest in einem auf den Knien ruhenden Buche. Auf dem linksseitigen Relief des Sockels eine weibliche Idealgestalt, die Philologie (Sprachforschung), in einer Rolle lesend, die von einem Knaben gehalten wird, Die Tafel in ihrem Arm zeigt die Namen der griechischen Philosophen Sokrates, Plato, Aristoteles. Das rechtsseitige Relief zeigt die Idealgestalt der Archäologie (Altertumswissenschaft), auf einem korinthischen Kapitäl sitzend. Ein Knabe reicht ihr eine Vitelliusbüste. Auf der hinteren Seite ist die Rechtswissenschaft mit ihren Emblemen (Waage und Schwert) dargestellt, auf des großen Staatsmannes rechts- und staatswissenschaftliche Forschungen und Schriften hinweisend. Enthüllt 28. Mai 1883. Kosten 90.000 Mk. Höhe wie bei dem vorigen Denkmal.

Wir treten durch das Portal in den Vorgarten der Universität und stehen vor dem

Denkmal Herm. Ludw, Ferd. von Helmholtz.

Helmholtz (1821-1894), berühmter Physiker und Philologe, begründete seinen wissenschaftlichen Ruf mit seiner berühmten Schrift: „Über die Erhaltung der Kraft", in welcher er den Fundamentalsatz aufstellte, dass keine Kraft im Universum verloren ginge. Mit dem von ihm erfundenen Augenspiegel eröffnete er der Augenheilkunde neue, ungeahnte Erfolge. Bahnbrechend wirkte Helmholtz auch durch eine Fülle neuer Forschungen (z. B. über die Klangfarbe); auf philologischem Gebiete durch seine Messungen der Fortpflanzungsgeschwindigkeiten der Nervenreizungen; auf physikalischem Gebiete durch seine grundlegenden Experimente und theoretischen Arbeiten aus dem Gebiete der Mechanik, Akustik, Optik, Wärmelehre, Elektrizität und Meteorologie. Mod. von Herter, enthüllt 1899.

Der Standort der Humboldtdenkmäler ist unverändert vor der Universität.

Hingegen war der für das Helmholtz-Denkmal im Ehrenhof der Universität, direkt vor dem Gebäudeeingang anfangs umstritten, wurde aber dennoch gewählt. Trotz anhaltender Diskussionen um eine Umsetzung verblieb das Denkmal bis 1935 an dieser Stelle; es wurde dann in die Universitätsstraße verbracht und 1994 an seinem Ursprungsort wieder aufgestellt.

Kaiser Wilhelm-Denkmal

DAS REITERDENKMAL FRIEDRICHS DES GROßEN

Gegenüber den eben genannten Denkmälern, vor dem Palais Kaiser Wilhelms I.

Das Reiterdenkmal Friedrichs des Großen.

Geschichte des Denkmals. Der schon zu Lebzeiten des großen Königs von dessen Generälen angeregte Plan, ihm ein würdiges Denkmal zu errichten, wurde zu Anfang des 19. Jahrhunderts von König Friedrich Wilhelm III. mit Lebhaftigkeit wieder aufgenommen. Die geschichtlichen Ereignisse der Unglücksjahre Preußens und der darauf folgenden Freiheitskriege traten der Ausführung hindernd in den Weg. 1830 beschloss der Provinziallandtag der Provinz Brandenburg, durch freiwillige Beiträge aus der Mark und der ganzen Monarchie ein Denkmal zu errichten; der König eröffnete jedoch den Ständen, dass er die Errichtung eines Denkmals seiner eigenen Fürsorge vorbehalte. Schinkel wurde veranlasst, das Denkmal in architektonischer Beziehung zu entwerfen, Rauch, die Skizzen für die Standbilder herzustellen. Der von Rauch erfasste glückliche Gedanke, den König zu Pferde in der Tracht seiner Zeit, mit Hut und Mantel darzustellen, von einem reichen Fußgestell getragen, an welchem die zeitgenössischen Feldherren und Staatsmänner in Lebensgröße Darstellung finden sollten, erhielt die Billigung des Königs. Nachdem Rauchs Modell in der Kunstaustellung von 1839 öffentlich ausgestellt worden war, erfolgte am 8. Dezember 1839 der Befehl zur Ausführung des Denkmals. Am 31. Mai 1840, zur Feier der hundertjährigen Wiederkehr des Thronbesteigungstages Friedrichs des Großen, erfolgte die Grundsteinlegung zum Denkmal, welcher der König, schon krank und schwach, wie im Vorgefühl seines nahen Todes, vom Fenster des gegenüberliegenden Palais aus zusah. Am 8. Mai 1842 hatte Rauch mit Hilfe der Bildhauer Gustav Bläser, Albert Wolff, Wolgast und Genschow das kolossale Modell zum Reiterbilde in Ton vollendet. Am 11. Juli 1846 gegen Mitternacht erfolgte der glückliche Guss des Standbildes durch den Kunstgießer Friebel. Erst am Schlusse des Jahres 1849 wurden die letzten Hauptstücke des Gusses vollendet. Die Enthüllung des Denkmals fand am 31. Mai 1851 statt. Außer Rauch, dem Schöpfer des Denkmals, beteiligten sich an der Ausführung des Riesenwerkes die Bildhauer Gustav Bläser, Albert Wolff, Wolgast, Genschow, Haagen, Bräunlich, Afinger, Franz Piehl, Drahn und zahlreiche Modell- und Bronzeformer.

Beschreibung des Denkmals. Das Reiterdenkmal Friedrichs des Großen, die genialste und volkstümlichste Kunstschöpfung Rauchs, zeigt den König im Krönungsmantel, mit dem Krückstock am Arme und dem Dreispitz auf dem Haupte. Im Auge das altersgraue Schloss, die Stätte seiner Geburt, auf starkem Rosse sitzend, mit schräg geneigtem Kopfe, dem offenen, klugen und durchdringenden Blicke; mit der Linken die Zügel haltend, während an der auf den rechten Schenkel gestützten Hand der historische Krückstock hängt - so erscheint der König hier ganz in der Weise, wie ihn die Bürger und die Straßenjugend von Berlin im Schritte durch die Straßen reiten sahen, und wie er als „alter Fritz" in der Erinnerung des Volkes fortlebt.

Der Unterbau des Reiterstandbildes besteht aus einem dreistufigen Granitsockel, auf dem ein bronzener Sockel ruht, welcher an den beiden Längs- und der Rückseite die Namen verdienter Männer aus Friedrichs Zeit, an der vorderen Seite die Widmungstafel trägt: „Friedrich dem Großen Friedrich Wilhelm III., 1840, vollendet unter Friedrich Wilhelm IV. 1851."

Auf diesem Bronzesockel baut sich aus demselben Metall der Hauptwürfel des Denkmals auf, „eine wahre Landesfeste mit ihrem Wall von Helden und Männern ausgezeichneten Geistes". Gleich Herolden der großen Zeit treten an den vier Ecken die Reiterfiguren hervor, und zwar an der vorderen Seite:

Herzog Ferdinand von Braunschweig, Generalfeldmarschall, Sieger bei Krefeld und Minden; *Prinz Heinrich von Preußen,* Bruder des Königs, einer der hervorragendsten Feldherren im siebenjährigen Kriege; *Hans Joachim von Zieten,* General der Kavallerie; *Friedrich Wilhelm von Seydlitz,* General der Kavallerie.

Zwischen den beiden ersten, an der Vorderseite des Denkmals:

August Wilhelm, Prinz von Preußen, Bruder des Königs, General der Infanterie, der Stammvater der jetzt regierenden Linie der Hohenzollern (gestorben 1758). Ihn umgeben:

Joh. Dietrich von Hülsen, Generalleutnant, Sieger bei Strehlen; *Heinrich Sigismund von der Heyde,* Oberst, der mit einem kleinen Häuflein Kolberg zweimal gegen eine ungeheure Übermacht des Feindes verteidigte; *Hans Siegmund von Lettwitz,* Generalmajor, welcher sich in der Schlacht bei Torgau durch entschlossene Heranführung der Reserven auszeichnete; *Joachim Bernhard von Prittwitz,* General der Kavallerie, als Rittmeister der Leibhusaren Retter des Königs in der Schlacht bei Kunersdorf. Über ihnen zu Rosse:

Jakob Keith, Generalfeldmarschall, der treue Schotte, zu dem engeren Kreise des Königs gehörend, gefallen bei Hochkirch; *Markgraf Karl Albrecht von Brandenburg-Schwedt,* General der Infanterie, persönlicher Freund des großen Königs, fast ein halbes Jahrhundert im Heere dienend, ausgezeichnet in drei Schlesischen Kriegen und oft verwundet.

An der südlichen Langseite, dem Palais Kaiser Wilhelms I. gegenüber, zwischen dem Prinzen Heinrich von Preußen und Zieten, in der Mitte der Gruppe:

Erbprinz Leopold Maximilian von Anhalt-Dessau, auf dem Schlachtfelde von Czaslau von Friedrich dem Großen zum Feldmarschall ernannt; *F.C. Graf von Geßler,*

Generalfeldmarschall (bei Hohenfriedberg sich auszeichnend); *G.V. von Wedell*, Oberstleutnant, einer der unerschrockensten Helden, Auszeichnung bei Selmitz (Beiname: „Der preußische Leonidas"); *G.C. Freiherr von der Goltz*, Generalmajor (Schlacht von Sarr); *H.C. von Wartenberg*, Generalmajor, gefallen bei Alt-Bunzlau. Über der Gruppe erscheinen zu Pferde:

Leopold, Fürst von Anhalt-Dessau, Generalfeldmarschall, der „alte Dessauer", und *Curt Christoph von Schwerin*, Generalfeldmarschall, mit der Fahne in der Hand (Heldentod bei Prag).

An der nördlichen Langseite, der Universität gegenüber, zwischen dem Herzog von Braunschweig und Seydlitz steht, auf die Hauptschlachten seines Kriegsherrn deutend,

H.C. von Winterfeldt, Generalleutnant, der Freund und treue Ratgeber des Königs, tödlich verwundet bei Moys, um ihn:

B.F. von Tauentzien, General der Infanterie, der mit der Garde Breslau gegen die Übermacht Londons glänzend verteidigte: *C.W. von Dieskau*, Generalleutnant, Chef der Artillerie während des siebenjährigen Krieges; *F.W. von Kleist*, Generalmajor, Chef der grünen Husaren (seine kühnen Ritte durch Franken halfen den Frieden beschleunigen); *Eugen Prinz von Württemberg*, Generalleutnant (Auszeichnung bei Leuthen). Zu Rosse über ihnen:

Friedrich Wilhelm, Prinz von Preußen, nachmals König Friedrich Wilhelm II.; neben ihm *W.S. von Bellinq*, Generalleutnant, ausgezeichnet im Kriege gegen die Schweden.

An der westlichen Schmalseite des Sockels, zwischen Seydlitz und Zieten, dem Brandenburger Tor zugekehrt, stehen die Vertreter des geistigen Lebens; links, zunächst dem Reiterführer Seydlitz:

C.W. Graf von Finckenstein, Kabinettsminister und Jugendfreund des Königs; er schloss den wichtigen Frieden mit Rußland; *F.W. von Schlabrendorff*, Minister von Schlesien in der schwierigsten Zeit, Friedrichs Hauptstütze für den Unterhalt seiner Armee im siebenjährigen Kriege; *J.H.C. Graf von Carmer*, Großkanzler, der Schöpfer des neuen öffentlichen Rechts in Preußen; *Carl Heinr, Graun*, Kapellmeister des Königs, schon früh in Rheinsberg seinen musikalischen Studien zugesellt, durch seine Kompositionen („Tod Jesu") und seine musikalische Leitung von großem Einfluss auf die Entwicklung der Musik; *Gotth. Ephr. Lessing*, der Bahnbrecher der deutschen Literatur; *Immanuel Kant*, der große Königsberger Philosoph.

Unter diesen am Sockel plastisch dargestellten Helden des Schwertes und des Geistes lesen wir in erhabenen Lettern eine lange Reihe von Namen der bedeutendsten Zeitgenossen Friedrichs des Großen, von denen nur genannt sein sollen: *Ewald Christian von Klein*, der Sänger des Frühlings, zum Tode verwundet in der Schlacht bei Kunersdorf (1759); *Christian Fürchtegott Gellert*, der bekannte Fabeldichter; *Freiherr von Knobelsdorff*, Erbauer des Opernhauses; *Freiherr von Wolff*, Philosoph (Leibniz-Wolffsche Dichtung); *Carl Wilh. Ramler*, Odendichter; *Gleim*, vaterländischer Dichter (Lieder eines Grenadiers); *Christian Garve*, Philosoph; *Johann Winckelmann*, berühmter Altertumsforscher usw.

Während an diesem gestaltenreichen Sockel die Kriegs- und Geisteshelden des Zeitalters Friedrichs des Großen verewigt sind, ist die oberste Abteilung des Sockels ausschließlich der Persönlichkeit des Gefeierten gewidmet. An den Ecken, über den Reiterfiguren, deuten vier weibliche Gestalten auf die Haupttugenden des Königs: I. die Gerechtigkeit (mit dem Richtschwert, auf einer Tafel der Name Justitia, die Gerechtigkeit); 2. die Stärke (mit einer Herkuleskeule); 3. die Weisheit (mit dem Spiegel, die Selbsterkenntnis als höchstes Ziel der Weisheit andeutend); 4. die Mäßigung (Zaum und Zügel in den Händen haltend). Zwischen der Gerechtigkeit und der Mäßigung, an der südlichen Längsseite, dem Palais Kaiser Wilhelms I. gegenüber, drei Reliefs: 1. Genien bringen den Eltern das sehnlichst erwartete Kind; 2. Klio (die Geschichte) den Knaben unterrichtend und auf die großen Vorbilder: Alexander den Großen, Julius Cäsar und Gustav Adolf hinweisend; 3. Pallas Athene überreicht dem jungen Helden das Schwert, ihn zum Eintritt in das Heer seines Vaters waffnend.

Auf der der Universität zugewendeten Seite, in gleicher Höhe: 1. Der König in der Stube eines Schlesischen Webers, ein Gewebe prüfend; links ein Webstuhl, an welchem ein alter Weber sitzt, welchem Pallas Athene, die Beschützerin der Künste und Gewerbe, ein Weberschiffchen überreicht; 2. Der König, die Flöte spielend, im Hintergrunde Musen ihn umschwebend, links die Muse der Dichtkunst mit der Lyra, auf des Königs dichterisches Schaffen hinweisend; 3. Der König als Beschützer der Kunst. Baumeister von Knobelsdorff, der Erbauer des Opernhauses, überbringt dem in der ländlichen Ruhe von Sanssouci weilenden König ein Werk der antiken Bildhauerei, „den betenden Knaben" aus Bronze.

Auf der vorderen Schmalseite dieser oberen Sockelabteilung ein Relief, des Königs Geistesgröße im Unglück zeigend: Friedrich nach der unglücklichen Schlacht bei Kollin (18. Juni 1757) auf einer Brunnenröhre sitzend, niedergeschlagen, aber nicht gebrochen. Bellona und Borussia schweben an ihm vorüber, ihn auf dem Rosse wieder in ihre Mitte nehmend, um ihn auf neue Bahnen des Sieges zu leiten, welcher ihm durch Beharrlichkeit und Besonnenheit wieder zufiel.

Die hintere Schmalseite zeigt den vom irdischen Dasein erlösten königlichen Helden und Weisen, mit Lorbeer und Palme geschmückt, wie ihn der Adler des Ruhmes zu den Sternen emporträgt.

Die Figur des Königs mit dem Pferde misst 5,65 m, Höhe des ganzen Denkmals 13,5 m.

Victor Laverrenz berichtet: „Der Bildhauer (Rauch) ist allerdings mit diesem Denkmal nicht zufrieden, da es nicht seine Absicht war, das Denkmal in der jetzt vorhandenen Gestalt aufzubauen. Er wollte das Reiterstandbild selbst niedriger stellen und den Sockel nebensächlicher behandeln. Von maßgebender Stelle wurde ihm jedoch der ausdrückliche Wunsch ausgesprochen, die hervorragendsten Männer der Regierungszeit Friedrichs des Großen anzubringen, und so entstand jene Menschenpyramide, die wir heute vor uns sehen."

Auch die Dichterin Bettina von Arnim, die übrigens selbst ein Denkmal entworfen hat (für den von ihr hochverehrten Goethe, das allerdings nie zur Aufstellung kam), war nicht zufrieden. Sie schrieb: „... Friedrich Wilhelm IV., der die elendsten Denkmäler errichtet (hat), so ein Friedrichsdenkmal, wo Friedrich auf dem Pferd sitzt wie ein besoffener Schauspieler, der eben herunterfallen wird ..."

Eine der bekanntesten Geschichten über das Denkmal ist die von der Besteigung des „alten Fritzen" durch einen Berliner Schusterjungen, der 1870 auf das Pferd des großen Königs kletterte um dem Alten die erste Siegesnachricht gegen Frankreich vorzulesen. Fünfundzwanzig Jahre haben dazu gehört, die Identität des patriotisch fühlenden Jungen, zu entdecken: Emil Sternitzky, mittlerweile nach Stettin verzogen.

Die Einweihung des Denkmals fand zur Regierungszeit Friedrich Wilhelms IV. statt, dessen Beliebtheit nicht umfassend war. Immerhin fielen in seine Regierungszeit die 1848er Revolution, nach der er gezwungen war, vor den gefallenen Barrikadenkämpfern den Hut zu ziehen, und das erste Deutsche Parlament in der Frankfurter Paulskirche. Dieses bot Friedrich Wilhelm IV. die Deutsche Kaiserkrone an, die er mit der Begründung ablehnte, dass er sie nur von Gottes Gnaden annehmen würde.

Und so fand sich eines Tages am Sockel des Denkmals der Zettel eines unbekannten Verfassers mit dem Wunsch.

> *Alter Fritz steig Du hernieder*
> *Und regier die Preußen wieder,*
> *Lass in diesen schlechten Zeiten*
> *Lieber Friedrich Wilhelm reiten*

Und noch'n Jedicht. Am 16. Juni 1871 fand die große Parade der heimkehrenden Sieger über Frankreich statt. Sie hielt am Denkmal Friedrichs II., und es sieht so aus, als beugte sich dieser, um den Soldaten zu ihrem nun schon dritten Sieg der Einigungskriege zu gratulieren. Theodor Fontane teilte die Begeisterung nicht, er schrieb:

> *Bei dem Fritzen-Denkmal stehen sie wieder,*
> *Sie blicken hinauf, der Alte blickt nieder;*
> *Er neigt sich leise über den Bug:*
> *Bon soir, Messieurs, nun ist es genug.*

Dieses Denkmal wurde während des zweiten Weltkriegs zum Schutz vor Beschädigungen eingemauert. So überstand es den Krieg unbeschadet. Hier eine Aufnahme aus dem Jahre 1945:

Aber bereits 1949 wurden Stimmen laut, es zu entfernen. "Der königliche Reiter muss weg, weil er gegen Osten reitet".

Und so beschloss der Magistrat im Mai 1950 die Verlegung des Standbildes in den Park von Sanssoucis. Zwei Monate später wurde der Beschluss umgesetzt. Allerdings wurde die Statue nicht etwa dort aufgestellt, sondern auf dem Lagerplatz einer Baufirma nahe dem Neuen Palais versteckt – und zunächst vergessen. Was dann kam, ist romanreif:

Etwa um das Jahr 1960 erreichte das Ministerium für Kultur der DDR eine Anfrage, ob es stimme, dass das Denkmal nun zu einer Schmelze gebracht werden solle, ein Tieflader sei schon bestellt. Der Minister Hans Bentzien, der bis dahin nicht einmal gewusst hatte, wo das Bronzestandbild verblieben war, brachte in Erfahrung, dass Paul Verner, damals Erster Sekretär der Berliner Bezirksleitung der SED und Mitglied des Politbüros, das Symbol einer "reaktionären Politik" beseitigen wollte. Bentzien, konnte mit Hilfe einiger Gleichgesinnter die Schmelze offiziell verhindern und trotzdem eine "Vollzugsmeldung" mit der Vor-

lage eines Schrottscheines organisieren. In dem entsprechenden Interview zu diesem Vorgang heißt es wörtlich: „Der König kam auf den Tieflader, Eberhard Bartke (ein Abteilungsleiter für Kunst im Ministerium) saß im Fahrerhaus, die „weißen Mäuse" sicherten ab. Dann fuhren sie dort in Potsdam in einer regnerischen Nacht einmal ums Karree und luden die Pracht an anderer Stelle im Park wieder ab." Der in den Rettungsplan eingeweihte Generaldirektor der Staatlichen Schlösser und Gärten Sanssouci veranlasste seinen Schlossgärtner, die Denkmalteile an einem neuen Ort im Park abzuladen und wieder gut zu verstecken. 1962 wurde das Denkmal dann im Hippodrom des Parks Charlottenhof, ohne die Öffentlichkeit zu informieren, wieder aufgestellt.

In den 70er Jahren wandelte sich das Geschichtsbild der DDR-Offiziellen; man näherte sich Preußen mit seinen Tugenden und vor allem seinen Reformern. Und so kam das Reiterdenkmal 1980 an seinen alten Standort zurück – zumindest nur wenige Meter östlich (!) davon entfernt.

Tribut an die neue Zeit: 2006 erhielt das Denkmal eine wächserne Schicht zum Schutz vor Graffitischmierereien.

DAS BRANDENBURGER TOR

Geschichte. Der Bau des Tores (nach dem Fall der Stadtmauer die einzige stehengebliebene Toranlage Berlins) wurde von C.G. Langhans (1733-1808) unter König Friedrich Wilhelm II. (1786-1797) bereits Im Jahre 1788 begonnen. Am 6. August 1791 wurde das Tor ohne jede Feierlichkeit dem Verkehr übergeben. Die Vollendung der plastischen Arbeiten an den Reliefs der Attika und an den Innenseiten der, sechs Pfeiler ließ noch lange auf sich warten. Die Viktoria hielt ursprünglich eine Trophäe und war anfangs unbekleidet; erst später erhielt sie ein Gewand und statt der Trophäe einen Stab mit Adler und Lorbeerkranz. Das eiserne Kreuz an der Spitze wurde erst nach den Freiheitskriegen als Sinnbild der Befreiung angebracht. Napoleon I., den der Besitz der herrlichen Quadriga reizte, ließ im Frühjahr 1807 die Siegesgöttin Viktoria oder Nike zur Ausschmückung des Triumphbogens auf dem Karussellplatz nach Paris entführen, wo sie jedoch nicht zur Aufstellung kam. Nach dem Friedensschlusse 1814 brachte Blücher, den der Verlust des stolzen Wahrzeichens deutscher Siege am tiefsten gekränkt hatte, die Viktoria wieder nach Berlin zurück. Beim Einzuge der Truppen am 7. August 1814 von neuem enthüllt, führt sie seit jener Zeit im Lorbeerkranz unter dem Adler das eiserne Kreuz und wendet nunmehr das Antlitz der Stadt zu, während es bis dahin gegen den Tiergarten gerichtet war.

Durch diese geschichtliche Erinnerung aufs innigste mit den Kämpfen und Siegen der Freiheitskriege verknüpft, ist das Brandenburger Tor mit seinem Viergespann zu einem der volkstümlichsten Baudenkmäler Berlins geworden. Diese Volkstümlichkeit steigerte sich noch dadurch, dass nach den letzten glorreichen Kriegen von 1864, 66, 70/71 der Einzug der siegreichen Truppen stets durch das Brandenburger Tor erfolgte, welches dadurch im Volksbewusstsein zu einer Porta Triumphalis, einem Siegestor in des Wortes wahrster Bedeutung, wurde. 1868 erfuhr das Tor infolge des gesteigerten Verkehrs nach dem Abbruch der alten Stadtmauer einen wesentlichen, nach Stracks Entwürfen ausgeführten Umbau, indem die früher angeschlossenen Außenflügel des Tores in dreischiffige Durchgangshallen umgewandelt wurden.

Beschreibung des Tores. Es erhebt sich an der Westseite des Pariser Platzes, einen herrlichen Abschluss der Lindenallee nach Westen bildend. Langhans erbaute es nach dem Muster der Propyläen auf der Akropolis von Athen, jenes Tores, welches den Zugang zu der westlichen Seite der Burg von Athen bildete. Mit diesem hat es jedoch nur die allgemeine Anordnung eines von zwei vorspringenden Flügelbauten eingefassten Tores gemein, so dass es nicht als eine bloße Nachahmung, sondern als eine völlig eigenartige Neuschöpfung zu betrachten ist. Höhe des Tores 20 m, bis zur Spitze der Figur 26 m. Die

Breite des Tores beträgt 62,5 m, 12 mächtige kannellierte Säulen von 14 m Höhe (sechs an der Vorder-, sechs an der Rückseite) tragen das wuchtige Gebälk, welches, ebenso wie die Säulen und Skulpturen, aus Sandstein besteht. Tiefe des Tores 11m. Den Verkehr vom Pariser Platz nach dem westlich sich anschließenden Tiergarten vermitteln fünf Durchfahrten, von denen die mittlere nur von Hofequipagen benutzt werden darf. An die dem Pariser Platz zugekehrte (Innen-)Seite des Tores schließen sich zwei rechtwinklig hervortretende tempelartige Flügelbauten mit dorischen Säulenhallen.

Der über den Säulen längs des Quergebälks hinlaufende Fries ist an der Vorder- und Rückseite durch Dreischlitze in sechzehn Zwischenfelder (Stirnbänder oder Metopen) geteilt, welche ebenso viele Reliefdarstellungen enthalten, Kampfesszenen zwischen den (aus Ross- und Menschenleib zusammengesetzten) Centauren und den halb der Geschichte, halb der Mythe angehörigen Lapithen (einem thessalischen Volksstamme). Die an der Tiergartenseite befindlichen Darstellungen sind nach Schadows Modellen gefertigt. In der Mitte der Attika (Stirnseite unterhalb der Viktoria) nach dem Pariser Platz zu, erscheint auf einem figurenreichen Relief von Unger und Boy (angeblich nach einer Skizze von Rode) auf einem von Genien gezogenen Wagen die Siegesgöttin, vor ihr die Gestalten von Tugenden, unter ihnen die Stärke, dargestellt durch Herkules, der die Laster des Neides und der Zwietracht (letztere durch Schlangen angedeutet) bezwingt. Hinter der Viktoria, ihr Gefolge bildend, die Götter der Freude und des Überflusses, die bildenden Künste, die Musik und die Urania. An den Innenseiten der sechs Scheidewände des Tores befindet sich in mittlerer Höhe je ein friesartiges figurenreiches Relief in der Form eines Rechteckes, über jedem desselben ein kreisförmiges, kleines Relief, sämtlich die Heldentaten des Herkules zur Darstellung bringend.

Die nach Schadows Modell von Jury in Kupfer getriebene Quadriga zeigt auf dem von vier Pferden gezogenen Triumphwagen die geflügelte Siegesgöttin, mit der Linken die Zügel der Rosse fassend, mit der Rechten das von dem eisernen Kreuz und dem Adler gekrönte Siegeszeichen haltend. Die zu Säulenhallen umgewandelten ehemaligen Torflügel enthalten in einer Mittelnische je eine sitzende Figur (von Boy und Wetzler ausgeführt), und zwar auf der rechten Seite die sitzende Gestalt der Pallas Athene, auf der linken die des homerischen Kriegsgottes Ares (nach einem Modell von Schadow).

Das Brandenburger Tor ist die letzte große Bauschöpfung des 18. Jahrhunderts; gleichzeitig bezeichnet es den Anfang jener auf der Wiedererweckung der Antike beruhenden Kunstrichtung, welche mehr als ein Menschenalter hindurch die künstlerische Tätigkeit Berlins beherrschen sollte.

Nicht nur die königliche Familie durfte die zentrale Durchfahrt benutzen, sondern diese Ehre wurde auch den Mitgliedern der Familie Pfuel zuteil. General Ernst von Pfuel brachte nämlich die Quadriga 1814 nach Berlin zurück; sehnsüchtig erwartet, wie die folgende Anekdote beweist:

Als der große Patriot und Turnvater Friedrich Ludwig Jahn im Jahre 1811 mit seinen Schülern über den Pariser Platz ging, fragte er plötzlich einen Knaben, der das Brandenburger Tor anstarrte: „Woran denkst Du?" Verwirrt und überrascht vergaß der arme Junge das Antworten und bekam dafür eine schallende Ohrfeige. Jahn aber sagte: „Daran sollst Du denken, dass wir den Siegeswagen der da oben auf dem Tore fehlt, aus Paris zurückholen müssen!"

Das Tor wurde im Krieg zwar beschädigt, aber nicht zerstört. Am 21. September 1956 beschloss der Ost-Berliner Magistrat, das Tor zu restaurieren. In der entsprechenden Presseerklärung dazu hieß es: „Wiederherstellung des Brandenburger Tores entsprechend der ursprünglichen städtebaulichen Vorstellung seines Baumeisters Langhans, was bedeutet, dass die Bebauung zu beiden Seiten des Tores Grünflächen weichen und der Verkehr darum herumgeleitet werden muss".

Trotz heftiger Auseinandersetzungen und gegenseitiger Vorwürfe arbeiteten beide Teile Berlins bei der Wiederherstellung zusammen. Zu der vorgesehenen Umleitung des Verkehrs kam es jedoch damals noch nicht; das Tor war bis zum 13. August 1961 eine wichtige Verbindung zwischen dem amerikanischen und dem sowjetischen Sektor Berlins.

Die Quadriga musste aufgrund der Kriegsschäden vollständig neu geschaffen werden. Am 14. Dezember 1957 war der Wiederaufbau beendet.

In der Nacht vom 2. auf den 3. August 1958 wurde die Quadriga heimlich in den Neuen Marstall verbracht und der Preußenadler sowie das Eiserne Kreuz entfernt. Die Ost-Berliner Stadtverordnetenversammlung erklärte hierzu, die „Embleme des preußisch-deutschen Militarismus" dürften nicht mehr zur Aufstellung gelangen.

Nach dem Fall der Mauer wurde der ursprüngliche Zustand der Quadriga wieder hergestellt und diese am 3. Oktober 2002 feierlich enthüllt.

Teil II

Der Tiergarten

Stadtplan 1905

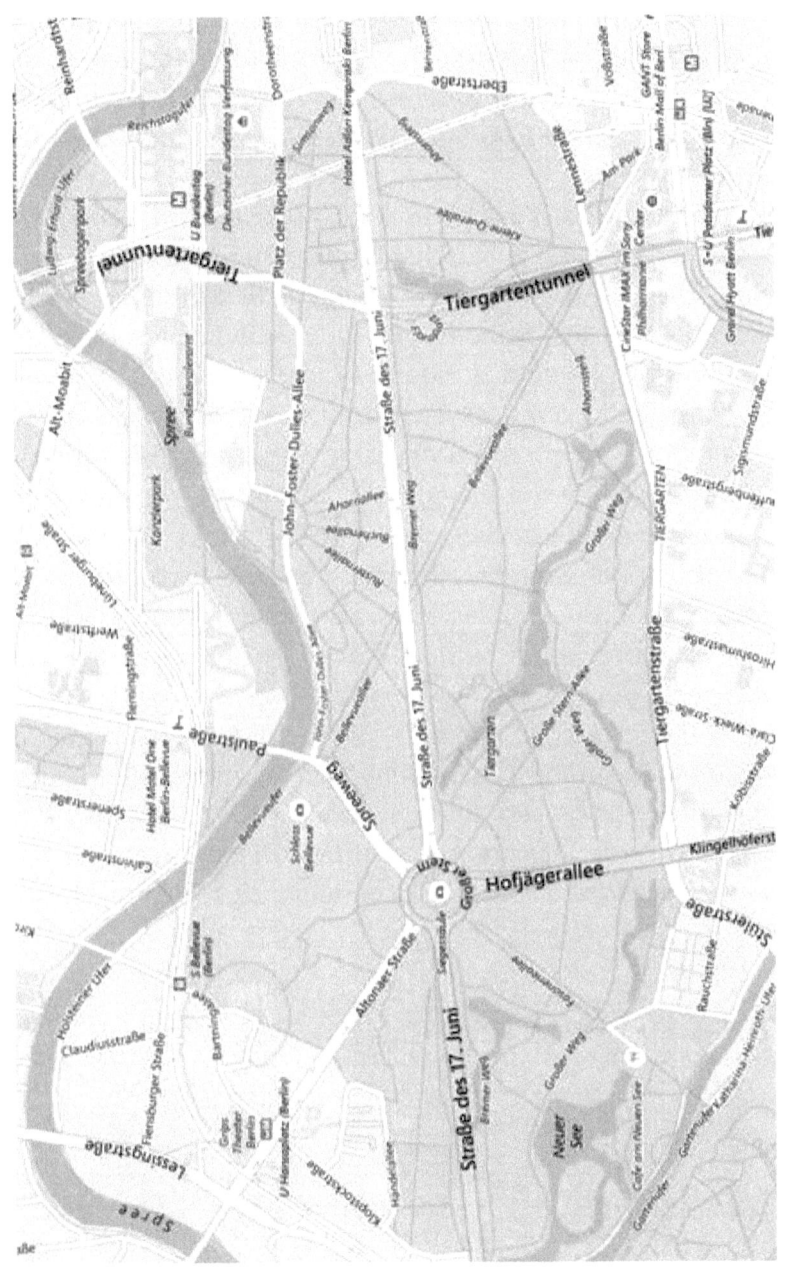

Stadtplan 2016 (Bingmaps)

Der Tiergarten: Am Nordrand bildet die Spree seine natürliche Grenze; im Westen die S-Bahn und der Zoologische Garten. Das südliche Ende ist die Tiergartenstraße und im Osten die heutige Ebertstraße, die damals noch Königgrätzer Straße hieß.

Von Ost nach West wird der Tiergarten von der Charlottenburger Chaussee durchschnitten (heute Straße des 17. Juni), die als direkte Verbindung vom Stadtschloss zum Charlottenburger Schloss von den Hohenzollern gern genutzt wurde. Es sind übrigens rd. acht Kilometer.

Die äußere Form des Tiergartens hat sich seit Hermann Müller-Bohn nicht verändert. Erst der zweite Weltkrieg hat tiefgreifende Veränderungen gebracht. 1941 gab es im Tiergarten zwei Bunker: Den großen Zoobunker, der mit unterschiedlichsten Geschützen bestückt war, sowie den kleinen Zoobunker, die Leitstelle für die gesamte Berliner Flak. Entsprechend befand sich der Tiergarten im Visier alliierter Luftangriffe.

Nach dem Kriege wurden die noch verbliebenen Bäume von den Berlinern als Heizmaterial genutzt; die Wurzeln wurden gerodet und in den Jahren 1946/47 wurde der Tiergarten als Ackerland genutzt. Diese Aufnahme aus dem Bundesarchiv stammt aus dem Juli 1946:

Der Schriftsteller Max Frisch notierte 1947 über den Tiergarten: „Eine baumlose Steppe mit den bekannten Kurfürsten, umgeben von Schrebergärten. Einzelne Figuren sind armlos, andere mit versplittertem Gesicht. Einer ist offenbar vom Luftdruck gedreht worden und schreitet nun herrisch daneben. Anderswo ist es nur noch ein Sockel mit zwei steinernen Füßen, eine Inschrift; der Rest liegt im wuchernden Unkraut. Außer einem Hund, der mein Picknick riecht, bin ich allein. Im Hintergrund ragt das Denkmal der Roten Armee, das in der Nacht erleuchtet ist …"

Im März 1949 begann mit der Wiederaufforstung die Beseitigung der „schlimmsten Wunde, die uns der Krieg geschlagen hat", wie der damalige regierende Bürgermeister Ernst Reuter formulierte.

Die beiden Flaktürme im Tiergarten sollten übrigens 1947 durch die britische Besatzungsmacht gesprengt werden. Am 28. Juli 1947 wurde der Leitturm mit 12 Tonnen Dynamit gesprengt. Im August folgte die erste Sprengung des Gefechtsturms mit 25 Tonnen Dynamit. Der gewünschte Erfolg blieb aus. Die zweite Sprengung verlief nicht erfolgreicher. Erst am 30. Juli 1948 gelang es, den Gefechtsturm mit 40 Tonnen TNT zu zerstören. Die Reste der Türme wurden mit Trümmerschutt übererdet. Dieser Berg sollte in den Zoologischen Garten integriert werden. 1955 wurden die etwa 412.000 m³ Schutt wieder abgetragen und der Bunker selbst durch Kleinsprengungen beseitigt.

Umso erstaunlicher ist es, dass überhaupt noch Denkmäler erhalten geblieben sind.

Zurück zu unserem Streifzug:

DIE MONUMENTE DES KAISERS UND DER KAISERIN FRIEDRICH

Jenseits des Brandenburger Tores, am Eingang zum Tiergarten Die Monumente des Kaisers und der Kaiserin Friedrich.

Sie bilden die Hauptteile einer umfassenden Denkmalanlage, die in vier Teile gegliedert und gegen den Fahrweg nach dem Brandenburger Tore durch zwei halbkreisförmige Marmorbalustraden abgeschlossen ist. Die Gesamtanlage zeigt den Charakter eines maßvollen Barock.

Das Standbild Kaiser Friedrichs III.

erhebt sich auf der rechten Seite der Denkmalanlage auf einem runden mit Voluten geschmückten Postament. Die dem deutschen Volke so wohl vertraute Gestalt seines Lieblings ist in ritterlicher Haltung in der kraftvollen Blüte des Lebens dargestellt. Der Kaiser erscheint in der Uniform der Kürassiere. In der Rechten hält er den Marschallstab; die Linke ruht am Degengriff. Das Haupt bedeckt der ein wenig nach hinten gerückte Helm. Der zurückgeschlagene Mantel des Schwarzen Adlerordens verleiht der Figur einen gewissen Abschluss. Der Kaiser ist geschmückt mit Kette und Stern des genannten Ordens, mit dem Großkreuz des Eisernen Kreuzes und dem bei Königgrätz erworbenen Orden pour le merite; unter dem Kürass an der rechten Seite lugt das Band des englischen Hosenbandordens hervor. Höhe der Figur 3,15 m.

Die Statue des Kaisers wird zu beiden Seiten flankiert von den Büsten zweier Männer, die ihm im Leben nahe gestanden. Sie erheben sich an den vorderen Abschlüssen der von Taxus eingefassten Denkmalnische auf schlanken, hermenartig gestalteten Postamenten. Links vom Beschauer, Feldmarschall Blumenthal, Friedrichs treuer Berater, mit dem er im Donner der Schlachten oft zusammen geritten ist. Der Künstler hat die lebhaften, geistvollen Züge des Generalstabschefs Kaiser Friedrichs trefflich zum Ausdruck gebracht. Der Feldmarschall erscheint in einfacher Generaluniform mit umgelegtem Mantel, ohne Kopfbedeckung. Den Hals schmückt der Orden pour le merite. Auf der andern Seite die Büste des Professors Helmholtz, im Professorentalar, geschmückt mit der Friedensklaffe des Ordens pour le merite.

Die Anlage mit dem Standbild der Kaiserin Friedrich

zwischen der Charlottenburger Chaussee und dem Ahornsteig ist entsprechend derjenigen ihres Gemahls gestaltet. Die Figur der Kaiserin, die selbst noch bei den Skizzen bestimmend mitgewirkt hat, erscheint in einem anschließenden Kleide, das unten von einer Bordüre aus Rosen, Kleeblättern und Distelzweigen umsäumt ist. (Auf ihre drei Heimatländer: England, Schottland, Irland hindeutend). Die entblößten Schultern umwallt mit einem Kragen aus Hermelin der Krönungsmantel, welcher, die Figur freilassend, zu beiden Seiten in großen Falten über den Sockel herabfällt. Die linke Hand rafft den Saum des Mantels, welcher die Figur größer erscheinen lässt; die Rechte greift über die Brust in die Schnur, die den Mantel zusammenhält und mit langen Quasten hernieder fällt. Auf dem schlicht gescheitelten Haupt ruht die Krone, die eine stilisierte Form des Barock zeigt.

Rechts von der Kaiserin der bartlose Charakterkopf des Philosophen und Geschichtsschreibers Eduard Zeller in großzügiger Ausstattung, von dem Künstler nach der Natur gezeichnet. Zur Linken der berühmte Chemiker W. von Hofmann, längere Zeit der Lehrer der geistvollen Fürstin, die noch als Kronprinzessin eifrig naturwissenschaftliche Studien trieb.

Die figürlichen Teile am Kaiser Friedrich-Denkmal sind von dem Bildhauer A. Brütt, die am Kaiserin Friedrich-Denkmal von dem Bildhauer Fritz Gerth modelliert. Die ganze Anlage ist nach den Entwürfen des Geheimen Oberhofbaurats Ihne gestaltet, den der Architekt Wassermann wirksam unterstützte. Die architektonische und dekorative Ausstattung stammt von den Professoren August Vogel und Widemann. Die Marmorausführung der Figuren besorgte Fritz Tübbecke. Die Architekturausführung der Denkmäler ist bei Kiefer, die Brunnen mit ihrer Umrahmung sind bei Schleicher hergestellt. Enthüllung der Denkmäler am 18. Oktober 1903.

Der Standort der Denkmäler ist von hoher Symbolkraft. Werfen wir einem Blick auf den Einzug der siegreichen Preußenarmee durch das Brandenburger Tor bis vors Schloss im Jahre 1871. Den Truppen voran ritten Wilhelm I., an seiner Seite der Sohn Friedrich, noch ohne Nummerierung, dahinter die hohe Generalität, dann folgte die Truppe, Linie, die Reiterei, die rasselnden Lafetten der Geschütze, das ganze Aufgebot preußischer Heeresmacht in glänzend neuen Monturen, bekränzt von Blumen. Dem Kronprinzen hatte Moltke immerhin so viel Umsicht und Führungskraft zugetraut, um ihn eine Armee kommandieren zu lassen, und Friedrich wusste diese Aufgabe zu lösen. Vor jubelnder Kulisse der Berliner, den vielen zugereisten Sehleuten, sprengten die Heerkönige vor ihren Truppen; sie waren also doch nicht bloß Legende. Es gab sie wirklich. Im tadellosen Sitz die Pferde zügelnd, grüßten sie ihr Volk, das nunmehr in einem neuen Kaiserreich leben und gedeihen sollte. Es reichte vom Elsass und dem Rhein, nicht als Grenze, sondern als deutscher Strom bis hoch in den Nordosten, reichte von Holstein und Schleswig bis an das abgeschlagene, in neuen Grenzen gefesselte Österreich.

Die spätere Kaiserin Friedrich, Victoria, Tochter der englischen Königin, formulierte, dass sie sich erst seit diesem Tage als wahre Preußin fühle.

Die Büsten von Generalfeldmarschall Blumenthal und von W. Hofmann sind beschädigt, aber erhalten. Sie befinden sich in der Zitadelle Spandau.

Der Verbleib der Standbilder von Kaiser und Kaiserin sowie der Büsten von Helmholtz und Zeller ist unbekannt. Sie wurden mit hoher Wahrscheinlichkeit im Kriege zerstört.

Potsdamer Brücke

DAS GOETHEDENKMAL

Von dieser Denkmalsgruppe erreichen wir nach etwa hundert Schritten das am Ostrande des Tiergartens gelegene, von herrlichen Bäumen umschattete

Goethe Denkmal,

von F. Schaper in Marmor ausgeführt, am 2. Juni 1880 enthüllt. In der Hoftracht seiner Zeit, um die herrliche Gestalt malerisch den Mantel geschlagen, den die rechte Hand mit der Rolle zusammenhält, die Linke in die Hüfte gestützt; das edle, geistvolle Antlitz mit der freien, mächtigen Stirn, auf welcher Hoheit des Geistes thront, stolz und freimütig erhoben - so bringt das Standbild die machtvolle Persönlichkeit des Dichters zu vollendeter Darstellung. Der runde Sockel, welcher sich auf einem mehrfach gegliederten Unterbau erhebt, wird von drei lebensvollen Gruppen, der lyrischen und dramatischen Dichtkunst, sowie der wissenschaftlichen Forschung geschmückt. Von wunderbarer Zartheit und Formenschönheit, bringen diese den Stil und Charakter der Goethe'schen Dichtungen in vollendeter Weise zum Ausdruck. Die heitere Anmut und Leichtigkeit Goethe'scher Poesie wird verkörpert durch eine weibliche Idealgestalt, die Muse der Dichtkunst, welche mit der Linken die Leier umspannt, während sie den rechten Arm um den geflügelten Liebesgott legt, dessen linke Hand eine Rose hält. Die dramatische Dichtkunst versinnbildlicht eine weibliche Idealgestalt, deren Züge sinnenden Ernst ausdrücken. Die Arme sind in epischer Ruhe übereinander gebreitet, mit der Rechten hält sie den Stift, mit der Linken die entfaltete Rolle. Der Genius an ihrer Seite hat in der Linken, welche sich leicht auf die Schulter der Muse lehnt, den Lorbeerkranz, die Rechte stützt sich auf die umgekehrte Fackel (das Sinnbild des Todes), dadurch die Tragödie andeutend. Die Gruppe der Wissenschaft zeigt eine weibliche Idealgestalt, welche eifrig in einem auf ihrem Schoße ruhenden aufgeschlagenen Buche liest; ihr zur Linken ein geflügelter Genius, ihr mit der Fackel der Wahrheit den Pfad der Forschung erhellend. Inschrift: „Goethe Errichtet im Jahre 1880". Höhe der Figur 2,72 m, des Sockels 3,36 m. Kosten 115.000 Mk.

Die Idee, dem Dichterfürsten in Berlin ein Denkmal zu setzen, entstand bereits kurz nach seinem Tode im Jahr 1832. Literaturbegeisterte Berliner gaben sich allein mit Goethe natürlich nicht zufrieden, und so entwickelte sich der Plan, allen drei bedeutenden deutschen Dichtern, neben Goethe auch Schiller und Lessing, je ein Denkmal zu setzen – bei ungeklärter Finanzierung wurde der Plan eifrig (und am Ende erfolgreich, wie wir noch sehen) umgesetzt.

Das Denkmal steht an seinem originalen Standort an der Ebertstraße, gegenüber dem Denkmal für die ermordeten Juden Europas.

Im Zweiten Weltkrieg erlitt das Denkmal zwar einige Schäden, aber keine schwerwiegenden Zerstörungen. Um das Denkmal vor aggressiven Umwelteinflüssen zu schützen, brachte man es 1982 in das Lapidarium am Landwehrkanal, und ersetzte es durch eine Kopie aus Beton. Diese Betonkopie hielt der Umweltbelastung allerdings gerade einmal 20 Jahre stand.

Dann wurde, am 12. November 2010, das allerdings zuvor aufwendig behandelte, Original wieder aufgestellt.

Wem es zu langweilig ist, den Berliner Tiergarten zu besuchen, dem sei ein exotischeres Ziel empfohlen: Der südkoreanische Lotte-Konzern, 1948 von dem Goetheverehrer Shin Kyuk-ho gegründet, der Firmenname ist aus Goethes „Werther", Charlotte von Weimar, hergeleitet, hat sich in Seoul gerade eine neue Konzernzentrale gebaut. Das Gebäude ist rd. 550 m hoch; da macht sich in den Grünanlagen eine Replik des Berliner Goethe Denkmals, allerdings aus Bronze statt aus Marmor, vortrefflich. Kosten scheinen keine Rolle gespielt zu haben: In Berlin wurden 50 Teile in Originalgröße hergestellt, nach Seoul geflogen und dort fachkundig zusammengesetzt.

DIE LÖWENGRUPPE

Einige Schritte weiter waldeinwärts, an einem Kreuzungspunkt der Querallee, welche den Tiergarten vom Brandenburger Tor nach der Siegesallee zu durchschneidet,

die Löwengruppe,

ein stimmungsvolles Bild aus dem Tierlieben, von ergreifender Naturwahrheit, modelliert von Wilhelm Wolff. Es stellt eine Löwin dar, die, soeben von einem Pfeil in den Rücken getroffen, kraftlos am Boden liegt. Hoch aufgerichtet, das Auge wild rollend, mit dem Schweife wutschnaubend die Luft peitschend, steht der männliche Löwe da, bereit, jeden, der sich ihm naht, mit einem Schlage seiner furchtbaren Tatze niederzuschmettern. Ein ergreifendes Gegenstück zu der alten Löwin mit ihrem schmerzverzerrten Antlitz bilden die Jungen, welche, nicht ahnend das nahende Ende der Löwenmutter, spielend oder an der Mutterbrust saugend, ein Bild der sorglosen Jugend abgeben. Der gärtnerische Schmuck, in seiner Wirkung noch erhöht durch die stimmungsvolle Waldumgebung, ist zu der Gruppe in künstlerische Beziehung gesetzt.

Eine Karikatur aus dem Jahre 1900:

Das Original befindet sich immer noch an seinem alten Standort im Tiergarten. Auch hier ein Tipp für Globetrotter: Eine Kopie erwarb die amerikanische Stadt Philadelphia, für die Weltausstellung im Jahre 1876. Sie steht am Eingang des Zoologischen Gartens von Philadelphia.

Eine kurze Strecke südlich vom Goethe Denkmal, an der Ecke der Lennéstraße,

das Kurprinzen Denkmal,

ein Werk des Bildhauers Prof. Janensch, den Kurprinzen Friedrich Wilhelm, den späteren Großen Kurfürsten, im jugendlichen Alter darstellend. An der vorderen Seite des Postamentes die Inschrift: „Kurprinz Friedrich Wilhelm, der nachmalige Große Kurfürst, geboren am 16. Februar 1620 zu Berlin." (Enthüllt am 29. Mai 1904.)

Das Denkmal wurde komplett zerstört.
Bereits ein Jahr zuvor wurde die gleiche Statue im Beisein Kaiser Wilhelms II. im Hof des Schlosses Küstrin aufgestellt. Auch dieses Denkmal wurde im zweiten Weltkrieg zerstört, ein Teil des Denkmalssockels kann noch in den Trümmern des Schlosses besichtigt werden.

DAS LESSING DENKMAL

Wenige Schritte entfernt, am Rande des Tiergartens in der Lennéstraße,

das Lessing Denkmal,

von Otto Lessing, einem Großneffen des Dichters, modelliert, und am 14. Oktober 1890 enthüllt. Die in Überlebensgröße in Marmor ausgeführte Gestalt des Dichters erhebt sich auf einem 4 m hohen Sockel aus rötlichem Granit. Kräftige Voluten begrenzen die abgeschrägten Ecken des nach oben sich verjüngenden Postaments. An der Vorderseite desselben der in Bronze gegossene, geflügelte Genius der Humanität, zu dem Dichter aufblickend, in der Rechten die flammende Opferschale emporhaltend, den linken Ellenbogen mit dem Lorbeerzweig in der Hand auf eine Tafel stützend, welche das Evangelium religiöser Duldsamkeit, Lessings herrliche Worte aus „Nathan der Weise", (Gleichnis von den drei Ringen, Akt 3, Auftritt 7) enthält:

„Wohlan!
Es eifre jeder seiner unbestochnen, von Vorurteilen freien Liebe nach!
Es strebe von Euch jeder um die Wette, die Kraft des Steins in seinem Ring an Tag
Zu legen! Komme dieser Kraft mit Sanftmut, mit herzlicher Verträglichkeit, mit Wohltun,
Mit innigster Ergebenheit an Gott zu Hilf! Und wenn sich dann der Steine Kräfte
Bei Euren Kindes-Kindeskindern äußern, so lad' ich über tausend, tausend Jahre
Sie wiederum vor diesen Stuhl. Da wird ein weis'rer Mann auf diesem Stuhle sitzen
Als ich und sprechen!"

Zu den Füßen des Genius, auf einem malerisch ausgebreiteten Gewande ein Lorbeerkranz; hinter dem Genius eine Harfe, auf Lessings dichterische Tätigkeit hinweisend. Über dem Genius der Humanität, am Postament, die Inschrift: „Gotthold Ephraim Lessing." Auf der Rückseite, ebenfalls in Bronze, die Gestalt der Kritik, Lessings vorwiegend kritische Tätigkeit (Hamburgische Dramaturgie) andeutend, mit der Rechten die Geißel des Spottes und der Satire schwingend, mit der Linken in die Mähne eines Löwenfelles greifend. Zur Rechten dieser Gestalt, auf Büchern und Pergamenten hockend, eine Eule, das Symbol der Wissenschaft. Über der „Kritik" das von einem Rokokomedaillon eingerahmte Reliefporträt des Buchhändlers und Schriftstellers Christian Friedrich Nikolai, Lessings Freund und Verleger (1733 -1811). An der linken und rechten Seite des Postamentes die bei den ebenso umrahmten Reliefporträts des Philosophen Moritz Mendelssohn (1729-1786) und des Dichters Ewald Christian von Kleist, des Sängers des „Frühlings" (geb. 1715, zu Tode verwundet in der Schlacht bei Kunersdorf 1759).

Auf dem so geschmückten Sockel erhebt sich die gedrungene Gestalt des Dichters in der Tracht seiner Zeit in Marmor. Die rechte Hand in die Hüfte gestützt, mit der Linken ein Buch haltend, das Haupt mit der freien, gedankenreichen Stirn und dem klaren, durchdringenden Auge sinnend in die Ferne gerichtet - so bringt das Marmorbild des Künstlers den Geistesfürsten in jedem Teile, in jeder Linie zum vollen Ausdruck. - Das herrliche Gitter, ein Prachtstück deutscher Schmiedekunst, wurde von P. Marcus ausgeführt. Höhe der Figur 3 m, des Sockels 4 m. Kosten 60.000 Mk., in welche das Honorar des Künstlers nicht miteinbegriffen ist, da dieser darauf verzichtete.

Das Denkmal ist unbeschadet durch den Krieg gekommen, bis auf die Tatsache, dass man das gusseiserne Zubehör entfernte – es wurde höchstwahrscheinlich eingeschmolzen; die Porträtreliefs und die Wasserspeier verschwanden nach Kriegsende.

Nach dem Mauerbau befand sich die Anlage direkt an der Mauer, auf dem Lenné-Dreieck, einem unbenutzten und ungeschützten Gelände; die noch vorhandenen Bronzeteile wurden deshalb in ein Depot in Sicherheit gebracht.

Mit diesem Lenné-Dreieck hat es eine ganz besondere Bewandtnis: Es befand sich nördlich des Potsdamer Platzes und gehörte eigentlich zu Ost-Berlin, ragte aber ins West-Berliner Territorium. Dorthin war es lediglich mit einem Zaun gesichert, weil man auf dem Gelände Blindgänger aus dem zweiten Weltkrieg vermutete; die eigentliche Mauer verlief an der Ostseite des Dreiecks. Es gab in und um Berlin einige solcher Enklaven, mal zu Ost- mal zu West-Berlin gehörend. Die Ursache dafür ist übrigens in der preußischen Landvermessung aus den Jahren 1865 bis 1868 zu finden. Darin wurden Grundstücke, die außerhalb des Wohnorts ihrer Besitzer lagen, steuerlich und damit auch rechtlich jener Gemeinde zugeordnet, in denen der jeweilige Eigentümer wohnte.

Diese Grundstücke wurden den damals selbstständigen Gemeinden Spandau, Gatow, Kladow, Wannsee und Zehlendorf zugeschlagen und kamen mit der Bildung von Groß-Berlin 1920 zur Hauptstadt.

Insbesondere in den Zeiten des Kalten Krieges kam es darüber immer wieder zu Schikanen und Streitigkeiten. 1972 gab es einen ersten Gebietstausch zwischen der DDR und West-Berlin, der aber noch nicht alle Probleme lösen konnte. Im Jahre 1983 begannen wiederum Verhandlungen über einen weiteren Gebietstausch, die sich allerdings fünf Jahre hinzogen – erst am 1. Juli 1988 konnte der vereinbarte Flächenaustausch vollzogen werden.

Hier sei der Tagesspiegel vom 22.4.2013 zitiert: „Meine Ecke – Deine Ecke! Herzstück des Tauschprogramms war aus West-Berliner Sicht das Lenné-Dreieck, auf das sich bald die Aufmerksamkeit der Stadt richtete. Das Areal spielte eine wichtige Rolle in den damaligen Senatsplanungen zur Westtangente, woran sich noch vor Vollzug des Austauschs der Widerstand entzündete. Ende Mai 1988 besetzten Umweltschützer und Linksalternative das offiziell noch zu Ost-Berlin gehörige Gelände, errichteten ein Besetzerdorf, unbehelligt von den Vopos und der West-Berliner Polizei sowieso – die hatte ja keinen Zutritt. Pünktlich am 1. Juli morgens erfolgte die Räumung, allerdings flohen die Besetzer über die Mauer nach Osten. Dort wurden sie erwartet: Sie erhielten von den Grenztruppen ein Frühstück und wurden wieder entlassen."

Luftbild von 1987; Foto: Helletrick

Wegen des ungeschützten Standortes litt das Denkmal leider ständig unter Vandalismus. Die Bronzefiguren und das Marmorstandbild wurden wiederholt mit Farbe beschmiert, Details abgebaut.

Wir verfolgen den Saum des Tiergartens über den Rolandbrunnen und die Siegesallee hinaus (siehe weiter unten) und erreichen nach kurzer Wanderung, immer die schönen Anlagen des Tiergartens zur Rechten, die anmutigen Villen der Tiergartenstraße zur Linken, das auf der Luiseninsel, gegenüber der Regentenstraße gelegene, von hohen Laubbäumen und Nadelholz malerisch umgebene

Denkmal Jung - Wilhelms,

des späteren Kaisers Wilhelm I. Der Künstler (Adolf Brütt) hat den Prinzen, der den Feldzug nach Frankreich

1814 mitmachte und sich in der Schlacht bei Bar-sur-Aube auszeichnete, als Freiheitskämpfer in der enganschließenden Uniform der Gardefüsiliere dargestellt. Das Denkmal ist ein Akt der Pietät Kaiser Wilhelms II. für den von ihm ganz besonders verehrten Großvater. Enthüllt am 3. Mai 1904.

Das Denkmal wurde umfassend restauriert und befindet sich in einer Gartenanlage an der Tiergartenstraße

DAS RICHARD WAGNER DENKMAL

Ein Stück weiter westwärts, am Saume des Tiergartens, das Richard Wagner-Denkmal.

Das von Professor Gustav Eberlein geschaffene Denkmal des Dichter-Komponisten erhebt sich auf einem zweistufigen Granitplateau von 14 qm. Über einem breiten Stufenunterbau steigt dann auf einem Sockel das im romanischen Stile gehaltene, an der Rückseite abgerundete Postament empor. Auf ihm thront der Dichter-Komponist auf einem reichen romanischen Sessel, dessen Lehnen nach vorn in heraldisch stilisierten Löwen auslaufen. Der Komponist ist in schaffender Tätigkeit aufgefasst. Das Haupt ist leicht nach links gewendet und scheint den Eingebungen seiner Muse zu lauschen. Die linke Hand sucht wie tastend nach den Tönen, dabei fast unbemerkt den Löwenkopf des Sessels berührend. Die rechte, zur Faust geballte Hand, auf Notenblättern ruhend, scheint mit der energischen Bewegung dem gefundenen Akkord einen besonders kraftvollen Akzent zu verleihen. Bei der Darstellung hat Eberlein die Totenmaske des Meisters und einen Abguss seiner Hand benutzt. Vor dem Sockel Wagners steht - eine Huldigung der deutschen Nation an den großen Meister - die jugendliche Gestalt des Minnesängers Wolfram von Eschenbach, in der Linken die Harfe, die Rechte in bewundernder Begeisterung zu ihm emporstreckend. Die Gestalt Wolframs ist sehr wirksam, hat aber eine etwas theatralische Pose. Die ursprünglich nicht für das Denkmal bestimmte Figur verdankt ihr Entstehen einer Anregung des Kaisers, der sie bei der Beurteilung des Entwurfes eigenhändig in die Denkmalsskizze eingetragen hat.

Die drei anderen Seiten des Postaments sind mit Gruppen und Figuren aus Richard Wagners Werken geschmückt. Zur Linken vom Beschauer eine tragische Gruppe aus der Nibelungensage. Von Hagens Spieß durchbohrt, ruht Siegfried in den Armen Kriemhilds. Das vom aufgelösten Haare umwallte Haupt stützt sie gramvoll in die Linke; der tränenleere Blick ist voll stummer

Klage ins Leere gerichtet. An der gegenüberliegenden Seite des Postaments ist Tannhäuser am Ende seiner Pilgerfahrt müde am Wege niedergesunken. In der Linken den lorbeersprießenden Stab, stützt er schwermütig das gramdurchfurchte Antlitz in die Rechte. Für die abgerundete Rückseite des Sockels hat der Künstler ein des Humors nicht entbehrendes Motiv aus Richard Wagners Rheingold gewählt. Alberich, der Zwergkönig, hält mit bei den Armen den von ihm sorgsam gehüteten Nibelungenschatz (Schild, Krone, Zepter usw.) umspannt, einen misstrauisch ängstlichen Blick auf eine der Rheintöchter werfend, die in anmutig bewegter Haltung, getragen von den aufschäumenden Wellen des Rheins, über dem Zwergkönig erscheint und, seine ängstliche Vorsicht verhöhnend, ihm neckisch mit der Rechten den Bart zaust. Höhe der Statue 2,70 m, des Postaments 3,30 m, des ganzen Denkmals 6 m. Der Künstler erhielt für sein Werk die Summe von 100.000 Mk., worin die Kosten für das Granitplateau und die unteren breiten Marmorstufen noch nicht inbegriffen sind. Enthüllt am 1. Oktober 1903.

Das Denkmal wurde von dem Kosmetikproduzenten Ludwig Leichner gestiftet, dessen Reichtum auf der Erfindung der bleifreien Bühnenschminke beruhte.

Auch dieses Denkmal überstand den Zweiten Weltkrieg ohne größere Schäden. Nach einer umfangreichen Restaurierung wurde es 1987 mit einem Schutzdach bedeckt. Außerdem schützt ein Wachsüberzug den Marmor zusätzlich vor Witterungseinflüssen.

DAS DENKMAL DER KÖNIGIN LUISE

Vom Wagnerdenkmal zurück bis zur großen Querallee und dann waldeinwärts über eine kleine Brücke nach wenigen Schritten zu dem

Denkmal der Königin Luise,

von der Meisterhand Enckes in Marmor gemeißelt. Schon
die Widmungsinschrift auf der Rückseite: „Der Königin
Luise von ihren Verehrern dem Kaiser Wilhelm zum 22.
März 1877 gewidmet", zeigt, dass Liebe dieses Denkmal
geschaffen hat. Auf einem achteckigen Unterbau erhebt
sich der zylindrische Sockel, auf welchem der Künstler
die Königin in edler Auffassung dargestellt hat. Ein unbeschreiblicher poetischer Hauch scheint um ihre Gestalt
zu wehen, die in einem hochgegürteten, in langen Falten
herabwallenden Gewande mit kurzen Ärmeln dargestellt
ist. Ein leicht über das Diadem geschmückte Haupt geworfenes Spitzentuch fällt lose über die schönen Formen
ihres Körpers herab, mit der Rechten hält sie den Spitzenschleier, die Linke greift leicht in die Falten des Kleides. Um den Sockel schlingt sich ein wirksames, stimmungsvolles Hochrelief, Szenen aus der Zeit des Befreiungskrieges darstellend, dessen erhebenden Verlauf die
unglückliche Königin nicht mehr erleben sollte. Der Auszug in den Kampf zeigt uns einen für die Freiheit des geknechteten Vaterlandes in das Feld ziehenden Krieger,
von Weib und Kindern Abschied nehmend; kampfesmutig
reißt sich auch der schwertgegürtete Jüngling aus den
Armen der liebenden Braut. In der folgenden Gruppe ist
die tätige Barmherzigkeit dargestellt, bestrebt, das durch
den Übermut des fremden Eroberers heraufbeschworene
Unglück und Elend zu mildern. Eine Frauengestalt von
himmlischer Schönheit reicht dem erblindeten, von einem jungen Mädchen geführten Greise eine Gabe; rechts
davon eine Samariterin, um das Haupt des verwundeten
Kriegers einen Verband legend, während ein junges Mädchen das lindernde Öl in eine Schale gießt. Die helfende
Gabe der Königin, die sich in den Unglücksjahren zur
Linderung der Not all ihres Schmuckes beraubte, ihre
Juwelen verkaufte und selbst in ihrer Häuslichkeit in
Königsberg und Memel sich Beschränkungen auferlegte,

findet in dieser Gruppe eine schöne Versinnbildlichung. Das folgende Bild, die Heimkehr, ist von ergreifender Wirkung. Der aus dem heiligen Kampfe zurückgekehrte, eichenlaubgeschmückte Krieger übergibt mit schmerzvoll abgewandtem Antlitz das Schwert des auf dem Felde der Ehre gebliebenen Kriegers der gramgebeugten Gattin, an deren Haupt die Mutter trauervoll ihr Antlitz birgt. Die letzte Gruppe bringt die Freude des Wiedersehens nach glücklich beendetem Kampfe zur Darstellung. Freudig hält der gesund heimgekehrte junge Krieger die Braut umfangen. Den Empfang der Truppen versinnbildlicht ein Knabe, der die mit Bändern und dem Lorbeerkranz geschmückte Fahne freudig den Heimkehrenden entgegenschwingt.

Höhe der Figur 2,78 m, des Sockels 4,22 m. Kosten rund 100.000 Mk., durch freiwillige Sammlungen aufgebracht (Beitrag der Stadt Berlin 50.000 Mk.).

Das Denkmal, welches die edle Fürstin, den Liebling des deutschen Volkes, in ihrer ganzen Holdseligkeit darstellt, ist alljährlich am 10. März, ihrem Geburtstage, das Wallfahrtsziel vieler Tausender von Verehrern.

Lange vor Lady Diana war Luise „Königin der Herzen", wie man dieser Beschreibung unschwer entnehmen kann. Sie starb 1810 im Alter von nur 34 Jahren. Ein Augenzeuge berichtete: „Beim Leichenzug herrschte eine große Stille, und man sah überall auf der Straße Weinende aus allen Ständen"; Wilhelm von Humboldt bekannte, dass dieser Tag einer der trauervollsten seines Lebens gewesen sei.

Als Feldmarschall Blücher 1814 vom Montmatre auf das eroberte Paris blickte, soll er ausgerufen haben: „Luise ist gerächt!" Im Jahre 1814 stiftete Friedrich-Wilhelm III. sogar ihr zu Ehren einen Orden, der Frauen verliehen wurde, die *„... Männern unserer tapferen Heere ... in pflegender Sorgfalt Labsal und Linderung brachten."*

Und tatsächlich hat Luise eine wichtige Rolle in den Befreiungskriegen gespielt. Insbesondere ihr Treffen mit Napoleon I. in Tilsit, zu dem sie allerdings von Minister Karl August von Hardenberg gedrängt wurde, ist legendär (schon weil es unter vier Augen stattfand). Napoleon schrieb auf St. Helena in seinen Erinnerungen, immer noch beeindruckt: *„Trotz aller von mir aufgebotenen Geschicklichkeit, trotz aller meiner Anstrengung erwies sie sich stets als Beherrscherin, als die Tonangebende der Unterhaltung, kam immer auf ihr Thema zurück."* Er meinte, *„anstatt ihr eine Krone zu nehmen, möchte man versucht sein, ihr eine andere zu Füßen zu legen. Die Königin von Preußen war wohlunterrichtet, eine geistvolle und kluge Frau."*

Luise hatte von Napoleon deutlich weniger gehalten. Sie schrieb an Friedrich Wilhelm III. kurz vor ihrem Treffen mit dem Kaiser: *„... seine unhöflichen Manieren setzen mich nicht in Erstaunen, denn dafür gibt es zwei Gründe: Mangel an gutem Willen oder Mangel an Lebensart und an Kenntnis der höfischen Gebräuche. Denn wie sollte wohl dieses höllische Wesen, das sich aus dem Kot emporgeschwungen hat, wissen, was Königen zukommt? ..."*

Es entstand ein regelrechter Luisenkult, der Theodor Fontane 1874 zu der Bemerkung brachte: *„Mehr als von der Verleumdung ihrer Feinde hat sie unter der Phrasenhaftigkeit ihrer Verherrlicher zu leiden gehabt."*

Das Denkmal, in Sichtweite zu dem Standbild ihres Gatten, Friedrich-Wilhelm III. aufgestellt, hatte im Krieg einige Beschädigungen davongetragen. 1980 wurde das Monument im Rahmen der Aktion *„Rettet die Denkmäler"* des Berliner Senats demontiert und in das Lapidarium am Hal-

leschen Ufer in Kreuzberg eingelagert. 1987 erfolgte auf der Luiseninsel die Aufstellung einer Kopie des Denkmals aus Beton, der mit den Jahren aber schwarz und unansehnlich wurde. 2014 durchgeführte Untersuchungen ergaben, dass das Marmororiginal so gut erhalten ist, dass man von ihm keine Kopie aus Marmor anfertigen muss. Das Landesdenkmalamt ließ daher die Figur wieder aufstellen, natürlich gereinigt und durch konservatorische Maßnahmen vor Umwelteinflüssen geschützt.

Opernplatz

DAS DENKMAL FRIEDRICH WILHELM III.

Dem Luisendenkmal gegenüber, ganz in der Nähe, das Denkmal des Königs Friedrich Wilhelm III.,

modelliert von Friedrich Drake. Auf dem achteckigen Unterbau mit dem zylindrischen Sockel aus carrarischem Marmor erhebt sich die hohe Gestalt des Königs. Im einfachen Überrock, mit unbedecktem Haupte, die linke Hand auf die Brust gelegt, die einen Blumenkranz haltende Rechte auf einen viereckigen Sockel stützend, welcher das Reliefporträt der Königin Luise enthält, so erscheint der König dem Beschauer in der schlichten, gewinnenden Art, wie ihn die Berliner der damaligen Zeit oft am Arme seiner Gemahlin durch die Straßen wandeln sahen. Die Hochreliefs an dem Rundsockel bringen in meisterhafter Weise die Segnungen des Friedens und im Besonderen die Freuden des Tiergartens zur Darstellung: fröhliche Kindergruppen, Schwäne fütternd, Blumenkränze windend, oder mit kindlich - frohem Erstaunen in das mit jungen Vögeln gefüllte Nest einer Eiche schauend. An der Vorderseite ein Eichkätzchen, an einem Baumstamme seinem Quälgeist, einem frischen Knaben, entfliehend; daneben an dem efeuumrankten Stamme ein liebliches Bild: eine junge Mutter, von Kindern umspielt, den Säugling auf dem Arm haltend, in dem seligen Gefühl ihres Mutterglückes verklärten Auges in die Ferne träumend. Auf der linken Seite ein freundlicher Alter, an den sich die blühende Enkelin lehnt, zufrieden in der ungestörten Ruhe feines Alters auf seinen Stab gestützt, einem tanzenden Kinderpaare zuschauend, Das ganze herrliche Relief, fern von jeder verschleiernden Allegorisierung und in fast modern-realistischer Weise seine Gestalten verkörpernd, ist ein liebliches idyllisches Bild des reinsten, ungetrübtesten Glückes, der Sinnesart des friedliebenden Königs trefflich entsprechend. Das Denkmal wurde aus Sammlungen der Berliner Bürgerschaft errichtet und am 3. August 1849 enthüllt. Höhe des Sockels 4,22 m, der Figur 2,78 m, - Die Geschichte mit dem Riester um rechten Stiefel des Königs, der seine Sparsamkeit andeuten sollte, ist eine von den Mythen, die sich um Denkmäler zu bilden pflegen. Sie verdankt ihr Entstehen einer brüchigen Stelle im Marmor.

Zwischen beiden Denkmälern die Feldherrnbank aus Marmor, mit den Büsten Kaiser Wilhelms I., Kaiser Friedrichs, Bismarcks, Moltkes und Roons. Die Art und Weise, wie diese an und für sich schon unbedeutenden Büsten der Rücklehne der Bank aufgesetzt sind, anstatt harmonisch mit ihr verbunden zu sein, macht einen unkünstlerischen, puppenhaften Eindruck. An der Lehne die Namen der Hauptschlachten des deutsch-französischen Krieges.

„Die Geschichte mit dem Riester am rechten Stiefel des Königs" erläutert Victor Laverrenz mit dem nötigen Respekt vor seiner Majestät: „Ein unangenehmer Zufall hat dem Denkmal Friedrich Wilhelms III. bei der Luisen-Insel eine Nachrede angehängt. Dasselbe hat nämlich an dem rechten Fuße der Figur im Marmor eine dunkle Stelle, und der Volkswitz behauptet nun, der Bildhauer Drake habe absichtlich einen „Riester" am Stiefel angebracht, um die übertriebene Sparsamkeit des Königs anzudeuten." Sogar eine Zeichnung wird mitgeliefert:

Das erwähnte „oft am Arme seiner Gemahlin durch die Straßen wandeln", dürfte so oft nicht stattgefunden haben. Helmut H. Schulz schreibt in seinem Buch „Glanz und Elend der Friedrich-Wilhelms":

(...) In der Hochzeitsnacht waren die Gatten übereingekommen, sich auch öffentlich mit dem vertraulichen Du anzusprechen, worauf der Hof sozusagen Trauer anlegte, nicht ohne zuvor in Ohnmacht gefallen zu sein. Luise nahm zwar darauf keine Rücksicht, aber sie schonte auch das Ansehen ihres Ehemannes nicht im Mindesten, sie ließ ihn öffentlich warten, durchtanzte ihre Nächte, benahm sich auffallend und rücksichtslos. Es kamen Tage, an denen die beiden Gatten schweigend und erbittert die gemeinsamen Mahlzeiten einnahmen; auf den Bruch wartete der Hof mit Sehnsucht. Es ging so weit, dass sich der Vater Friedrich Wilhelm II. veranlasst sah, auf den Sohn einzuwirken, dieser seiner Frau eine energische Grenze zu ziehen.

Binnen Jahresfrist war es soweit gekommen, dass Friedrich Wilhelm, Kronprinz und geplagter Ehemann, diese seine junge Frau gegen alle Welt in Schutz nehmen musste, eine Frau, deren Liebe er nicht besaß. Es lag nahe, diese Ehe für einen Irrtum zu halten; allein, der Kronprinz, Mitte zwanzig, die Frau Gemahlin, nicht einmal zwanzig, zeigten Einsicht und menschliche Reife, als er sich noch immer schützend vor „Husche" stellte, gegenüber dem Vater hervorhob, dass seine Frau keineswegs schlecht sei, sondern nur jung, lebhaft, mit einem großen Sinn für ihre Freiheit. Das war in höchstem Maße ungewöhnlich. Wie recht der Mann aber hatte, das zeigte sich, als sich das Paar wegen der ersten Schwangerschaft Luisens aus dem nervenden Berliner Hof in das Stadtschloss zu Potsdam zurückzog. Der König ging ins Feld, zum Polenkrieg, dessen Ausgang Preußen eine große Gebietserweiterung brachte; der Kronprinz musste mit, was Tren-

nung von Luise bedeutete. Die Schwangerschaft endete infolge eines Sturzes von der Treppe mit einer Totgeburt. Es folgten allerdings schnell zwei Lebendgeburten, und das Ehepaar Luise - Friedrich Wilhelm begann sich an das komplizierte Leben zu zweit zu gewöhnen, bot nach außen ein Bild schöner ehelicher Liebe. In Wahrheit ist es eine mühsam und von beiden Seiten mit höchstem Aufwand an gutem Willen erhaltene Balance gewesen, ständig von Missverständnissen bedroht. Die Lebhaftigkeit und Spontanität der Frau, das verschlossene bis mürrische Wesen des Mannes bestimmten den Alltag so sehr, dass dieses höchst ungleiche Paar mit Mühe den Anschein erweckte, es lebe in ungestörtem Glück. (...)

Das Denkmal ist eine Kopie, das Original befindet sich seit Mai 2009 in der Zitadelle Spandau, zuvor war es im Lapidarium Kreuzberg untergebracht.

HAYDN-MOZART-BEETHOVEN-DENKMAL

Von der Bank aus uns westwärts wendend, die große Querallee überschreitend, die mit lieblichen Anlagen geschmückten Ufer an den Gewässern der Rousseau-Insel zur Linken lassend, gelangen mir in kurzer Zeit zu der prächtigen Statue von Drakes Winzerin, einer anmutigen, jugendlichen Mädchengestalt, deren Stirn und Scheitel von Weinlaub umkränzt sind und deren Linke auf dem Haupte einen Fruchtkorb hält.

Von hier aus in östlicher Richtung über die Bellevueallee fort, tiefer waldeinwärts zum Floraplatz; hier inmitten schöner Tannenpartien und Blumenanlagen die steinerne Figur der römischen Blumengöttin, die durch eine bereits in der Herstellung befindliche, erheblich vergrößerte Nachbildung der vor der Nationalgalerie befindlichen Amazone von Tuaillon ersetzt werden wird. (Siehe Seite dort). In weitem Kreise den Floraplatz umgebend, mächtige bronzene Tierbilder, die zurzeit der alten Germanen in den deutschen Urwaldungen wild lebenden Tiere zur Darstellung bringend, die unseren Vorfahren vorwiegend zur Jagdbeute dienten: Hirsch, Bär, Elen und Ur.

Hier ganz in der Nähe, am Südende des Goldfischteiches, das Haydn – Mozart – Beethoven - Denkmal.

Geschichte: Das Werk ist in seiner jetzigen Form die Frucht langjähriger Arbeit. Die erste Anregung ging von dem verstorbenen Direktor der Singakademie, Professor Dr. Martin Blumner, aus. Frühere Entwürfe konnten der beschränkten Mittel wegen nicht zur Ausführung gelangen, obwohl Prof. Joachim unermüdlich den Bogen führte, um den Denkmalsfonds zu vergrößern. Endlich fand Prof. Siemering die jetzige Lösung der schweren aber reizvollen Aufgabe, drei Heroen in einem Denkmale zu vereinigen.

Beschreibung des Denkmals: Es erhebt sich auf rundem Plateau aus grauem Granit. Auf diesem Unterbau steigt bis zu einer Gesamthöhe von 10 m in maßvoll geschwungenen Barockformen ein dreiseitiger Marmorbau mit abgestumpften Ecken empor. Aus dem kräftigen Sockel wachsen drei Postamente auf, die in doppelter Lebensgröße die Halbfiguren der drei großen Tondichter tragen. Die Pilasterkapitäle an den abgestumpften Ecken des Denkmalkörpers sind mit je zwei originellen heiteren und ernsten Masken unter goldbronzenen Gehängen alter Streich- und Blasinstrumente geschmückt. In das Architrav des reichen Hauptgesims schmiegen sich lyratragende Schwäne mit weit ausgespannten Flügeln ein. Darüber wölbt sich ein schuppenverziertes Kuppeldach. An den Ecken rollen sich in graziöser Schwingung blättergeschmückte Voluten nach oben zusammen, einen emporstrebenden Pinienzapfen umschließend. Darüber erheben sich, als Krönung des Ganzen, drei Putten, die als Huldigung für die drei großen Tonmeister mit erhobenen Armen einen mächtigen Lorbeerkranz über ihrem Haupt halten.

Der ganze Formenreichtum des Barocks ist auf die eigentlichen Denkmalspostamente mit ihren Voluten, Muscheln, Gewinden, Reliefs, sowie auf die Rückenwand vereinigt. Durch dieses künstlerische Beiwerk ist in charakteristischer Weise auf die individuelle Eigenart der Musiker hingewiesen. Das Postament für Haydn zeigt das Relief eines anmutsvollen tanzenden Landmädchens, die naive Natürlichkeit und graziöse Leichtigkeit des Meisters, wie sie in seinen wunderherrlichen Menuetts zur Geltung kommen, andeutend. Die Nische hinter dem Kopf des Meisters ist mit Kornblumen und Ähren geschmückt. Auf Mozarts Postament erblicken wir ein junges, üppiges Weib, einen Korb auf dem Haupte, blumenstreuend durch heitere Auen wandelnd, Rosen schmücken die Nische des unsterblichen Meisters, dessen Melodienreichtum so unerschöpflich war. Auf dem Sockel Beethovens deutet der felsensprengende Titan auf die gewaltige Geisteskraft dieses größten deutlichen Tondichters, während das Distelmotiv der Nische an sein dornenvolles Ringen erinnert. In doppelter Lebensgröße hat der Künstler die Porträtbildnisse der drei Tondichter geschaffen. Lebensvoll treten die Halbfiguren aus der Nische heraus: zunächst der alte, freundlich dreinblickende Haydn, mit Perücke und hohem Rockkragen an die Zopfzeit erinnernd;

der junge Mozart mit weichen, liebenswürdigen Gesichtszügen, in der linken Hand eine Notenrolle, mit der er in die offene Rechte klatscht. Dem Künstler hat hierbei eine von Professor Genée erzählte Anekdote vorgeschwebt, wie Mozart als Gast einer Gräfin über ein gegebenes Motiv aus dem Stegreif komponierte und, unerschöpflich in Variationen, zum Schlusse in übermütiger Laune den entzückten Hörern zurief: „Haben's noch a Themerl?"

In großzügiger Auffassung hat der Künstler Beethoven dargestellt. Die Hände auf dem Rücken, seine Lieblingshaltung, mit ernstem, sinnendem Auge, scheint der Tongewaltige einer fernen, nur ihm wahrnehmbaren Harmonie zu lauschen.

Der Schöpfer des Denkmals ist Professor Siemering, Bei der architektonischen Bewältigung der Denkmalsanlage stand dem Künstler sein Sohn, Regierungsbaumeister Wolfgang Siemering, zur Seite; bei der Marmortönung beriet ihn Professor Rathgen. Als Material ist Pentelikon-Marmor zur Architektur, für die Halbfiguren Tiroler Marmor verwendet worden. Die Putten sind in Geislingen galvanoplastisch niedergeschlagen, die Gehänge von Walter und Paul Gladenbeck in Friedrichshagen gegossen. Der sumpfige Baugrund erforderte eine schwierige Fundierung auf acht Meter langen Betonpfählen mit Eiseneinlage, die vom Ingenieur Möbus ausgeführt ist, Enthüllung des Denkmals in der Nacht vom 1. zum 2. Juli 1904.

Die äußere Form des Denkmals erinnert an das Aussehen der zimmerhohen, reich verzierten Kachelöfen, mit denen gutbürgerliche Berliner Wohnungen zur Gründerzeit häufig ausgestattet waren. Daraus entstand die volkstümliche Bezeichnung „Musiker-Ofen".

Gegen Ende des Zweiten Weltkrieges erlitt das Denkmal deutliche Schäden, einige Teile verschwanden. Nach einigen unzureichenden Reparaturen begann 2001 eine umfassende Restaurierung. Kosten dafür: 960.000 Euro. Das Denkmal steht an seinem alten Platz im Tiergarten.

GROßFÜRSTENPLATZ

Von der Siegessäule an dem Neuen Königlichen Operntheater (Kroll) vorüber, die Zeltenallee entlang, in wenigen Minuten zum Großfürstenplatz. Hier auf einfachen Sockeln vier prächtige Sandsteingruppen, welche ehedem in der Nähe der Königskolonnaden die Königsbrücke schmückten, die dem Stadtbahnbau zum Opfer fiel. Diese Vierergruppen stellen in allegorischer Weise die vier deutschen Hauptströme: Rhein, Elbe, Oder, Weichsel, dar; der Rhein, angedeutet durch Weinlese und Lachsfischfang; die Elbe, durch einen Merkur (Hamburger Handel) und einen Knaben mit Zahnrad (Grusonwerke bei Magdeburg); die Oder, Bergmann mit Keilhaue (oberschlesischer Bergbau) und Schafschur (Wollmarkt in Breslau); die Weichsel, durch Holzflößerei und Ährenleserin (Getreidebau in der Weichselniederung) dargestellt.

Der Weg führte über die Zeltenallee (heute John-Foster-Dulles-Allee), die am Kurfürstenplatz mit der Straße „In den Zelten" zusammentraf. Diese Gegend war ab etwa 1800 einer der beliebtesten Treffpunkte im Tiergarten, denn es siedelten sich nach und nach Restaurantzelte an, die mehr und mehr zu festen Ausflugsgaststätten ausgebaut wurden. Zur Kaiserzeit erhielten diese so „staatstragende" Namen wie „Kronprinzenzelt" oder „Kaiser-Wilhelm-Zelt". Keines überstand den zweiten Weltkrieg.

Die vier Sandsteingruppen wurden im Krieg fast völlig zerstört. Nach ihrer Restaurierung stehen sie seit 2015 wieder an ihrem alten Platz; in der Mitte, der von Müller-Bohn nicht erwähnte, 1888 aufgestellte Tritonbrunnen von Josef von Kopf (1827-1903). Auch liefert Müller-Bohn keine Abbildung. Hier aktuelle Aufnahmen:

Ensemble mit Tritonbrunnen

Der Rhein   *Die Elbe*

Die Oder   *Die Weichsel*

Von hier aus in wenigen Minuten nach Schloss Bellevue, 1785 für den Prinzen Ferdinand erbaut, später Eigentum des Prinzen August (gest. 1843). Hier in dem wunderschönen Park ein dem Prinzen August von Preußen gewidmetes, aus einem Sandsteinblock mit Bronzerelief versehenes Denkmal (modelliert von Zumbusch 1869).

Prinz August von Preußen war der Neffe von Friedrich II., und nahm als Infanteriegeneral an den Befreiungskriegen teil. Später wurde er Generalinspekteur der gesamten Artillerie. sowie Chef des ostpreußischen Artillerieregiments und spielte in dieser Eigenschaft eine wichtige Rolle bei den preußischen Heeresreformen. Ein Bild des Denkmals liefert Müller-Bohn nicht.

Das Denkmal ist verschollen.

Auf unserem Weg zum Großen Stern sehen wir heute noch etwas anderes aus der Kaiserzeit. Wenn wir an der S-Bahnstation Tiergarten die Straße des 17. Juni Richtung Süden überqueren, sehen wir halblinks das Freilicht-„Gaslaternenmuseum".

Leider könnte es damit bald zu Ende sein, wie die Berliner Morgenpost berichtet: Im Freilichtmuseum im Tiergarten, das kostenlos rund um die Uhr zugänglich ist, sind Modelle von 1826 bis in die 1950er-Jahre ausgestellt. Darunter gibt es viele Berliner Originale, aber auch Geschenke aus anderen Städten wie Budapest, Paris oder Düsseldorf. Seit 1995 steht das Gaslaternenmuseum unter Denkmalschutz. Unbewacht und nicht eingezäunt ist es immer wieder Ziel von Vandalismus. "Es gab Zeiten, da wurden im Wochentakt die Lampen eingeschlagen, besonders an uneinsichtigen Stellen", sagt Petra Rohland von der Senatsverwaltung für Stadtentwicklung. Irgendwann seien sie nicht mehr hinterhergekommen und hätten auf-

gegeben, die Schäden an Vattenfall zur Reparatur in Auftrag zu geben. Deshalb gebe es jetzt die Idee, die Laternen auf dem Gelände des Technikmuseums an der Trebbiner Straße auszustellen.

Dagegen formiert sich Protest; die Gespräche dazu laufen noch.

Wer also schon immer mal wissen wollte, wie der „Kleine Charlottenburger Galgen" oder die „Wilmersdorfer Witwe" aussehen, dem sei der kleine Umweg empfohlen. Keine Angst; garantiert unblutig!

Die Wilmersdorfer Witwe

JAGDGRUPPEN AM GROßEN STERN

Den Park, nach der Charlottenburger Chaussee zu, durchquerend, gelangen wir zu den Jagdgruppen am Großen Stern im Tiergarten. Sie stellen die Ausübung des edlen Waidwerkes in vier verschiedenen Kulturperioden unseres Vaterlandes dar.

1. Die altgermanische Büffeljagd

(modelliert von Prof. Fritz Schaper) führt uns in die kraftvolle Urzeit unserer Vorfahren zurück. Ein mächtiger Wisent ist von den beiden Hetzrüden gestellt worden. Während der Büffel dem einen Hund das linke Horn in die Brust stößt, hat der andere sich festgebissen; diesen Augenblick benutzt der Jäger, dem Tier den Speer in den Leib zu rennen.

2. Eine Eber Jagd aus der Zeit Joachims I.

(modelliert von Karl Begas). Einer der Rüden liegt bereits geschlagen um Boden; während der andere sich an dem Schwarzwild festgebissen hat, setzt der Jäger dem Keiler die Saufeder (Spieß) aufs Blatt, um ihn auflaufen zu lassen.

3. Eine Hasenhetze aus der Rokokozeit

(von Prof. Max Baumbach). Die Jagd hat soeben begonnen. Mit der Hetzpeitsche in der Hand weist der Jagdherr dem einen der Hunde (russischer Steppenhund) den Weg, während der zweite in seinem Jagdeifer durch den Piqueur kaum noch gezügelt werden kann.

4. Eine moderne Fuchsjagd

(Prof. M. Haverkamp) zeigt einen Jäger in der Tracht der kaiserlichen Piqueure. Gegen das von langer Jagd ermüdete Ross lehnend, hält er mit der Rechten triumphierend den Meister Reinicke in die Höhe. Noch aufgeregt vom heißen Jagdeifer, springen die Hunde an dem verhassten Gegner empor, um ihm Balg und Standarte (Fuchsschwanz) vom Leibe zu reißen.

5. Der Hubertusbrunnen,

die fünfte gegen Norden gerichtete Gruppe, stellt den Augenblick dar, da in das bisher sündhafte Leben des heiligen Hubertus (von 700-728 Bischof von Lüttich) eine wunderbare Erscheinung tritt. Er lebte an den Hoflagern des fränkischen Königs Theodorich III. und Pippins von Herstal und führte ein wüstes Jägerleben. Als er einst am Feiertag jagte, erschien ihm ein mächtiger Hirsch mit einem goldenen Kreuz auf dem Geweih. Bestürzt lässt Hubertus den Jagdspeer sinken, und erschreckt ducken sich die Hunde zu den Füßen ihres Herrn. Durch die Erscheinung zur Buße geführt, wurde Hubertus vom Papste Sergius I. zum Bischof von Lüttich geweiht. Seitdem ist er der Schutzpatron der Jäger, und der 3. November ist ihm als Gedächtnistag gewidmet. Die den Platz abschließende Bankanlage mit den lagernden Hunden ist vom Bildhauer

Felderhoff modelliert. Enthüllung der Bildwerke am 2. November 1904.

Die Jagdgruppen mussten 1938 den Denkmälern des Königsplatzes weichen. Sie stehen heute in der Fasanerieallee, die vom Großen Stern in südwestliche Richtung auf die Lichtensteinallee führt. Der Hubertusbrunnen hatte weniger Glück – er wurde in diesem Zuge abgerissen.

Teil III

Die Siegesallee

Zu recht mag man einwenden, dass die Siegesallee doch zum Tiergarten gehört. Allerdings ist ihre Geschichte so speziell, dass ihr, abweichend vom Original Hermann Müller-Bohns, ein eigener Abschnitt dieses Buches gewidmet ist.

Die Siegesallee begann am Königsplatz, dem heutigen Platz der Republik. Auf diesem stand damals noch die Siegessäule, östlich davon das Reichstagsgebäude mit dem Bismarck-Denkmal davor, westlich die Kroll'sche Oper oder auch „Das Kroll'sche Etablissement" genannt (etwa auf dem Platz des Bundeskanzleramtes), die den Nationalsozialisten nach dem Reichstagsbrand als Ersatzparlamentsgebäude diente. Die Allee führte in südliche Richtung, sie kreuzte die Charlottenburger Chaussee (Straße des 17. Juni) und endete am Kemperplatz. Dieser ist heute nicht mehr als Platz erkennbar; er verbindet die Lennéstraße, mit der Tiergartenstraße an der westlichen Spitze des sog. Lenné-Dreiecks (siehe oben).
  1873, kurz vor Errichtung der Siegessäule, wurde die Siegesallee als Parkallee angelegt, um eine freie Sicht auf die Siegessäule zu gewähren. Kaiser Wilhelm II. ließ sie zum repräsentativen Boulevard erweitern (zwar nur rd. 750 Meter lang, war sie aber fast so breit wie der Kurfürstendamm).

Die Planungen von Albert Speer und Adolf Hitler für die „Welthauptstadt Germania", sahen die Erweiterung der Siegesallee zu einer gewaltigen Nord-Süd-Achse vor – die Denkmäler wurden an die Große Sternallee versetzt, einem Fußweg, der vom Großen Stern südostwärts führt und in „Neue Siegesallee" umbenannt wurde.
  1945 baute die rote Armee direkt auf die Kreuzung der Siegesallee mit der Charlottenburger Chaussee, das sowjetische Ehrenmal, zwei Jahre später ließ die alliierte Kom-

mandantur die Siegesallee komplett einebnen. Seit 2006 gibt es einen Fußweg, der den exakten Verlauf der Siegesallee nachbildet.

Beginnend am Kemperplatz setzen wir unseren Streifzug fort.

DER ROLANDBRUNNEN AUF DEM KEMPERPLATZ

Die mächtige Figur des alten Recken, im Mittelalter das Zeichen der eigenen Gerichtsbarkeit einer Stadt, erhebt sich auf einem Granitsockel, dessen vier Seiten von dunklen Labradorsäulen begrenzt sind. Die Figur hat streng den mittelalterlichen Charakter gewahrt; auch das Wuchtige, Plumpe und Steife, das den Rolandfiguren des Mittelalters anhaftet, ist hier zum Ausdruck gekommen. Den Fuß des Sockels umgibt ein achteckiges Bassin, dessen Umfriedigung eine reizvoll gestaltete, grünlich schimmernde Verdachung mit kurzen gotischen Türmen trägt. An den Außenwänden, zwischen je zwei Türmchen, ist das mittelalterliche Berlin und seine alten Geschlechter mit ihren Wappen und Namen verewigt. Das Wappen des damaligen Berlin: ein heraldischer Adler, der auf einem Bären sitzt, ist flankiert von den Wappen der Rathenows und Blankenfeldes. Auf den übrigen Feldern des Wappenfrieses die Namen folgender Patriziergeschlechter: Straband, Matthias, Tempelhof Grieben, Weddigen, Lindholz, Tiefenbach, Kornmesser, Falkenberg, Seidel, Reichhelm. Hakenfelde, Eisenberg, Kircheilen, Ermeler, Oelrichs, Spener, Striege, Zeile, Sello. Die zwischen je zwei Labradorsäulen befindlichen Reliefs zeigen: 1. Die Geschlechter (Ritter und Gelehrter), 2. Die Gewerke (Brauer und Schmied), 3. Die Zünfte (Gewandschneider und Fleischer). Das vierte Relief zeigt in humoristischer Auffassung zwei wohlgekleidete Frauen im heftigen Zank; ihnen zur Seite: Hund und Katze. Wappen und Bär über den Frauen deuten satirisch auf den Streit zwischen der Stadt und dem Kurfürsten, übrigens auch auf das Verhältnis beider Schwesterstädte Berlin und Kölln, die zu jener Zeit wie „Hund und Katze" im ewigen Streite lagen. Die als Wasserspender unterhalb der Reliefs auf dem Dache des Sockelunterbaus angebrachten drolligen Froschgruppen sind Kapitalstücke des Humors, der ja auf einem Berliner Denkmal nicht fehlen darf. Schöpfer des Brunnens: Prof. Otto Lessing. Höhe des Sockels 7 m. Die 3,75 m hohe Gestalt des Roland ist in

Christiania aus norwegischem Granit gemeißelt, aber in einer Berliner Werkstatt poliert, da die Zollsätze auf polierte Granitwerke sehr hoch waren. Enthüllung 25. August 1902.

Durch das ungebremste Wachstum Berlins, entwickelte sich der Kemperplatz bereits in den frühen 1920er Jahren zu einem wichtigen Verkehrsknotenpunkt. Er wurde zum mehrspurigen Kreisverkehr, mit dem Rolandbrunnen als Zentrum. In seinem Roman Berlin Alexanderplatz lässt Alfred Döblin einen „blödsinnigen Kutscher" seinen Protagonisten Franz Biberkopf endlos um den Rolandbrunnen herumfahren.

1933 wurde der Kemperplatz in „Skagerrakplatz" umbenannt, um das Wohlwollen des Reichspräsidenten Hindenburg zu gewinnen. Die sog. Skagerrakschlacht (vom 31. Mai zum 1. Juni 1916, mit zusammen 250 Schiffen) war die größte Seeschlacht des ersten Weltkriegs.

Im Zweiten Weltkrieg wurde der Brunnen erheblich beschädigt. Die Überreste wurden um 1950 abgeräumt.

DIE DENKMÄLER DER SIEGESALLEE

Über die Charlottenburger Chaussee hinweg nach der Siegesallee bis zum Denkmal Albrecht des Bären (nächst der Siegessäule), um von hier aus eine Wanderung durch die Denkmäler der Siegesallee anzutreten.

Die Denkmäler der Siegesallee verdanken ihr Entstehen einer Entschließung Kaiser Wilhelms II., welcher mittels eines Erlasses vom 27. Januar 1895 die der Haupt- und Residenzstadt Berlin als ein Zeichen seiner Anerkennung dafür gestiftet hat, dass Berlin an dem mächtigen Aufblühen des deutschen Reiches in opferbereiter Arbeit so reichen Anteil genommen und „mit Hingebung und Erfolg bemüht gewesen sei, die kommunalen Einrichtungen der Stadt ihrer Stellung im Reiche entsprechend auszugestalten". Den Marmorstandbildern der brandenburgisch-preußischen Fürsten, beginnend mit Albrecht dem Bären und endigend mit Kaiser Wilhelm I., sind die Bildwerke je zwei ihrer bedeutendsten Zeitgenossen beigegeben; jedes Denkmal ist von einer Rundbank aus Marmor umgeben, deren architektonische Grundform überall dieselbe, deren dekorative Ausschmückung aber dem Stilcharakter der jeweiligen Zeit angepasst ist. Höhe des Sockels auf allen Standbildern 1,5 m, des Standbildes 2,5 m.

Vier Herrscherdynastien kommen in den 32 Denkmalsgruppen zur Darstellung: 1. die Askanier, von 1134-1320, beginnend mit Albrecht dem Bären und endigend mit Heinrich dem Kind; 2. die Wittelsbacher oder Bayern, von 1324-1373, beginnend mit Ludwig dem Älteren und endigend mit Otto dem Faulen; 3. die Luxemburger, von 1373-1415, beginnend mit Kaiser Karl IV. und endigend mit Kaiser Sigmund; 4. die Hohenzollern, von 1415-1888, beginnend mit Friedrich I. und endigend mit Wilhelm I.

Die von Müller-Bohn angesprochene Rede hielt der Kaiser anlässlich seines 36. Geburtstages. Darin hieß es: „Als Zeichen Meiner Anerkennung für die Stadt und zur Erinnerung an die ruhmreiche Vergangenheit unseres Vaterlandes will Ich daher einen bleibenden Ehrenschmuck für Meine Haupt- und Residenzstadt Berlin stiften, welcher die Entwickelung der vaterländischen Geschichte von der Begründung der Mark Brandenburg bis zur Wiederaufrichtung des Reiches darstellen soll. Mein Plan geht dahin, in der Siegesallee die Marmor-Standbilder der Fürsten Brandenburgs und Preußens, beginnend mit Albrecht dem Bären und schließend mit dem Kaiser und König Wilhelm I., und neben ihnen die Bildwerke je eines, für seine Zeit besonders charakteristischen Mannes, sei er Soldat, Staatsmann oder Bürger, in fortlaufender Reihe errichten zu lassen. Die Kosten der Gesamtausführung will Ich auf Meine Schatulle übernehmen."

Die Kosten betrugen pro Denkmalgruppe, also für jeweils drei Figuren, das Podest und die Sitzbank 50.000 Mark, bei 32 Gruppen also 1,6 Millionen Mark (in heutiger Währung: rund 11 Millionen Euro).

Das Künstlerhonorar lag pro Gruppe einheitlich, unabhängig von Person und Ansehen, bei 46.000 Mark. Von diesem Betrag mussten die Bildhauer sämtliche Material-, Arbeits- und Transportkosten sowie die Steinmetzarbeiten bestreiten.

Eine große Schwierigkeit entstand für die Ausführenden dadurch, dass es für die frühen Figuren keine konkreten Vorlagen wie beispielsweise Gemälde gab. Zwar konnte der Künstler seiner Figur durch die Auswahl einer zeitgemäßen Kleidung eine gewisse Authentizität verleihen, aber die Gestaltung der Physionomie war seiner Phantasie überlassen. So behalf man sich mit Modellen im Freundeskreis oder aus der Familie. Das spektakulärste Modell war

Heinrich Zille als Ritter Wedigo in der Gruppe um Heinrich das Kind. Zille soll später folgenden Kommentar dazu abgegeben haben: „Und denn holte der einen alten Helm, stülpte mir den Pott über'n Kopp, 'nen Bart trug ick ja ooch, und ick musste Modell stehen. Nu steh ick in Stein jehaun uff de Siejesallee. Det bin ick - mit Knollenneese!"

Obwohl der an den Vorbereitungen beteiligte Stadthistoriker Ernst Friedel, unter anderem wegen der größeren Haltbarkeit, die Verwendung von Bronze vorgeschlagen hatte, entschied sich Wilhelm II. für Carrara-Marmor. Damit aber endete seine Einflussnahme bei weitem noch nicht. Es wird von zahlreichen -überfallartigen- Atelierbesuchen berichtet, bei denen er Änderungen an den Skulpturen nicht etwa diskutierte, sondern befahl.

In der Erwartung, dass italienische Fachleute in der Bearbeitung dieses Gesteins große Erfahrung haben und zur Kostenersparnis, vergaben die Bildhauer die Aufträge an italienische, in Berlin ansässige Werkstätten wie Carnevale und Valentino Casal. Casal fertigte alleine zwölf Gruppen an und führte zur Bewältigung der Aufgaben Akkordarbeit ein. Die tariflich gebundenen und teureren deutschen Steinmetze protestierten heftig gegen ihre Nichtberücksichtigung.

Nun aber wieder zu unserem Rundgang mit Hermann Müller-Bohn:

Albrecht der Bär, der Begründer der askanischen Herrscherdynastie in der Mark, ist als Vorkämpfer des Christentums im heidnischen Slawenlande mit dem Kreuz in der erhobenen Rechten dargestellt; mit dem linken Fuß zertritt er ein heidnisches Götzenbild. Albrecht des Bären Bedeutung liegt vor allem in seiner segensreichen Kolonisationsarbeit, womit er die von ihm eroberten Lande einer erfolgreichen Kultur erschloss. Fleißige Ansiedler aus Flandern und vom Niederrhein lehrten die Märker den Anbau des dem unwirtlichen Sumpf- und Moorboden abgewonnenen Landes.

Bischof Wigger von Brandenburg hat für die Germanisierung des Landes zwischen Elbe und Oder unter den Slawen nachhaltig gewirkt.

Bischof Otto von Bamberg der Apostel der Pommern, hat große Verdienste um die Ausbreitung des Christentums im nördlichen Deutschland. Enthüllt 6. Mai 1898.

Wigger, Bischof von Brandenburg Otto Bischof von Bamberg
1. Markgraf Albrecht der Bär (1134-1170) von Walter Schott

Otto I. gründete das Kloster Lehnin und zog Zisterziensermönche in die Mark zur Austrocknung der Wälder und Sümpfe.

Abt Sibold von Lehnin unterstützte Otto bei seiner Kulturarbeit.

Pribislaw, ein wendischer Fürst, schon unter Albrecht I. durch seine Gemahlin Petrussa für das Christentum gewonnen, leistete diesem bei der Ausbreitung seiner Herrschaft unter den Wenden wichtige Dienste und schenkte Otto als Patenangebinde die Zauche. Enthüllt 22. März 1898.

Abt Sibold von Lehnin   Fürst Pribislaw
2. Markgraf Otto I. (1170-1184) von Max Unger

Otto II. wurde nebst seinem Bruder durch den Erzbischof von Magdeburg gezwungen, ihre Altmärkischen Erbgüter und die Erwerbungen rechts der Elbe von ihm zu Lehen zu nehmen.
Johann Gans Edler zu Putlitz hält als Stifter des Klosters Marienfließ bei Pritzwalk das Modell desselben in der Rechten.
Heinrich von Antwerpen gilt als Verfasser eines Berichtes über die Wiedereroberung der Stadt Brandenburg durch Albrecht den Bären (1157) als ältester märkischer Geschichtsschreiber. Enthüllt 22. März 1898.

Johann Gans Edler zu Putlitz   Heinrich von Antwerpen
3. Markgraf Otto II. (1184-1205) von Josef Uphues

Albrecht II. kämpfte mit Erfolg gegen die pommerschen Herzöge und erbaute zum Schutze gegen deren Einfälle die Feste Oderberg.

Eike von Repkow ist der berühmte Verfasser des „Sachsenspiegels", jener ersten Sammlung deutscher Rechtssprüche, die damals auch für die Rechtsprechung in der Mark maßgebend waren.

Hermann von Salza wirkte als Hochmeister des deutschen Ritterordens für die Germanisierung des slawischen Preußenlandes. Enthüllt 22. März 1898.

Eike von Repkow　　　　　　　　　　Hermann von Salza
4. Markgraf Albrecht II. (1205-1220) von Johannes Böse

Die Markgrafen Johann I. und Otto III. erweiterten durch kluge Verhandlungen und glückliche Kriege den Umfang der Mark fast um das Doppelte. (Erwerbung der Uckermark und der späteren Neumark), Aufblühen der Städte Angermünde, Neubrandenburg, Frankfurt, Landsberg, vor allem Berlins. Der Künstler hat der sitzenden Figur Johanns I. den Grundriss Berlins in die Hand gegeben.
Probst Simeon, Pfarrer von Kölln seit 1237.
Marsilius, der erste urkundlich bekannte Schultheiß der Stadt. Enthüllt 22. März 1900.

Probst Simeon Schultheiß Marsilius
5. Die Markgrafen Johann I. und Otto III. (1220-1266) von Max Baumbach

Johann II. gehörte bei der Kaiserwahl Rudolfs von Habsburg, ein Zeichen des wachsenden Ansehens der Mark Brandenburg, zu den sieben Reichsfürsten, die den neuen deutschen König küren oder wählen mussten.

Graf Günther von Lindow und Ruppin hat Verdienste um die Entwicklung Ruppins, das unter Joachim I. zu Brandenburg kam.

Konrad Belitz, als Ratsmann zuerst in einer Urkunde erwähnt, die den Schneidern ihre Zunftvorrechte gewährleistete. Enthüllt 14. November 1900.

Graf Günther von Lindow und Ruppin　　　　　　　Konrad Belitz
6. Markgraf Johann II. (1256-1281) von Reinhold Felderhoff

Markgraf Otto IV. mit dem Pfeil hat in schweren Kämpfen das Ansehen des askanischen Hauses zu mehren versucht. Bei der Belagerung von Staßfurt traf ihn ein Pfeil, dessen Spitze im Haupte über ein Jahr stecken blieb; daher sein Beiname.

Johann von Kröcher, genannt Droiseke, ein treuer Waffengenosse und Berater Ottos und der letzten Askanier.

Johann von Buch rettete Otto durch seine Treue aus langer Gefangenschaft, indem er ihn durch ein Lösegeld befreite. Enthüllt 22. März 1899.

Droiseke von Kröcher   Johann von Buch
7. Markgraf Otto IV. mit dem Pfeil (1266-1308) von Carl Begas

Waldemar vereinigte noch einmal die Macht und den Glanz des Askaniergeschlechtes. In kraftvollen Fehden gewann er das Gebiet zwischen Neiße, Weichsel und Ostsee, von den slawischen Nachbarn: Krossen, Züllichau und Schwiebus.
Siegfried von Feuchtwangen, Hochmeister des deutschen Ritterordens und Bundesgenosse Waldemars.
Heinrich von Meißen, ein gefeierter Minnesänger mit dem Beinamen „Frauenlob", erscheint als einer der Künder von Waldemars Ruhm. Enthüllt 22. März 1900.

Siegfried von Feuchtwangen   Heinrich von Meißen
8. Markgraf Waldemar der Große (1308-1319) von Reinhold Begas

Heinrich (das Kind) war bei dem Tode Waldemars erst 12 Jahre alt und starb bereits ein Jahr darauf (1320), die herrenlose Mark den gierigen Nachbarn als Beute zurücklassend.

Herzog Wartislaw IV. von Pommern führte die Vormundschaft über Heinrich das Kind und starb ebenfalls schon in jungen Jahren.

Wedigo von Plotho gehört eigentlich zum Zeitalter Waldemars des Großen, dem er in dem Gefechte bei Gransee durch seine Tapferkeit das Leben rettete. Enthüllt 22. März 1900.

Herzog Wartislaw IV. von Pommern   Wedigo von Plotho
9. Markgraf Heinrich das Kind (1319-1320) von August Kraus

Ludwig I., der Bayer, vermochte in der Mark nicht festen Fuß zu fassen. Der von Kaiser Karl IV. unterstützte „falsche Waldemar" gewann bald einen so mächtigen Anhang, dass der größte Teil der Mark von Ludwig abfiel. Er übergab 1351 die Regierung seinen Stiefbrüdern Ludwig II. und Otto dem Faulen.

Johann von Buch, d.J., leistete Ludwig in dessen Kämpfen gegen den „falschen Waldemar" treue Dienste.

Burggraf Johann II. von Nürnberg, seit 1345 Landeshauptmann der Mark Brandenburg. Enthüllt 7. November 1899.

Johann von Buch, der Jüngere   Burggraf Johann von Nürnberg
10. Markgraf Ludwig I., der Ältere (1324-1351) von Ernst Herter

Ludwig II., der Römer, setzte den Kampf gegen den „falschen Waldemar" fort, der, schließlich von Karl IV. als Betrüger preisgegeben, einsam und arm starb, Karl IV. zwang Ludwig schließlich zu einem Erbvertrage, wonach bei dem Aussterben der bayrischen Markgrafen die Mark in den Besitz der Luxemburger überging.

Hasso der Rote von Wedel, ein Parteigänger Ludwigs in dessen Kämpfen gegen den „falschen Waldemar".

Friedrich von Lachen, 1346 Landeshauptmann in der Mark. Enthüllt 14. November 1900.

Hasso der Rote von Wedel Friedrich von Lachen
11. Markgraf Ludwig II., der Römer (1351-1365) von Graf v. Schlitz gen. v. Görtz

Otto der Faule, ein schwacher, unfähiger Fürst, erlag den Ränken Karls IV. und entsagte 1373 gegen ein Jahresgehalt seinen Ansprüchen auf die Mark,
Thilo von Brügge, ein Vertrauensmann der Wittelsbacher, anfänglich Schulze, später Münzmeister von Berlin.
Thilo von Wardenberg, einer der heftigsten Gegner der Vergewaltigungspolitik Karls IV., befehligte ein Aufgebot Berliner Bürger gegen den luxemburgischen Kaiser und gewann als Ratsmann großen Einfluss auf die Berliner Bürgerschaft. Enthüllt 22. März 1899.

Thilo von Brügge   Thilo von Wardenberg
12. Markgraf Otto der Faule von Wittelsbach (1365-1373) von A. Brütt

Karl IV. sorgte, nachdem er sich durch Ränke in den Besitz der Mark gesetzt, für die Sicherheit auf den Landstraßen, für eine geordnete Verwaltung und Steuerpolitik. (Der Künstler lässt ihn die Hand auf die Geldtasche legen.) In dem von ihm begründeten „Landbuche" waren alle märkischen Grundbesitzungen ihrem Ertrage nach aufs Genaueste aufgezeichnet.
Dietrich Portitz war der vertraute Berater Karls IV.
Nikolaus von Bismarck war ein energischer Gegner Karls IV. Enthüllt 26. August 1899.

Erzbischof Dietrich Portitz von Magdeburg   Nikolaus von Bismarck
13. Kaiser Karl IV. (1373-1378) von Ludwik Cauer

Kaiser Sigmund benutzte die Mark nur als Geldquelle; Recht und Ordnung verschwanden. Der Raubadel herrschte auf den Landstraßen. (die Quitzows, Lüderitz, Köckeritz, uvm.) Erst als er nach dem Tode des Statthalters Jobst von Mähren die Mark dem Burggrafen Friedrich VI. von Nürnberg übertrug, begann eine neue, bessere Zeit für das Land.
Lippold von Bredow, Landeshauptmann unter Sigmund.
Bernd Ryke, eine Hauptfigur Friedrichs VI. von Nürnberg. Enthüllt 6. Mai 1900.

Lippold von Bredow   Bernd Ryke
14. Kaiser Sigmund (1378-1415) von Eugen Boermel

Kurfürst Friedrich I. legte in heftigen Kämpfen die Burgen der Raubritter in Trümmer. Vom Kaiser Sigmund mit der Mark Brandenburg nebst der Kur- und Erzkämmererwürde belehnt, verstand es der neue Kurfürst vortrefflich, ruhige und geordnete Zustände im Lande herzustellen. An der Banklehne das Flachrelief seiner Gemahlin Elisabeth, der „schönen Eise". Des Kurfürsten treue Helfer bei der Besitzergreifung der Mark waren
Graf Hans von Hohenlohe.
Wend von Ileburg (Eulenburg). Enthüllt 28. August 1900.

Graf Hans von Hohenlohe   Wend von Ileburg
15. Kurfürst Friedrich I. (1415-1440) von Ludwig Manzel

Friedrich II., der „Eiserne", vollendete mit Erfolg die Sesshaftmachung der Hohenzollern in der Mark. Den Sonderbestrebungen der stolzen Patriziergeschlechter begegnete er mit eiserner Energie. Er gewann die Neumark.
Friedrich Sesselmann, des Kurfürsten kluger Mitarbeiter während seiner Streitigkeiten mit den Städten.
Wilke Blankefelde, Bürgermeister von Berlin, als Führer des Widerstandes gegen den Kurfürsten abgesetzt, 1453 dann abermals zum Bürgermeister gewählt. Enthüllt 22. Dezember 1898.

Friedrich Sesselmann, Bischof von Lebus   Bürgermeister Wilke Blankefelde
16. Kurfürst Friedrich II., der „Eiserne" (1440-1470) von Alexander Calandrelli

Albrecht Achilles wurde für die Zukunft des brandenburgisch-preußischen Staates von großer Wichtigkeit durch das 1473 erlassene Hausgesetz, die Dispositia Achillea durch welche er festsetzte, dass die Mark stets ungeteilt dem ältesten Sohne zufallen solle.
Werner v. d. Schulenburg leistete Albrecht wichtige Dienste.
Ludwig von Eyb ist als Verfasser der „Denkwürdigkeiten brandenburgisch-hohenzollernscher Fürsten" eine zuverlässige Quelle der Geschichte der Hohenzollern. Enthüllt 28. August 1900.

Werner v. d. Schulenburg   Ludwig von Eyb
17. Kurfürst Albrecht Achilles (1470-1486) von Otto Lessing

Johann Cicero schloss sich enger an die Märker an als seine Vorgänger, bewilligte ihnen wichtige Rechte und suchte auch Bildung und Wissenschaft in der Mark zu fördern.

Eitelwolf vom Stein war Johann Cicero in wissenschaftlichen und politischen Dingen ein kenntnisreicher Berater.

Buffo von Alvensleben, Landeshauptmann der Altmark und fürstlicher Obermarschall, zeigte sich als Vermittler zwischen dem Landesherrn und den Ständen als umsichtiger Staatsmann. Enthüllt 14. November 1900.

Eitelwolf vom Stein · Buffo von Alvensleben
18. Kurfürst Johann Cicero (1486-1499) von Albert Manthe

Joachim I. (Nestor) verfolgte mit unerbittlicher Strenge die räuberischen Adeligen, gründete das Kammergericht in Berlin, erließ für die Städte Polizeiverordnungen und errichtete in Frankfurt a. O. die bereits von seinem Vater geplante Universität.

Albrecht von Brandenburg, Joachims jüngerer Bruder, war ein freigebiger Beschützer der Wissenschaften. *(Anm.: Trat später in den geistlichen Stand und wurde Erzbischof von Mainz)*

Dietrich von Bülow, Bischof von Lebus, hat um die Gründung der Universität Frankfurt a. O. große Verdienste. Enthüllt 28. August 1900.

Erzbischof Albrecht von Mainz   Dietrich von Bülow
19. Kurfürst Joachim I. Nestor (1499-1535) von Johannes Götz

Joachim II. trat am 1. November 1539 mit seinem ganzen Hofe zur lutherischen Lehre über. Mit dem Herzog von Liegnitz schloss er den berühmten schlesischen Erbvertrag und erlangte 1569 die Mitbelehnung mit dem Herzogtum Preußen, wodurch er die Erwerbung Preußens vorbereitete.

Markgraf Georg von Ansbach trat warm für die evangelische Lehre ein.

Matthias von Jagow richtete den evangelischen Gottesdienst in der Mark ein. In der Mitte der Bank das Relief Luthers. Enthüllt am 22. Dezember 1900.

Markgraf Georg von Ansbach   Bischof Matthias von Jagow
20. Kurfürst Joachim II. Hector (1535-1571) von Harro Magnussen

Johann Georg verbesserte die unter seinem Vater zerrütteten Finanzverhältnisse durch Sparsamkeit und weise Bewirtschaftung der Staatsgüter, Die Reformation festigte er durch neue Kirchenordnungen. Er gründete das Gymnasium „Zum Grauen Kloster".
Rochus Graf von Lynar befestigte als Baumeister die Zitadelle von Spandau.
Lampert Distelmeier hatte schon Joachim II. durch kluge diplomatische Verhandlungen zum Liegnitzer Erbvertrage und zur Mitbelehnung über Preußen verholfen. Enthüllt 18. Dezember 1901.

Graf Rochus von Lynar   Lampert Distelmeier
21. Kurfürst Johann Georg (1571-1598) von Martin Wolff

Joachim Friedrichs staatsmännischer Klugheit gelang es, die Vormundschaft über den geisteskranken Herzog Albrecht Friedrich von Preußen zu erlangen und damit die Erwerbung Preußens zu beschleunigen. Auch die jülich-clevesche Erbschaft bereitete er vor. Er gründete das Gymnasium zu Joachimsthal, das später nach Berlin verlegt wurde.
Hieronymus Schlick, neben Löben der vertrauteste Berater des Kurfürsten.
Johann von Löben, Joachim Friedrichs weitschauender und tatkräftiger Kanzler. Enthüllt 26. Oktober 1900.

Hieronymus Schlick   Johann von Löben
22. Kurfürst Joachim Friedrich (1598-1608) von Herbert Pfretzschner

Johann Sigismunds politischer Klugheit gelang es, nach dem Tode des Herzogs Albrecht Friedrich von Preußen (1618), die Vereinigung des Herzogtums Preußen mit der Mark und die Erwerbung von Cleve, Mark und Ravensberg durchzusetzen.

Graf Fabian zu Dohna leistete ihm bei der Erwerbung Preußens wertvolle Dienste.

Thomas von dem Knesebeck vermittelte nach dem Übertritt des Kurfürsten zur reformierten Lehre erfolgreich zwischen Lutheranern und Reformierten. Enthüllt 30. September 1901.

Graf Fabian zu Dohna   Thomas von dem Knesebeck
23. Kurfürst Johann Sigismund (1608-1619) von Peter Breuer

Georg Wilhelm war den schweren Zeiten des dreißigjährigen Krieges nicht gewachsen. Seine zaudernde Haltung den Katholiken wie den Protestanten gegenüber machte die Mark mehr als jedes andere Land zum Schauplatz der furchtbarsten Verheerungen.
Konrad von Burgsdorff war der entschiedenste Widersacher der Politik des Grafen von Schwartzenberg.
Graf Adam von Schwartzenberg war die Hauptursache, dass dieser, entgegen den Wünschen seines Volkes, sich an den Kaiser anschloss. Enthüllt 23. Dez. 1899.

Konrad von Burgsdorff   Graf Adam von Schwartzenberg
24. Kurfürst Georg Wilhelm (1619-1640) von Kuno v. Uechtritz

Der Große Kurfürst war es, der durch seinen schöpferischen Geist nach dem dreißigjährigen Kriege den fast zerrütteten Staat wieder aufrichtete (Gründung eines eigenen Heeres, Unterstützung der Landwirtschaft, erfolgreiche Kriege gegen Polen und Schweden) und dadurch der Begründer der brandenburgisch-preußischen Macht wurde.

Georg Reichsfreiherr von Derfflinger leistete dem Kurfürsten bei der Einrichtung seines Heeres treffliche Dienste.

Otto Freiherr von Schwerin, sein vertrauter Berater. Enthüllt 30. März 1901.

Georg Reichsfrhr. von Derfflinger   Otto Frhr. von Schwerin
25. Friedrich Wilhelm, der Große Kurfürst (1640-1688) von Fritz Schaper

König Friedrich I. gab dem durch seinen Vater erstarkten brandenburgisch-preußischen Staat durch Erwerbung des Königstitels (18. Januar 1701) den Namen und äußeren Glanz, gründete die Universität Halle und die Akademie der Wissenschaften in Berlin und schmückte die Residenz Berlin mit stolzen Bauten.
Andreas Schlüter, berühmter Bildhauer (siehe vorn).
Eberhard von Danckelmann, des Kurfürsten treuer Berater und erfolgreicher Leiter seiner gesamten Politik, fiel später in Ungnade. Enthüllt 3. Mai 1900.

Andreas Schlüter   Frhr. von Danckelmann
26. König Friedrich I. (1701-1713), als Kurfürst Friedrich III. seit 1688.
von Gustav Eberlein

Friedrich Wilhelm I. ist der Begründer eines geschulten Heeres, einer sparsamen und mustergültigen Verwaltung und damit der Schöpfer der inneren Macht Preußens.
Fürst Leopold von Anhalt-Dessau, sein bedeutendster Feldherr, der Lehrmeister des preußischen Heeres, dessen Ruf er durch strenge Manneszucht und hohe Leistungsfähigkeit für alle Zeit begründete.
Heinrich Rüdiger von Ilgen, der hervorragendste Staatsmann unter den beiden ersten preußischen Königen. Enthüllt 22. Dezember 1900.

Leopold von Anhalt-Dessau　　　　　Heinrich Rüdiger von Ilgen
27. König Friedrich Wilhelm I. (1713-1740) von Rudolf Siemering

Friedrich der Große, Preußens bedeutendster König, gleich groß als Herrscher, Feldherr, Staatsmann und Volkswirt, hat in den drei Schlesischen Kriegen, in welchen er gegen eine Welt von Feinden sich siegreich behauptete, den Ruhm und die Großmachtstellung Preußens für alle Zeiten begründet.
Graf von Schwerin, erfolgreicher Heerführer, fiel 1757 in der Schlacht bei Prag.
Johann Sebastian Bach, hervorragender Tondichter, der Schöpfer zahlreicher Tonwerke von unvergänglicher Schönheit. Enthüllt 26. August 1899.

Kurt Christoph Graf von Schwerin   Johann Sebastian Bach
28. König Friedrich II., der Große (1740-1786) von Joseph Uphues

Friedrich Wilhelm II. vermochte den Staat Friedrichs des Großen nicht auf der Höhe zu erhalten. Nicht immer glücklich beraten, schlug seine widerspruchsvolle innere und auswärtige Politik für Preußen ungünstige Wege ein.
Johann Heinrich Kasimir von Carmer, der Schöpfer des „Allgemeinen Landrechts".
Der Philosoph **Kant** wirkte durch sein Sittengesetz, in welchem er die Pflicht über alles stellte (kategorischer Imperativ), reinigend auf die damals gelockerten sittlichen Anschauungen ein. Enthüllt 22März 1900.

Graf Kasimir von Carmer — Immanuel Kant
29. König Friedrich Wilhelm II. (1786-1797) von A. Brütt

Friedrich Wilhelm III. gab in seiner glücklichen Ehe mit der Königin Luise dem Lande ein leuchtendes Vorbild, vermochte aber dem mächtigen Ansturm der napoleonischen Macht nicht zu widerstehen und verlor nach der Schlacht bei Jena die Hälfte seines Landes. Nach dem glücklich beendeten Befreiungskriege waren ihm noch fünfundzwanzig Friedensjahre beschieden.
Gebhard Leberecht von Blücher (siehe das Blücher-Denkmal).
Karl Freiherr vom Stein (siehe das Stein-Denkmal).
Enthüllt 30. März 1901.

Gebhard Leberecht von Blücher   Karl Freiherr vom und zum Stein
30. König Friedrich Wilhelm III. (1797-1840) von Gustav Eberlein

Friedrich Wilhelm IV. unterstützte Kunst und Wissenschaft, zog Gelehrte und Künstler an seinen Hof, vermochte aber in der aufgeregten Zeit der Verfassungskämpfe die Ziele und Aufgaben, die Preußen für Deutschland zu lösen hatte, nicht zu erfüllen. Sehnsuchtsvoll am Mittelalter hängend (Romantiker auf dem Throne), ließ er eine Menge alter Bauten wieder erneuern (Kölner Dom, Marienburg usw.)
Alexander von Humboldt (siehe Denkmal A. von Humboldt)
Christian Daniel Rauch (Bildhauer). Enthüllt 26. Oktober 1900.

Alexander von Humboldt　　　　　　Christian Daniel Rauch
31. König Friedrich Wilhelm IV. (1840-1861) von Karl Begas

Wilhelm I., der Schöpfer eines mustergültigen, schlagfertigen Heeres, drängte durch den Krieg von 1866 Österreich aus der Vorherrschaft von Deutschland und machte 1870/71 an der Spitze der einmütig gegen Frankreich ziehenden Truppen die langgehegte Sehnsucht des deutschen Volkes nach einem kraftvollen einigen Deutschland zur Wirklichkeit. (Siehe das National-Denkmal).
Graf von Moltke (siehe das Moltke-Denkmal).
Fürst von Bismarck (siehe das Bismarck-Denkmal). Enthüllt 30. März 1901.

Graf Hellmuth von Moltke   Fürst Otto von Bismarck
32. Kaiser Wilhelm I. (1861-1888) von Reinhold Begas

Wer bemängelt, dass Wilhelm II. zwar seinen Großvater auf die Siegesallee stellen ließ, nicht aber seinen Vater, der sei daran erinnert, dass sich Kaiser Friedrich nebst Gemahlin bereits auf dem Halbrund westlich des Brandenburger Tores befanden.

Am 18. Dezember 1901 gab Wilhelm II. ein Festbankett zu Ehren der Schöpfer der Siegesallee. Wie bei solchen Anlässen auch heute noch üblich, hielt der Bauherr eine Rede, in der er sich in erster Linie selber und danach sein Werk und die Ausführenden lobte. Dann aber wurde er grundsätzlich: „Wenn nun die Kunst, wie es jetzt vielfach geschieht, weiter nichts tut, als das Elend noch scheußlicher hinzustellen als es schon ist, dann versündigt sie sich damit am deutschen Volke. Die Pflege der Ideale ist zugleich die größte Kulturarbeit, und wenn wir hierin den anderen Völkern ein Muster sein und bleiben wollen, so muss das ganze Volk daran mitarbeiten, und so soll die Kultur ihre Arbeit voll erfüllen, dann muss sie bis in die untersten Schichten des Volkes hindurchgedrungen sein. Das kann sie nur, wenn die Kunst die Hand dazu bietet, wenn sie erhebt, statt dass sie in den Rinnstein niedersteigt!"

Das war sie also, die berühmt berüchtigte „Rinnsteinrede". Jede Kunst, die nicht dem Kunstverständnis des Kaisers entsprach war demnach wertlos. Die Angesprochenen nahmen es gelassen; im Gegenteil: „Rinnsteinkunst" wurde zum Qualitätssiegel der Moderne. Gefährlich wurde es erst 35 Jahre später für die „Entarteten".

Die öffentliche Meinung zur Siegesallee war durchaus geteilt. Unter Künstlern und Intellektuellen war bald ein gängiger Witz: „Wer hat das größte Kunstverständnis?" – „Wer am schnellsten durch die Siegesallee läuft!", und im „Sim-

plizissimus" wundern sich zwei Berlin-Besucher wie schön hier alles ist, selbst die Vogelscheuchen seien aus Marmor.

Konservative Kreise sahen das natürlich ganz anders. Und tatsächlich muss der Spaziergang durch die Siegesallee ein eindrucksvolles Erlebnis gewesen sein. Einen kleinen Eindruck vermittelt der zweite Abschnitt des Filmes „Berlin – Hauptstadt des Deutschen Reiches", zu finden in YouTube unter

https://www.youtube.com/watch?v=2M9hL524yDo
Nach etwa 8 Minuten beginnt „Kleiner Bummel durch Berlin"

Während des ersten Weltkrieges suchten zahlreiche Berliner Kraft und Trost auf der Siegesallee; hier war das Denkmal von Wilhelm I. besonders beliebt. Genutzt hat es wenig. Nach der Abdankung des Kaisers waren die Denkmäler im wahrsten Sinne des Wortes schutzlos. Sie verwahrlosten, wurden mit Parolen beschmiert und mutwillig beschädigt. Das gab es auch damals schon!

Unter den Nationalsozialisten erlebte die Siegesallee eine Renaissance – als sie „Germania" im Wege stand wurde sie nicht etwa zerstört sondern versetzt (siehe oben).

Im zweiten Weltkrieg wurden die Figuren der Neuen Siegesallee schwer beschädigt, einige sind verschollen. Der Alliierte Kontrollrat beschloss sogar die komplette Zerstörung. Allerdings hatte man zu jener Zeit andere Probleme, und so passierte zunächst – nichts!

1954 wurden Reste der Siegesallee in der Nähe des Schlosses Bellevue aus konservatorischen Gründen vergraben. Dort verblieben sie, vergessen und vor Witterungseinflüssen und Vandalismus geschützt bis zum Jahre 1979. Mit Zustimmung des damaligen Bundespräsidenten Walter Scheel wurden sie ausgegraben und in das alte

Wasserwerk am Halleschen Ufer gebracht. Dort sind einige Figuren geschützt, andere verrotten. Im Mai 2009 wurden 26 Standbilder und 40 Büsten, in die Zitadelle Spandau umgesetzt. Dort wurden sie restauriert und werden seit dem 29. April 2016 als Teil der neuen Dauerausstellung „Enthüllt. Berlin und seine Denkmäler" präsentiert.

Eine, den Geist jener Zeit treffende Kuriosität, soll an dieser Stelle noch vermerkt sein:

Der Lehrer des Joachimsthaler Gymnasiums in Berlin-Wilmersdorf, Professor Dr. Otto Schrader gab seinen Schülern der Unterprima (unserer heutigen 12. Klasse entsprechend, sofern das Abitur in 13 Jahren zu absolvieren ist) im Mai 1901 das Aufsatzthema für eine Hausarbeit: „Die Beinstellung der Standbilder in der Siegesallee".

Das ist aus unserer heutigen Sicht zwar erstaunlich, wäre aber noch nicht besonders erwähnenswert, wenn nicht Kaiser Wilhelm II., der sich gerade auf seiner Jacht „Hohenzollern" befand, durch Zufall davon erfahren hätte. Sofort befahl er seiner Ordonnanz an den Kultusminister Dr. Studt zu telegrafieren, und die sofortige Übersendung der Aufsatzhefte auf die Jacht Seiner Majestät anzuordnen. Dies geschah, wenn auch nicht ohne Schwierigkeiten; denn die Sommerferien hatten bereits begonnen, und die Pennäler waren in alle Winde zerstreut. Intensive Bemühungen des armen Schuldirektors brachten immerhin vier Hefte zutage und per Extrapost auf die „Hohenzollern". Sofort begann der Kaiser mit der Durchsicht der -bereits von Prof. Schrader korrigierten- Aufsätze. Mit der Bewertung des Herrn Professor war Seine Majestät nicht immer einverstanden. So wurde eine Arbeit vom Professor als „im Ganzen gut" bewertet, vom Kaiser als „ganz leidlich", eine andere vom Professor als „genügend" bewertete Arbeit be-

geisterte Seine Majestät hingegen außerordentlich: „Großartige Kritik und treffend zugleich über das Thema!"

Dem Vernehmen nach, sollen dem Professor daraus keine Nachteile entstanden sein.

Der gesamte Vorgang wurde in der Umgebung des Kaisers allerdings als etwas peinlich empfunden; schließlich hat ein Kaiser Wichtigeres zu tun, als Schüleraufsätze zu korrigieren. Andererseits konnten die Dokumente nicht einfach vernichtet werden. So erhielten die Schüler ihre Aufsatzhefte mit den Randbemerkungen des Kaisers zurück. Vorher wurden jedoch komplette Abschriften davon gefertigt. Anschließend wurden diese in das Hohenzollernarchiv in Merseburg verbracht, mit der Bemerkung, diese dort „zu sekretieren". Wir würden heute sagen, in der Versenkung verschwinden zu lassen.

Das ist auch lange gutgegangen, bis ein Archivmitarbeiter diese wieder ausgegraben, daraus ein Buch verfasst und dieses im Jahre 1960 in Ostberlin unter dem Titel „Die Beine der Hohenzollern", veröffentlicht hat. Autor war ein gewisser R.E. Hardt. Hinter dem Pseudonym verbarg sich kein Geringerer als Rudolf Herrnstadt, ehemals Chefredakteur des Neuen Deutschland, Mitglied des Zentralkomitees der SED und Kandidat des Politbüros. Dieser war im Zuge der Unruhen des 17. Juni 1953 in Ungnade gefallen, all seiner Ämter enthoben und in das Deutsche Zentralarchiv nach Merseburg zwangsversetzt worden.

Herrnstadt starb 1966 im Alter von 63 Jahren.

Siegesallee mit Säule

Ehe wir die Siegesallee verlassen, ist es Zeit, ein wenig innezuhalten. Kurt Tucholsky schrieb im Dezember 1918, also nach Ausrufen der Republik:

Was aber wird nun aus der Siegesallee?
Wird man dieselbe, weil zu royalistisch,
zu autokratisch und zu monarchistisch,
abfahren in den Neuen See?

Lässt man bei jedem Denkmal die Statur?
und setzt nur neue Köpfe auf die Hälse?
Nun, sagen wir mal, den von Lüders, Else
und Brutus Molkenbuhr?

Weckt man den schönen, weißen Marmor ein?
Vor langen Jahren, damals, im Examen,
wusst ich, wie alle nach der Reihe kamen ...
Soll das umsonst gewesen sein?

Und sie ist schön! – Lass uns vorübergehen
und lächeln – denn wir wissen ja Bescheid.
Ich glaub, wir lassen still die Puppen stehen
als Dokumente einer großen Zeit.

Nun kommen wir an das nördliche Ende der Siegesallee, den Königsplatz. Die Führung übernimmt wieder Hermann Müller-Bohn.

DER KÖNIGSPLATZ

Auf dem sich der Siegesallee anschließenden Königsplatz, gewissermaßen eine Ergänzung zur Entwicklung der preußisch-brandenburgischen Geschichte, die Monumente der drei großen Paladine Kaiser Wilhelms I. und zwar:

1. Das Nationaldenkmal für den Fürsten Bismarck

vor dem Reichstagsgebäude. Schöpfer: Reinhold Begas. Auf einem hohen Postament von rotem Marmor erhebt sich die mächtige, Leben und Kraft sprühende Gestalt des eisernen Kanzlers, ganz in der Form und Haltung, wie sich die schaffende Volksfantasie einen Nationalhelden vorzustellen pflegt. Der Fürst steht hoch aufgerichtet da. Die mächtigen Glieder stecken in der Uniform der Halberstädter Kürassiere; die obersten Knöpfe des Waffenrockes sind nicht geschlossen, und der Helm sitzt tief im Nacken. Das mächtige Haupt ist etwas nach rechts gewandt; die Augen unter den buschigen Brauen scheinen einen Gegner anzublitzen; sie kommen, samt den übrigen Zügen des eisernen Antlitzes, auch in der Ferne betrachtet, überraschend kräftig zum Ausdruck, obwohl der Helm einen großen Teil des charakteristischen Schädels verdeckt. Die linke Hand hält seitwärts gestreckt den Griff des Pallaschs; die rechte spreizt sich über der Stiftungsurkunde des Deutschen Reiches. In den blitzenden Augen, in der selbstbewussten, kraftstrotzenden Haltung sehen wir mehr den Kämpfer als den Schöpfer Bismarck.

Der Unterbau des Denkmals springt nach rechts und links in langen Flügeln vor: auf ihnen ruhen allegorische Gruppen, die, wie die Figuren vor und hinter dem Postament, das Wesen und die Bedeutung Bismarcks erklären sollen. Vor dem Piedestal kniet ein riesiger Atlas, der die Weltkugel auf dem Rücken trägt, Bismarcks Titanenkraft andeutend; hinten kniet auf der Stufe die mächtige Jünglingsgestalt des deutschen Siegfried, das Schwert schmiedend, mit dem Bismarck des Reiches Feinde bezwungen.

Der Flügel zur Linken zeigt eine halb verhüllte Frauengestalt auf dem Rücken einer Sphinx. Der Künstler bezeichnet sie selbst als Sibylle (bei den Griechen der Name für Frauen, denen man die Gabe der Weissagung zuschrieb (Kassandra). Sie liest in tiefem Sinnen in einem alten Buche, in dem nach Begas' eigener Erklärung wie in Bismarcks Kopf die Geschichte vorher geschrieben war, ehe die Tatsachen sie machten. Die Gruppe verkörpert die Staatsweisheit des Meisters, der selber Jahrzehnte lang die Weltgeschichte gemacht hat. Der rechte Flügel zeigt eine hoch aufgerichtete Frauengestalt in antikem

Gewande, Helm und Beinschienen. In der Linken mit festem Griff ein Zepter haltend, setzt sie einem verendeten Tiger den Fuß auf den Nacken. Das Antlitz mit der gerunzelten Stirn und dem strengen Ausdruck, die hoheitsvolle, sieghafte Haltung soll Bismarcks unbeugsame Willenskraft, womit er alle seine Widersacher niederzwang, personifizieren. Wie die Sphinx zur Linken, so zeigte auch diese Gruppe zur Rechten im ersten Entwurf eine wesentlich andere Gestalt. Sie bestand zuerst in einer symbolischen weiblichen Figur – der Staatsgewalt –, welche den Tiger der Feindschaft und des Widerstandes züchtigt, gewissermaßen den nie ruhenden Kampf Bismarcks andeutend. Diese Gruppe erschien dem Künstler nach seiner eigenen Erklärung „für den Ernst der Meinung, für die Auffassung kommender Geschlechter nicht genug vertieft und abgeklärt". Statt der Kämpfe nahm er den endlichen Sieg, und so steht jetzt die stolze Frau, mit dem Zepter bewehrt, aufrecht und ruhig da und tritt mit dem Fuß auf den bezwungenen Tiger.

Begas' Eigenart, das Bevorzugen der Bewegung vor der Haltung, feine große Gedankenkraft, kommt auch in diesen vier Bronzegruppen zum trefflichen Ausdruck. Die beiden Seitengruppen zeigen eine wunderschöne, echt Begas'sche Silhouette. An der Vorderseite des viereckigen Sockels die einfache Inschrift: „Bismarck": an der hinteren Seite die Worte: „Dem ersten Reichskanzler, das deutsche Volk 1901."

Die achteckige Unterstufe des Sockels ist an der vorderen und rückwärtigen Seite mit Reliefs geschmückt, die das Werden und Wachsen des Deutschen Reiches schildern. Die 1. Relieftafel zeigt das Deutsche Reich in seiner Kindheit, verkörpert durch ein am Gängelbande geführtes Kind; 2. Der schlafende deutsche Michel wird von der Germania geweckt, die mit der Linken warnend auf die waffenstarrenden Feinde weist; 3. Der kämpfende Michel treibt mit der erwachten Riesenkraft die Feinde zu Paaren; 4. An der Rückseite: die siegkündende Fama, der ein Genius mit dem Lorbeer voraneilt; 5. Germania beschirmt in mütterlicher Weise die Werke des Friedens, auf der Linken huldigt ihr die Kunst, zur Rechten die schaffende Arbeit; 6. Die Siegesgöttin mit der Friedenspalme in der Hand vom Wagen steigend, dem harrenden Volke den Sieg zu verkünden, neben ihrem Wagen grasen friedlich die ausgeschirrten Kriegsrosse. Die beiden Tafeln an der nördlichen und südlichen Seite des Postaments unterhalb der Bismarckstatue stellen Apotheosen des Gefeierten dar. Eigenartig und gedankenreich, eine vielfache Deutung zulassend, ist besonders die Tafel zur Linken: Habichte und Turmfalken umflattern aufgeregt eine mächtige Eule, welche mit gelassener Ruhe dasitzt, nicht achtend des Schreiens und Kreischens des sie umgebenden Federviehs, das sich hütet, in den Bereich ihrer Fänge zu kommen.

Als dekoratives Beiwerk schließen sich ohne Beziehung auf das Denkmal zur Rechten und Linken die Gruppen der beiden Brunnenbecken an das Monument an: Tritonen und Najaden, fröhlich bewegte Fabelwesen des Meeres. Rechts: ein erstaunter Fischer, der ein junges Tritonbaby im Netze gefangen hat; links wird ein Seehund am Strande gefüttert. Die anfänglich gehegte Besorgnis, das Denkmal könne durch das dahinterliegende Reichstagsgebäude erdrückt werden, hat sich nicht erfüllt; Reinhold Begas hat diese Gefahr durch die glückliche Abmessung der Dimensionen abgewandt. Enthüllt am 16. Juni 1901.

Reichstagsgebäude mit Bismarckdenkmal

Jenseits der Siegessäule, an der Westseite des Königsplatzes, gegenüber dem Generalstabsgebäude

2. Das Moltke-Denkmal,

Der große Schlachtenlenker ist im schlichten Interimsrock und Mütze dargestellt. In ruhiger, einfachnatürlicher Haltung lehnt er an ein niederes Postament, an dessen Schmalseite sich ein stilisiertes Lorbeer- und Eichenornament heraufrankt. Die linke Hand ist vorn über die rechte gelegt; das rechte Bein ist in ungezwungener Haltung über das linke geschlagen. Eine gewisse betrachtende Ruhe, die dem Wesen Moltkes entsprach, ist über die ganze Statue gebreitet. So pflegte Moltke dazustehen, wenn er, gegen den großen Tisch im Vortragszimmer des Generalstabsgebäudes gelehnt, sich Vortrag halten ließ oder in kühler Überlegung einem schöpferischen Gedanken nachhing. Das Geistvolle in dem durchfurchten Antlitz des großen Schweigers, das Überragende seiner ganzen Persönlichkeit ist dem Künstler vorzüglich gelungen. Das Denkmal, eine Schöpfung des Prof. J. Uphues, ist eins der wenigen, die „ohne jede Allegorie und Zoologie", ohne jeden architektonischen Aufputz allein durch die glücklich zum Ausdruck gebrachte Macht der Persönlichkeit wirken: es ist in wetterbeständigem Laaser Marmor ausgeführt. Die großen Dimensionen (Höhe der Statue 5,50 m, des ganzen Denkmals 11 m) ergeben sich mit Rücksicht auf das gegenüberliegende Bismarckdenkmal und die umgebenden monumentalen Gebäude. In Hinsicht auf das dazu verwandte Material ist das Moltke-Standbild das größte Marmordenkmaul Berlins.

Zwischen dem Moltke- und dem Bismarck-Denkmal an der Nordseite des Königsplatzes, am Eingang zur Alsenstraße

3. Das Roon-Denkmal.

Auf einer Plattform von einfachem deutschen Granit, zu der vier Stufen emporführen, baut sich ein 5 m hohes, eigenartig geformtes Postament von poliertem schwedischen Marmor auf. Kannelierte Rundsäulen begrenzen die vier Ecken. Unterhalb des Standbildes am Sockel ein großes Eisernes Kreuz, unter welchem der Name „Roon" eingemeißelt ist. Auf diesem Sockel erhebt sich das von Harro Magnussen geschaffene, 5 m hohe bronzene Standbild des ersten Kriegsministers des neu erstandenen Deutschen Reiches. Der Feldmarschall ist im einfachen Generalsrock dargestellt. Die rechte Hand ist leicht auf die Hüfte gestützt; die linke hält den Generalshelm. Die Haltung ist ruhig und würdevoll, aber ohne Größe. Das Haupt mit dem energischen und zielbewussten Ausdruck ist nach links gewandt. Eine zur Rechten stehende Säule, über welche der Mantel gebreitet ist, gibt dem mächtigen, mit Rücksicht auf das daneben liegende Bismarck-Denkmal in großen Dimensionen gehaltenen Standbild Halt und Hintergrund. Die ganze Statue scheint die Verkörperung eines preußischen Generals der alten Schule. Eine halbniedrige Brüstung aus schwedischem Labrador umgibt das Denkmal. An die zu beiden Seiten kräftig abschließenden, etwas plumpen Endpfeiler lehnen sich zwei bronzene Lorbeerkränze. Auf den Schleifen des einen stehen die wichtigsten Lebensdaten des Feldmarschalls: geb. 30. April 1803, gest. 23. Februar 1879. Dann: 5. Dezember 1859 bis 1873 (die lange Zeit, in welcher er dem preußischen Staate und dem Deutschen Reiche als Kriegsminister diente); 1. Januar 1873 (Ernennung zum Feldmarschall). Auf dem anderen Kranze die Namen der Schlachten, an denen er teilgenommen: 3. Juli 1866 (Schlacht bei Königgrätz), 18. August 1870 (Schlacht bei Gravelotte), 1. September 1870 (Schlacht bei Sedan).

Die zur Aufstellung des Denkmals erforderliche Fläche ist Eigentum der Stadt Berlin. Der Magistrat beschloss die Übernahme, Unterhaltung und Pflege des Roon-Denkmals auf städtische Kosten unter der Bedingung, dass das Denkmal der Stadtgemeinde als Eigentum überwiesen werde. Der Denkmalausschuss erklärte sich damit einverstanden. Das Roon-Denkmal ist somit das erste rein militärische Denkmal im Besitz der Stadt Berlin. Enthüllt 24. Oktober 1904.

Auch die Denkmäler von Bismarck, Moltke und Roon, sowie die Siegessäule (siehe weiter unten) störten die Pläne für die Reichshauptstadt Germania. So wurden diese 1938 an den Großen Stern verlegt, wobei die Siegessäule durch ein viertes Segment um rd. sechs Meter aufgestockt wurde. Den Tunnelzugang hatte Albert Speer entworfen.

Sie überstanden den Weltkrieg weitgehend unbeschadet.

Dicht beim Roon-Denkmal, in den Anlagen der zur Alsenstraße führenden Allee vier lebensvolle Sandsteingruppen, vier Hauptmomente aus dem Kriege darstellend: 1. (auf der linken Seite) Abschied des Kriegers; 2. Kampfszene; 3. (auf der rechten Seite) ein sterbender Krieger; 4. Rückkehr aus dem Kriege.

Diese vier Kriegerdenkmäler wurden 1938 an die Rüsternallee, nahe dem Zeltenplatz im Tiergarten versetzt, wo sie auf beiden Seiten der kleinen Brücke über das „Tiergartengewässer" bis heute stehen. Da Müller Bohn auch hierzu keine Abbildung liefert, aktuelle Aufnahmen:

Abschied des Kriegers

Kampfszene

Ein sterbender Krieger

Rückkehr aus dem Kriege

Das Alsenviertel entwickelte sich zu einer der bevorzugten Wohnlagen Berlins. Diverse Botschaften, von denen es nur noch die der Schweiz gibt, Diplomaten, aber auch Paul von

Hindenburg und Männer der Wirtschaft wie Pringsheim oder Dellbrück waren dort zu finden.

Fontane beschreibt die Wohnsituation in seinen Roman „Der Stechlin" so: „Hier, in ebendiesen Loggien, verbrachte die Familie mit Vorliebe die Früh- und Nachmittagsstunden und bevorzugte dabei, je nach der Jahreszeit, mal den zum Zimmer des alten Grafen gehörigen, in pompejischem Rot gehaltenen Einbau, mal die gleichartige Loggia, die zum Zimmer der beiden jungen Damen gehörte. Dazwischen lag ein dritter großer Raum, der als Repräsentations- und zugleich als Esszimmer diente. Das war, mit Ausnahme der Schlaf- und Wirtschaftsräume, das Ganze, worüber man Verfügung hatte; man wohnte mithin ziemlich beschränkt ..." (Es handelte sich übrigens bei den Bewohnern, der Familie des Grafen Barby, um einen Drei-Personen-Haushalt, der da „mithin ziemlich beschränkt" wohnte.)

Die Siegessäule

in der Mitte des Königsplatzes, am Ende der Herrscherallee, *(anderer Name für Siegesallee)* umgeben von den drei großen Paladinen des ersten Deutschen Kaisers, erscheint mit der mächtigen, weithin strahlenden Siegesgöttin wie eine Apotheose der preußisch-deutschen Geschichte.

Geschichte des Denkmals: Die Siegessäule war ursprünglich nur als ein Monument zur Erinnerung an den Feldzug von 1864 gedacht. Hofbaurat Strack hatte für diesen Zweck den Plan einer Gedenkhalle entworfen. Nachdem bereits 1865 die Grundsteinlegung erfolgt war, traten plötzlich die Kriegsereignisse des Jahres 1866 der Ausführung hindernd in den Weg. Nach glücklich beendetem Kriege wurde der Denkmalplan bedeutend erweitert. Die Verhandlungen über die Ausführung des Siegesdenkmals verzögerten sich bis 1869. Der Krieg von 1870/71 verzögerte abermals die Vollendung; nach glücklich erkämpftem Siege wurde es zu einer Ruhmessäule für alle drei glorreichen Kriege, welche Deutschlands Größe und Einigkeit herbeigeführt haben. Entwurf der Säule von Oberhofbaurat Strack; die technischen Arbeiten leitete Oberbaudirektor Herrmann. Einweihung: 2. September 1873.

Beschreibung des Siegesdenkmals: Auf einer achtstufigen Terrasse aus grauem schlesischen Granit baut sich ein mächtiger quadratischer Sockel auf, dessen Seitenflächen vier große Bronzereliefs enthalten. Auf diesem Sockel erhebt sich eine runde offene Säulenhalle, die von 16 Säulen getragen wird, deren Kapitäle aus Bronze von eroberten Kanonen und deren Basen aus pommerschem Granit gebildet sind. Die innere Rundwand dieser Halle enthält ein Kolossalgemälde von Anton von Werner, in Mosaik ausgeführt von Salviati, die Einigung Deutschlands darstellend. Die Säule ist durch eine zweimalige Gürtung in drei Abteilungen gegliedert. Die tiefen Kannelierungen der Säule tragen in drei Absätzen je 20 eroberte Geschütze, durch Bronzekränze miteinander verbunden, die 20 unteren aus dem Dänischen, die mittleren aus dem Österreichischen und die 20 oberen aus dem Französischen Kriege. Der 20,40 m hohe Säulenschaft ist durch ein riesiges Kapitäl abgeschlossen, über welchem eine starke, von acht Adlern getragene Deckplatte ruht. Über derselben erhebt sich auf einem besonderen Postament die riesige, von Friedrich Drake modellierte, 8,32 m hohe, geflügelte Viktoria, in der Linken das mit dem Eisernen Kreuz gekrönte Feldzeichen, in der Rechten den Lorbeerkranz haltend. Die Viktoria wie die Kanonen sind stark vergoldet. Im Innern der aus Oberkirchener Sandstein erbauten Säule (Durchmesser 6,70 m) eine bequeme, 246 Stufen zählende Wendeltreppe. Höhe der Säule bis zur Plattform 46,14 m, bis zur Spitze des Feldzeichens 61,50 m. Kosten 1.800.000 Mark, Guss der Reliefs von der Königlichen Eisengießerei in Berlin, sowie den hannoverschen Guss- und Walzwerken; Guss der Viktoria von Gladenbeck.

Beschreibunq des Mosaikgemäldes: Es stellt die Entwicklung zur deutschen Einheit dar. Über der Eingangstür die Germania, als treue Wacht hinüberspähend über den Rhein, an dessen jenseitigem Ufer, angedeutet durch die Türme des ehrwürdigen Straßburger Münsters, ein furchtbares Unwetter heraufzieht. Mit der Rechten greift sie nach Schwert und Schild, welche ihr von den Hünengestalten alter Germanen gereicht werden. Zu ihren Füßen eine Gruppe friedlicher Einwohner, angstvoll hinüberdeutend nach Frankreichs Fluren, über welchen die Gestalt eines Cäsaren im roten Mantel, das Römerschwert in der Rechten, erscheint; über seinem Haupte ein stolzes, drohendes Weib, Frankreich mit der dreifarbigen Fahne darstellend; in ihrem Gefolge die Geißel des Krieges. Zur Abwehr des drohenden Feindes erscheint das ganze deutsche Volk auf dem Plan, ein Mann, ein Heer; allen voran hoch zu Ross, Prinz Friedrich Karl; neben ihm, im Vordergrunde, Landwehrleute, freiwillige Jäger, selbst der Arbeiter mit dem Hammer. Sachsen, Preußen, Bayern und Württemberger, die eroberten Feldzeichen emporhaltend, umdrängen jubelnd den Kronprinzen von Preußen, welcher den General Hartmann auf dem Schlachtfelde begrüßt.

Die folgende Gruppe stellt die Aufrichtung des deutschen Kaiserthrones dar. Auf den Stufen des Thrones empfängt Borussia aus den Händen eines bayerischen Herolds die Kaiserkrone. Zur Linken der Kronprinz, der Großherzog von Mecklenburg, Bismarck mit der Kaiserproklamation, Roon, Moltke, Prinz Friedrich Karl. Zu den Füßen des Thrones legen Soldaten die Fahnen nieder. Rechts der Großherzog von Baden, inmitten der Vertreter der deutschen Stämme. Mit Fanfarenstößen verkünden die Reichsherolde das Wiedererstehen deutscher Macht und Größe. Den Abschluss bildet die ehrwürdige Gestalt des vom Schlafe erwachten Barbarossa.

Beschreibung der Reliefs. 1. Auf der Ostseite. Auszug zum Dänischen Krieg und Erstürmung der Düppeler Schanzen, links Einsegnung und Abschied der zum Kampfe Ausziehenden. Der evangelische Geistliche zur Linken trägt die Züge des Predigers Hoffmann, der rechtsstehende katholische Geistliche die des Feldpropstes Paldran. Die links von dem Altar stehenden drei Männergestalten tragen die Züge des Oberhofbaurats Prof. Strack, des Erbauers der Säule, sowie der Geheimräte Knerk und Herrmann, Mitglieder der Denkmalbaukommission. Mitten in der Gruppe der Ausziehenden, hoch zu Rosse, der alte Feldmarschall Wrangel. In dem Antlitz des Reiters hinter ihm hat sich der Bildhauer Calandrelli, der Schöpfer dieses Reliefs, verewigt. Auf der rechtsseitigen Hälfte: die Erstürmung der Düppeler Schanzen. Im Hintergrunde die stark bewehrten Schanzen, zu deren Höhe die heldenmütigen Soldaten unter Führung des Generals von Raven, der in diesem Sturm fiel, kühn emporklimmen. In der Mitte eine im wütenden Handgemenge kämpfende Gruppe, neben welcher der Ingenieur-Leutnant Lammatsch, die Sturmfahne in der Rechten, schwerverwundet hingesunken ist, rechts die kühne Gestalt des dänischen Leutnants Anker, des heldenmütigen Verteidigers der Schanze 2, den Revolver auf die Anstürmenden abfeuernd.

2. Das Relief auf der Nordseite,

modelliert von Moritz Schulz, gibt ein Bild aus dem Kriege von 1866. Im Mittelpunkt König Wilhelm I. auf dem Schlachtfelde von Königgrätz, dem Kronprinzen den Orden pour le merite überreichend. Zur Rechten des Königs: Bismarck, Roon, Moltke und General von Voigts-Rhetz; der Kronprinz in der Mitte seines Stabes, umgeben von den Generalen von Blumenthal, von Stosch und dem greisen General von Steinmetz sowie Prinz August von Württemberg. Zur Linken dieser Hauptgruppe, auf hohem Rosse, Prinz Friedrich Karl. Ein wildes Reitergefecht daneben deutet den Kampf von Nachod an. Ganz links bezeichnet ein Bild des heiligen Nepomuk den Schauplatz, auf welchem sich der Krieg von 1866 vorzugsweise abgespielt, den böhmischen Boden. Auf der rechten Seite Samariter bei ihrem Liebeswerk.

3. Das Relief auf der Westseite,

dem französischen Kriege gewidmet, ist in drei Gruppen geteilt. 1. Abschied der Krieger von Weib und Kind, Bildung der freiwilligen Krankenpflege, Frauen beim Einpacken von Liebesgaben. Im Hintergrund die Porträtgestalten Bögers und des Fürsten Pletz; hinter ihm Professor Langenbeck, der berühmte Chirurg. 2. Im Mittelfeld: General Reille überreicht bei Sedan König Wilhelm den Brief Napoleons III. Neben dem König der Kronprinz; hinter ihnen Bismarck, Moltke, der Kronprinz von Sachsen; in der folgenden Reihe: Prinz Albrecht, Prinz Luitpold von Bayern, der Großherzog von Weimar und Prinz August von Württemberg. Links stellt das Gefecht um eine Fahne die Furchtbarkeit der Kämpfe um Sedan dar. Darunter im Vordergrunde Generalarzt Dr. Wilms, einen Verwundeten verbindend, Rechts neben dem Stadttor mit der Aufschrift „Sedan" die Generäle von Kirchbach und Manteuffel. 3. Gruppe: Einzug der Truppen in Paris. Im Hintergrunde ein Teil des Triumphbogens. Unter den Führern der Truppen die Gestalten der Generäle von Alvensleben, Gersdorff, von der Tann, Hindersin, Alvensleben I und Kirchbach. Eine charakteristische Gestalt, der Typus des Pariser Arbeiters, ist der Blusenmann, welcher, die kurze Tonpfeife im Munde, die Hände in den Hosentaschen, trotzig auf die einziehenden deutschen Krieger blickt. Modelliert von Karl Keil.

4. Das Relief auf der Südseite,

modelliert von Albert Wolff. Einzug der siegreichen Truppen, 16. Juni 1871, in Berlin. Links das Brandenburger Tor, rechts das an demselben Tage enthüllte Denkmal Friedrich Wilhelms III. Auf dieser historischen via triumphalis eine glänzende Reihe von Fürstlichkeiten, in der Mitte Kaiser Wilhelm I.. Hinter dem Kronprinzen: Prinz Friedrich Karl und der Großherzog von Mecklenburg inmitten des Stabes. Vor dem Könige Fürst Bismarck, das Haupt zurückwendend, neben ihm Moltke, Roon, Manteuffel und Werder. Auf der rechten Seite bereitet sich der Empfang vor. Auf einem Podium eine Gruppe von Ehrenjungfrauen, den Siegern Lorbeerkränze spendend. Vor diesen der Oberbürgermeister von Berlin in Amtstracht. Rechts davon legen deutsche Krieger die erbeuteten französischen Fahnen zu den Füßen des Denkmals nieder. Über dem Relief die weithin sichtbare Inschrift: „Das dankbare Vaterland dem siegreichen Heere".

Etwa 10 Jahre nach Erscheinen des Buches von Müller-Bohn, exakt am 4. September 1915, wurde der Königsplatz mit einem weiteren Denkmal bereichert: Es nannte sich „Der eiserne Hindenburg", bestand aber überwiegend aus Holz, wurde jedoch von einem Eisenkern gestützt.

Es handelte sich dabei um eine sogenannte Nagelfigur -die größte der Welt, wie behauptet wurde- von immerhin mehr als 12 Metern Höhe. Sinn der Nagelfiguren, von denen es in Deutschland mehrere gab, war das Einsammeln von Spenden für den Krieg. Gegen einen Obolus von einer

Mark konnte man einen eisernen Nagel in die Figur schlagen, für fünf Mark einen silbernen. Und für ganz freigiebige Spender soll es sogar goldene Nägel für 100 Mark das Stück gegeben haben. Und das zu einer Zeit, als ein Liter Milch 20 Pfennige, 1 Kilo Roggenbrot 23 Pfennige kostete. Der Facharbeiter verdiente etwa 120 Mark im Monat.

Ein Spektakel: „Der eiserne Hindenburg von Berlin. Nagelung täglich. Auch in der kalten Jahreszeit. Bei schönem Wetter Militärkonzert.", war angeschlagen.

So sind bis Kriegsende mehr als eine Million Mark eingesammelt worden. Leider ging die Firma, die die Aktion organisiert hatte, die Luftfahrerdank GmbH pleite – das Geld war weg.

1919 wurde der eiserne Hindenburg abgebaut und in einem Schuppen eingelagert. Dort wurde er von den Berlinern als Brennholz genutzt. Nur der Kopf blieb übrig. Dieser wurde 1938 von der Polizei geborgen und in die Luftfahrtsammlung am Lehrter Bahnhof verbracht, wo er in den Bomben des zweiten Weltkriegs verbrannte.

Problematisch war die Zukunft der Siegessäule, denn die Franzosen hatten 1946 ihren Abriss gefordert. Ihr Antrag wurde jedoch von den Briten und Amerikanern abgelehnt, die Sowjets enthielten sich. So blieb die Säule erhalten. Allerdings hatten die Franzosen die Reliefs entfernt, weil sie sich zu sehr an die „schmachvolle" Niederlage von 1870/71 erinnert fühlten. Die Rückgabe zog sich über Jahre; die letzten Bronzeplatten kamen erst anlässlich der 750-Jahrfeier im Jahre 1987 nach Berlin zurück. Diese waren teilweise beschädigt, aber wurden ganz bewusst fragmentarisch wieder angebracht.

Detailaufnahmen:

Teil IV

Der Westen mit Charlottenburg

DIE TECHNISCHE HOCHSCHULE

Die Chaussee nach Charlottenburg weiter wandernd, erblicken wir bald zur Linken den monumentalen Bau der Technischen Hochschule (von Raschdorff und Stüve 1878-1884 nach den Entwürfen von Lucae und Hitzig ausgeführt). In den Anlagen vor dem gewaltigen Gebäude die Bronzestatuen von Alfred Krupp (modelliert von Herter), die Linke mit einer Zeichnung auf ein Geschützrohr gestützt und Werner von Siemens (von Wandschneider), die Rechte leicht auf eine Dynamomaschine legend.

Alfred Krupp   Werner von Siemens

Die Monumente dieser beiden deutschen Männer, deren Namen alle Kulturvölker der Erde kennen, zeigen in ihrer Haltung ruhige Einfachheit und natürliche Schlichtheit; ihre eiserne Energie ist in dem Gesichtsausdruck und den mächtigen Stirnen trefflich zum Ausdruck gebracht. Das Denkmal Krupps ist vom Verein deutscher Eisen-Hüttenleute und der nordwestlichen Gruppe des Vereins deutscher Eisen- und Stahlindustrieller, das von Werner von Siemens vom Verein deutscher Ingenieure errichtet. Enthüllt 1899 zur hundertjährigen Jubelfeier der Technischen Hochschule. Guss von Gladenbeck.

Nach dem Krieg befand sich das Siemensdenkmal in einem Innenhof der Technischen Universität, steht aber neuerdings wieder an der Straße des 17. Juni, wenn auch ohne den ursprünglichen Sockel. Das Denkmal Alfred Krupps stand lange in einem Treppenhaus der TU, wurde aber vor kurzem an seine Nachkommen zurückgegeben.

An der Front der Technischen Hochschule die Standbilder von Erwin von Steinbach, Erbauer des Straßburger Münsters (gest. 1318), modelliert von Encke; Bramante, Italienischer Baumeister und Maler (gest. 1514), modelliert von Encke; Andreas Schlüter, modelliert von Hundrieser; Leonardo da Vinci, berühmter Italienischer Maler, Baumeister und Bildhauer (gest. 1519), modelliert von Eberlein; James Watt, Entdecker der Dampfkraft und Erfinder der Dampfmaschine, modelliert von Keil; Stephensohn, Erbauer der ersten Lokomotive (gest. 1848), modelliert von Keil. Außerdem die Büsten von Gauß (berühmter Mathematiker); Eytelwein, Ingenieur (gest. 1848); Baumeister Schinkel (siehe oben); Redtenbacher, Maschineningenieur (gest. 1863) und Liebig, berühmter Chemiker.

Müller Bohn bildet diese Denkmäler nicht ab. Stattdessen sei an dieser Stelle ein Stich von G. Theuerkauf aus dem Jahre 1880 gezeigt, um einen Eindruck von dem Bauwerk zu vermitteln. Die genannten Monumente finden sich darauf allerdings nicht, denn sie wurden später aufgestellt.

DAS REITERSTANDBILD KAISER FRIEDRICHS

Die mitten durch Charlottenburg führende Berliner Straße weiter verfolgend, gelangen mir bald zu dem Reiterstandbild Kaiser Friedrichs in den Schmuckanlagen des Luisenplatzes vor dem Schloss in Charlottenburg. Es erhebt sich auf einem umfangreichen Plateau, zu dem von beiden Seiten Stufen führen. Der Kaiser ist in der Uniform der Pasewalker Kürassiere dargestellt. Die Rechte ruht auf dem Oberschenkel, die Linke hält die Zügel in der Hand. Um den oberen Teil des Postaments läuft ein Dornengeflecht, auf das mutvolle Leiden des Kaisers hinweisend. Vor dem Postament auf einem Säulenstumpf ein Kissen mit den Kroninsignien. Das Reiterstandbild bildet den Mittelpunkt einer umfassenden, von Regierungsbaurat Professor Otto Schmalz entworfenen Denkmalanlage aus Granit, deren Rückwand von zwei 16,6 m hohen Pylonen abgeschlossen wird; auf diesen erheben sich die 2,45 m hohen Figuren der Pallas Athene (auf des Kaisers kriegerische Erfolge hinweisend) und des Apollo (seine reiche Wirksamkeit auf den Gebieten der Kunst und Wissenschaft andeutend). An den Sockeln der Pylonen zwei Reliefs in Medaillonform: 1. Die Überreichung des Ordens pour le merite auf dem Schlachtfeld von Königgrätz durch König Wilhelm I. und 2. Die letzte Parade des Kaisers kurz vor seinem Tode im Charlottenburger Schlossgarten, Reiterstandbild, Krone, Dornengeflecht und Reliefs aus Bronze; die Figuren der Pallas Athene und des Apollo aus carrarischem Marmor, die gesamte übrige Denkmalsanlage aus Kassaine-Granit (Fichtelgebirge), der eine marmorartige Struktur besitzt. Schöpfer des Denkmals: Prof. J. Uphues. Höhe des Postaments 5 m, des Reiterstandbildes 5,45 m. Enthüllt zur Zweihundertjahrfeier Charlottenburgs am 27. Mai 1905.

Auch dieses Denkmal bildet Müller-Bohn nicht ab. Als Ersatz eine zeitgenössische Postkarte:

Das Reiterdenkmal wurde, nachdem es durch Bomben beschädigt worden war, 1943 zur Metallgewinnung eingeschmolzen; die zerstörte Denkmalanlage wurde 1950 komplett abgetragen.

DAS DENKMAL DES PRINZEN ALBRECHT VON PREUßEN

Schräg gegenüber, zur Linken, am Eingang in die Schloßstraße,

das Denkmal des Prinzen
Albrecht von Preußen

von E. Börmel und C. Freyberg. Es erhebt sich auf einem Granitsockel und zeigt den jüngsten Bruder Kaiser Wilhelms I. in hohen Stulpenstiefeln mit der Reitpeitsche in der Hand als schneidigen Reiterführer. An der Vorderseite unter einem prachtvoll modellierten Wappen die Inschrift: „1809-1872, Albrecht Prinz von Preußen". Auf der Rückseite eine Tafel mit der Widmung: „Dem fürstlichen Reiterführer und ritterlichen Prinzen in Untertänigkeit und treuer Verehrung gewidmet von seinen Kameraden 1901". Auf der linken und rechten Seite des Postaments zwei prachtvoll modellierte Reliefs. Das eine zeigt den fürstlichen Reiterführer in einer Kampfesszene bei Frénois am 31. August 1870, auf weit ausgreifendem Rosse allen voransprengend; das andere stellt in einer charakteristischen Gruppe, aus Deutschen und Franzosen bestehend, ein Erlebnis des Prinzen vor Orgéres und Loigny (2. Dezember 1870) dar. Bronzeguss von Gladenbeck, Friedrichshagen.

Das Denkmal befindet sich an seinem ursprünglichen Standort auf der Mittelpromenade der Schloßstraße an der Ecke zum Spandauer Damm. Hier eine Postkarte von der Enthüllung durch „Seine Majestät Kaiser Wilhelm II.:

Die Enthüllungsfeier
des Denkmals des Prinzen Albrecht von Preussen am 14. October 1901
in Charlottenburg, durch Se. Majestät Kaiser Wilhelm II.

DAS MAUSOLEUM ZU CHARLOTTENBURG

im Garten des gegenüberliegenden, von Andreas Schlüter (1695-1699) erbauten, von Eosander von Göthe (1701--1707) und später von G. von Knobelsdorff (1741-1742) erweiterten höchst denkwürdigen Schlosses, das im Laufe der Jahrhunderte die Kurfürstin Sophie Charlotte, den Philosophen Leibniz, Friedrich den Großen, die Königin Luise und den todkranken Kaiser Friedrich (vom 11. März bis 1. Juni 1888) in seinen Mauern beherbergt hat, liegt die berühmte Königsgruft,

das Mausoleum zu Charlottenburg.

Geschichte des Bauwerks. Die Königsgruft wurde 1810, unmittelbar nach dem Tode der Königin Luise, nach einem Entwurf von Schinkel durch den Baurat Johann Heinrich Gentz begonnen. Der Sarkophag der Königin mit dem ruhenden Marmorbilde der Dulderin, von Rauchs Meisterhand geschaffen, wurde (1812-1813) in Carrara und Rom gearbeitet und 1815 aufgestellt. Rauch begründete seinen Künstlerruhm damit. Die viersäulige dorische Halle, ursprünglich in Sandstein ausgeführt, wurde 1826-1828 in geschliffenem märkischen Granit (aus der Feldmark von Trampe bei Oderberg stammend) ausgeführt. In dem nach dem Tode Friedrich Wilhelms III. durch Hesse (1841-1842) ausgeführten Erweiterungsbau fanden auch die irdischen Überreste des Königs neben seiner Gemahlin Aufnahme; 1846 wurde auch der Marmorsarkophag des Königs vollendet und neben dem der Königin Luise aufgestellt. 1888-1889, nach dem Tode Kaiser Wilhelms I. (9. März 1888), wurde die Nordwand dieses Teils mit der Apsis (nach Plänen von Hofbauinspektor Geyer) 5,5 m hinausgerückt. In dem so geschaffenen hinteren Raume haben (1894) die von Encke ausgeführten Sarkophage Kaiser Wilhelms I. und seiner Gemahlin Aufstellung gefunden.

Beschreibung des Mausoleums. Ein stimmungsvoller, von düsteren Fichten gebildeter Gang führt vom Schloss aus zu dem stillen, im dorischen Stile gehaltenen Tempel der Königsgruft. Eintretend in den säulengetragenen Vorraum, umfängt uns ein magisches blaues Licht, das unsere Sinne wie mit einem Zauber gefangen hält. Geisterhaft legt es sich auf die mächtige, in diesem Vorraum befindliche Gestalt eines marmornen, von Encke ausgeführten Erzengels, der in kriegerischer Haltung, das flammende vergoldete Schwert vor sich hin stützend, an den Pforten des Grabes die stumme Wacht hält. In dem durch Säulen von der Vorhalle getrennten Mausoleum befinden sich zunächst dem Eingange die Sarkophage Friedrich Wilhelms III. und seiner Gemahlin Luise. Das ruhende Marmorbild der Königin ist von ergreifender Wirkung. Das zarte Weiß des Marmors verleiht dem diademgeschmückten Haupt einen überirdischen Glanz von himmlischer Schönheit. Die Hände über die Brust, die Füße lose übereinandergelegt, von einem langen idealen Gewande überdeckt, das jede Linie des schönen Körpers zu vollendeter Wirkung gelangen lässt, so liegt die Königin da wie eine friedlich Schlummernde. Neben dem Sarkophag auf einer Steinplatte des Fußbodens die Inschrift: „Hier ruht in Gott Luise Auguste Wilhelmine Amalie, Königin von Preußen, Prinzessin von Mecklenburg-Strelitz, geb. 10. März 1776, gest. zu Hohenzieritz 19. Juli 1810, ihrem Wahlspruch getreu: Wie der Herr es gewollt, also ist es geschehen." Neben dem Sarkophag ihres Gemahls, der im schlichten Soldatenkleide dargestellt ist, am Boden die Inschrift: „Meine Zeit mit Unruhe, meine Hoffnung in Gott. Hier ruht in Gott, in Hoffnung einer fröhlichen Auferstehung weiland Seine Majestät König Friedrich Wilhelm III., geb. 3. August 1770, gest. am heiligen Pfingsttage 7. Juni 1840, im 43. Jahr seiner glorreichen Regierung."

Zu Häupten des Königspaars zwei marmorne Kandelaber, nach einem Entwurf von Schinkel durch Rauch und Tieck ausgeführt; der rechtsstehende „Leuchter des Lebens" mit den drei Horen von Tieck, der linksstehende „Leuchter des Todes" mit den drei „Parzen" von Rauch.

Zunächst dem Altar die Sarkophage Kaiser Wilhelms I. und der Kaiserin Augusta von Encke, der Kaiser in der Uniform des 1. Garderegiments zu Fuß; über ihn ist der Hermelin ausgebreitet. Auf der Brust das Reichsschwert, über dessen Griff er die Hände faltet. Neben dem Kaiser die Inschrift: „Hier ruht in Gott Wilhelm I., Deutscher Kaiser und König von Preußen, geb. 22. März 1797, gest. 9. März 1888, im 28. Jahre seiner ruhmvollen Regierung." „Herr, nun lassest du deinen Diener in Frieden fahren." Die Kaiserin Augusta im Witwenschleier hält auf ihrer Brust das Kruzifix mit gefalteten Händen. Das Haupt ist mit dem Diadem geschmückt. Neben dem Sarkophag der Kaiserin die Inschrift: „Hier ruht in Gott Augusta Marie Luise Katharina, Deutsche Kaiserin und Königin von Preußen, Prinzessin von Sachsen-Weimar-Eisenach, geb. 30. September 1811, gest. 7. Januar 1890." „Seid fröhlich in Hoffnung, geduldig in Trübsal, haltet an im Gebet."

An den Ecken der beiden Sarkophage die geflügelten Köpfe trauernder Löwen; an den beiden Längsseiten des Sarkophags Kaiser Wilhelms I. die Sinnbilder des Friedens und Krieges: Hammer und Spinnracken; auf der gegenüberliegenden Seite: Schwert, Helm und Kriegsfackel. An den Längsseiten des Sarkophags der Kaiserin: Der Kelch, als Zeichen ihres religiösen Sinnes, und das Rote Kreuz, auf ihre humanen Bestrebungen für die Krankenpflege hinweisend. Der den Abschluss des Mausoleums nach Norden bildende Altar wird von der älteren, 1842 ausgeführten Apsis (Altarnische) umschlossen, die bei der Erweiterung des Baues im Ganzen abgehoben und versetzt wurde. Am Himmel der Apsis ein von Pfannschmidt auf Gold gemaltes Bild des thronenden und segnenden Christus, welchem König Friedrich Wilhelm III. und die Königin Luise ihre Kronen darbringen. Das Kruzifix ist von Achtermeyer. Der Fußboden besteht aus schwarz und weiß getäfeltem Marmor. Die Wandbekleidung des Kapellenraumes ist von Marmor aus Rothenzechau, Kreis Hirschberg. Die einheitliche Durchführung der zu so verschiedenen Zeiten ausgeführten Wandbekleidung ist dem glücklichen Zufall zu verdanken, dass es den Hofsteinmetzmeistern P. Wimmel & Co. gelungen ist, die längst verschütteten alten Steinbrüche bei Rothenzechau wieder aufzufinden.

Unter den Sarkophagen liegt die eigentliche Gruft. Sie enthält außer den vier Särgen der genannten Herrscherpaare diejenigen der Fürstin von Liegnitz, der zweiten Gemahlin Friedrich Wilhelms III., des Prinzen Albrecht (Vater) und einen Behälter mit dem Herzen des in der Friedenskirche zu Potsdam bestatteten Königs Friedrich

Wilhelm IV., einem Wunsche desselben entsprechend, dass sein Herz zu den Füßen seiner königlichen Eltern ruhen möge.

Kosten des Bauwerks innerhalb der verschiedenen Bauperioden etwa 600.000 Mk., worin die Sarkophage nicht inbegriffen sind.

Die stimmungsvolle Königsgruft ist jahraus jahrein das Ziel vieler Tausender von Fremden.

Auch heute noch ist das Schloss Charlottenburg, das im Krieg bei Luftangriffen schwer beschädigt wurde, „das Ziel vieler Tausender von Fremden".

1895 begann Sophie Charlotte, damals noch Kurfürstin, später Königin **in** *Preußen, mit der Planung und dem Bau einer Sommerresidenz.*

Königin **in** *Preußen bedarf der Erklärung: Im Jahre 1700 sagte Kaiser Leopold I. zu, dass Sophie Charlottes Gatte, Kurfürst Friedrich III., die Königswürde erreichen konnte. Das war natürlich nicht umsonst zu haben: Friedrich musste 2 Millionen Dukaten an den Kaiser und 600.000 Dukaten an den deutschen Klerus zahlen. Die Krönung musste außerhalb des Heiligen Römischen Reiches stattfinden. Auch durfte der Königstitel nicht auf die zum Reich gehörige Mark Brandenburg, sondern nur auf Preußen bezogen werden und „König* **in** *...", statt „König* **von** *Preußen", lauten. Er nannte sich fortan Friedrich I.*

Erst ein Jahr später wandelte sich der Titel infolge der Annexion Polnisch-Preußens zu König **von** *Preußen.*

Wegen der Vorliebe der Königin für Opern und musikalische Darbietungen wurde zusätzlich noch ein kleines Opernhaus errichtet. So wurde das Schloss auch Sophie Charlottes Musenhof genannt. Am 11. Juni 1699 wurde das kleine Schloss eingeweiht und seitdem von Sophie Charlotte als Residenz genutzt. Dort lebte die Kurfürstin und spätere Königin relativ unabhängig, ihr Gemahl Friedrich hatte nur Zutritt, wenn er ausdrücklich eingeladen war. Sophie Charlotte galt als sehr gebildet; sie sprach fließend Französisch, Englisch und Italienisch und pflegte eine enge Freundschaft mit dem Philosophen Gottfried Wilhelm Leibniz.

Ihr Sohn, Friedrich Wilhelm I., der Soldatenkönig, übergab das Opernhaus den Bürgern, um es abzureißen und aus dem gewonnenen Material eine Schule zu bauen. Erst unter Friedrich Wilhelm II. erhielt das Schloss seine heutige Form

Das Mausoleum wurde von 2008 bis 2010 aufwendig saniert. Um einen besseren Eindruck zu vermitteln, ergänzend zu Müller-Bohn, eine Außenansicht des Mausoleums aus dem Jahre 1895:

Charlottenburger Schloss

DAS DENKMAL BISMARCKS
ALS „GUTSHERR VON FRIEDRICHSRUH"

Von Schloss Charlottenburg aus erreichen wir in kurzer Zeit Bahnhof Westend und von hier aus mit dem Südring in wenigen Minuten die Station Halensee. Hier ganz in der Nähe, schon zur Kolonie Grunewald gehörig, das

Denkmal Bismarcks als
„Gutsherr von Friedrichsruh".

Es verdankt seine Entstehung einer Anregung von Bürgern der Villenkolonie Grunewald, zu deren Gründung

Fürst Bismarck durch ein Schreiben vom 5. Februar 1873, in welchem er sich für eine Straßenverbindung Berlins mit dem Grunewald (heutiger Kurfürstendamm) aussprach, die Anregung gegeben haben. (Bismarcks Worte: „Der Grunewald muss der Tiergarten Berlins werden".) Max Klein, der geniale Schöpfer des Denkmals, hat in demselben nicht die historische Persönlichkeit Bismarcks in heldenhafter Auffassung, sondern die schlichte und doch so markig wirkende Gestalt des Gutsherrn von Friedrichsruh zur Darstellung bringen wollen, wie er, im langen Gehrock, den Schlapphut auf dem Haupte, den kernigen Stock in der Hand, begleitet von dem „Reichshund" Tyras, durch den Wald schreitet. Das wirksame Denkmal erhebt sich auf einem wuchtigen, von unbehauenen Granitblöcken gebildeten Sockel. Höhe des Sockels 2,20 m, der Figur 2,60 m, Enthüllt am 10. Mai 1897.

Bemerkenswert ist die Erwähnung Müller-Bohns, dass er für diesen Weg die Ringbahn genommen hat. Der Bau dieser Bahn begann 1867, zunächst vor allem für den Güterverkehr; die Trasse verlief außerhalb der damaligen Stadtgrenze. Ab April 1872 fuhren drei Personenzugpaare pro Tag auf der Strecke. Bereits 1873 wurden es acht, 1875 neun Zugpaare am Tag – im Pendelverkehr, denn der Ring wurde erst im Jahr 1877 geschlossen.

Der Ausbau des Kurfürstendamms ist, wie oben beschrieben, tatsächlich auf Bismarck zurückzuführen. Auf der „Königlich Preußischen Generalstabskarte" aus dem Jahre 1857 ist der „Churfürsten-Damm" noch als schmaler Weg vom Stadtschloss zunächst Richtung Westen, dann nach Süden, zum Grunewald (Grüner Wald) abknickend verzeichnet. Der heutige Verlauf ist bis zum Olivaer Platz mit dem Kurfürstendamm identisch, ging dann aber nach Süden, der heutigen Konstanzer Straße nach. Er endete an der Chaussee zwischen Charlottenburg und Wilmersdorf, an der heutigen Brandenburgischen Straße.

Ergänzend zu Müller Bohn: Auf dem Sockel ist die Inschrift angebracht: „Dem Fürsten Otto von Bismarck – Die dankbare Kolonie Grunewald". Die Kolonie hat allen Grund dankbar zu sein – wir befinden uns in einer der feinsten Wohnlagen Berlins.

Zur Kaiserzeit war die Gegend ein beliebtes Ausflugsziel für die Berliner: 1883 eröffnete das Wirtshaus am Halensee, das 1904 zu den „Terrassen am Halensee" ausgebaut wurde. Später entstand auf einem 5,5 ha großen Gelände der „Lunapark", mit Wasserrutsche, Geisterbahn und vielen Karussells.

Da „war wat los ..." Eine Aufnahme von 1904:

Die Bronzefigur Bismarcks wurde im Zweiten Weltkrieg eingeschmolzen. Eine Nachbildung wurde auf Initiative des Heimatvereins Wilmersdorf 1996 auf dem erhalten gebliebenen Granitsockel an der gleichen Stelle, dem Bismarckplatz, aufgestellt.

DAS BODINUS-DENKMAL

Zur Station Halensee zurück und von hier mit der Stadtbahn oder der Elektrischen durch den Kurfürstendamm nach dem Zoologischen Garten. Hier an hervorragender Stelle das

Bodinus-Denkmal

Heinrich Bodinus, berühmter Zoologe (geboren 1814, gest. 1884), studierte in Greifswald und Berlin Medizin und Naturwissenschaften, wirkte zuerst als Arzt in Greifswald und dann in Cöln als Direktor des Zoologischen Gartens mit solchem Erfolg, dass er 1869 zur Reorganisation des Zoologischen Gartens nach Berlin berufen wurde. Hier erreichte Bodinus in Bezug auf Züchtung und Akklimatisation ausländischer Tiere bisher in nordischen Landen nicht für möglich gehaltene Erfolge. Seine von einem Löwenfell malerisch umwundene Büste zeigt ihn im kräftigsten Mannesalter.

An einer anderen Stelle des Gartens die Büste des Naturforschers und Zoologen Prof. Lichtenstein, des Mitbegründers des Zoologischen Gartens.

In einer Schmuckanlage des Gartens die von Reinhold Begas modellierte Kentaurengruppe, jener aus Ross- und Menschenleib zusammengesetzten Wesen der griechischen Mythologie, die man sich in den Waldgebirgen Arkadiens und Thessaliens heimisch dachte.

Die Denkmäler befinden sich im Zoologischen Garten. Hier, ergänzend zu Müller-Bohn, die Kentaurengruppe:

Der Zoologische Garten in Berlin ist der älteste Zoo Deutschlands, der artenreichste der Welt. Friedrich Wilhelm IV. stellte dafür einen Teil des Geländes seiner Fasa-

nerie am Berliner Tiergarten unentgeltlich mit der „Allerhöchsten Kabinettsordre vom 31. Januar 1841" zur Verfügung. Die Eröffnung war im Jahre 1844, 1913 kam das Aquarium dazu.

Im Zweiten Weltkrieg wurde ein Großteil des Zoos zerstört. Es überlebten nur 91 Tiere, darunter das von den Berlinern heiß geliebte Flusspferd „Knautschke", dem man sogar ein Denkmal vor dem Flusspferdhaus gewidmet hat.

Der Berliner Zoo ist übrigens seit seiner Eröffnung eine (gemeinnützige) Aktiengesellschaft; die Aktie ist an der Börse zu haben. Allerdings gibt es nur ein bis zwei Transaktionen pro Handelstag, denn es existieren nur 4000 Aktien. Statt einer Dividende erhalten die Aktionäre eine lebenslang gültige Eintrittskarte, für sich selbst und zwei Angehörige; nicht etwa gratis, sondern zum Vorzugspreis von einmalig 575 Euro.

Aktuell (27. 2. 2017) liegt der Kurs bei 5.620 Euro.

BERLINER GEDENKTAFEL

Der Zoologische Garten Berlin entwickelte sich
gerade auch mit Unterstützung seiner
JÜDISCHEN AKTIONÄRE
zu einem kulturellen und gesellschaftlichen
Mittelpunkt der Stadt
Während der NS-Herrschaft wurden sie diskriminiert
verfolgt, entrechtet und enteignet
Sie waren gezwungen, auch ihre Zoo-Aktien zu veräußern
Als Juden blieb ihnen der Zutritt
zum Zoologischen Garten Berlin verwehrt
In Trauer und zur steten Mahnung

Zoologischer Garten Berlin Aktiengesellschaft

Foto: OTFW

Wir verlassen den Zoologischen Garten durch den nördlichen Ausgang. Hier ganz in der Nähe, an der über den Landwehrkanal führenden Lichtensteinbrücke der Fricke-Gedenkstein zum Andenken an den Füsilier Hermann Fricke, der am 11. Februar 1904 bei dem Versuch, einem Menschen das Leben zu retten, an der Lichtensteinbrücke ertrank. Die Anregung zu dem, ihm vom Offizierskorps seines Regiments, gewidmeten Denkmal ging vom Regimentskommandeur, dem Erbprinzen von Hohenzollern aus, der am 30. April 1904 in Gegenwart des gesamten Offizierskorps. von Unteroffizieren und Mannschaftsabordnungen die Enthüllung des Gedenksteins vornahm und ihn der Obhut der Tiergartenverwaltunq übergab.

Die Brücke gehört heute zum Gelände des Zoologischen Gartens. Im Jahre 2012 wurde sie in „Rosa-Luxemburg-Steig" umbenannt; unter der Brücke wurde ein Denkmal für Rosa Luxemburg errichtet, deren Leiche 1919 an dieser Stelle in den Landwehrkanal geworfen wurde.

Der Fricke-Gedenkstein ist verschollen. Es handelte sich um einen „unbehauenen Granitblock von etwa 1 1/2 Meter Höhe" mit eingelassenem poliertem Oval aus schwarzem Marmor, mit der Aufschrift:

BEI MUTIGER RETTUNGSTAT ERTRANK
UNWEIT DIESER BRÜCKE AM 21. FEBRUAR 1904
DER FÜSILIER HERMANN FRICKE
11. KOMP. 2. GARDE REG. Z. F.
EHRE SEINEM ANDENKEN

Der „11. Februar" aus dem Text von Müller-Bohn war offenbar ein Druckfehler.

DIE HERKULESBRÜCKE

Das Lützowufer nach Südosten weiter verfolgend, gelangen wir, an der Corneliusbrücke vorüber, zu den Gruppen auf der Herkulesbrücke beim Lützowplatz. Diese Sandsteingruppen haben bereits ihre Geschichte. Sie hatten früher ihren Stand auf der gleichnamigen, nunmehr abgetragenen Brücke, die in der Nähe des Stadtbahnhofes Börse über den jetzt zugeschütteten Königsgraben führte und die Burgstraße mit dem Monbijouplatz verband. Die Gruppen stellen dar: Herkules im Kampfe mit den Kentauren (von Schadow) und Herkules im Kampfe mit dem nemeischen Löwen von Boy).

Zum angesprochenen früheren Stand der Sandsteinskulpturen: Die Burgstraße und den Monbijouplatz gibt es noch heute; der Stadtbahnhof Börse liegt am heutigen S-Bahnhof Hackescher Markt. Der Königsgraben selber war Teil der Berliner Festungsanlagen, die schon ab 1735 schrittweise beseitigt wurden. Er mündete am Nordende der heutigen Museumsinsel in die Spree. Hier ein Bild der alten Brücke vor ihrem Abriss 1890

Die neue Brücke wurde während des Zweiten Weltkrieges gesprengt. (Der Standort der beiden Brücken gleichen Namens war nicht identisch!) Die Gruppe „Herkules im Kampf mit den Kentauren" wurde dabei zerstört. Die Gruppe mit dem nemeischen Löwen erlitt Schäden, blieb jedoch erhalten, wurde restauriert und steht im Köllnischen Park hinter dem Märkischen Museum. Müller-Bohn liefert kein Bild. Eine Aufnahme um 1900 zeigt, wie sich ihm die Brücke präsentiert hat:

Die Nachbarschaft dieser Brücke war die Veranlassung, dass man zur krönenden Brunnenfigur des für den Lützowplatz bestimmten

Herkulesbrunnen

den alten Helden der griechischen Mythologie wählte. Der Herkulesbrunnen ist seiner baulichen Anlage nach ein Werk des Stadtbaurats Hofmann; die figürlichen Teile sind von Professor Otto Lessing modelliert, dem Schöpfer des Rolandbrunnens und des prächtigen Lessingdenkmals. Die hohe Brunnensäule trägt in ihrem oberen Teile ein kreisrundes, einem Blumenkelch nachgebildetes Becken, aus dessen Mitte sich auf einem Sockel die Statue des griechischen Heros erhebt. Er ist als Befreier des

Prometheus dargestellt, der den Menschen das Feuer vom Himmel gebracht und zur Strafe dafür von den neidischen Göttern an den Felsen geschmiedet wurde. Deswegen hat er nicht die Keule, sondern Bogen und Köcher über die rechte Schulter geworfen, während über die andere das Löwenfell herabfällt. Mit der Linken hält er den Pfeil, der dem tot zu seinen Füßen liegenden Geier, dem schrecklichen Peiniger des Prometheus, den Garaus gemacht hat. Der Fuß der Brunnensäule ist von einem breiten Becken umgeben, in welchem auf rau behauenen Felsensockeln vier mächtige symbolische Figurengruppen an den Hauptenden zweier sich kreuzenden Diagonalen gelagert sind. Jede von ihnen wird gebildet aus einem gewaltigen Wasserkentauren und aus drei ihn umgebenden Nereiden, mit schönem weiblichen Haupt und Beinen, die in schuppigen Fischschwänzen enden. Drei dieser Gruppen stellen die Dienste dar, welche das Wasser der Ströme und Meere dem Menschen leistet. Die Erste, nach Südwesten gerichtete zeigt das Wasser als Träger der Lasten (Schifffahrt, Handel und Verkehr). Als freundliches, Erquickung und Nahrung spendendes Element ist das Wasser in der nach Südosten gerichteten Gruppe dargestellt. (Ein jugendlicher Triton mit einem Bündel Fische in der Linken wird von drei schönen Nereiden mit Muscheln und blühenden Wasserpflanzen bekränzt.) Die dritte, nach Nordosten gerichtete Gruppe bringt die Bändigung des Elementes durch List und Gewalt zur Anschauung. (Die drei Nereiden umschnüren den Körper und die Glieder des Tritonen mit starken Stricken.) In der vierten, nach Nordwesten gewendeten Gruppe ist in einem riesigen Tritonen die furchtbare Macht des Wassers dargestellt, das, wenn es der Fessel entledigt ist, alles mit sich fortreißt. Eine der Nereiden sucht vergeblich den vorwärtsstürmenden Kentauren zurückzuhalten, die zweite ist kraftlos niedergesunken, während der Triton mit seiner schönen Beute, der geraubten Nereide, unaufhaltsam dahinstürmt.

Oberhalb dieser monumental wirkenden Gruppen, in der Mitte des Brunnenschaftes, vier weit herausragende steinerne Wasserspeier, die in schlanken Fischköpfen enden. Auf jede der darüber liegenden Voluten stützt ein allerliebster kleiner Wasserputt die Händchen, um mit steif gestemmten Ärmchen seinen Oberkörper aufzurichten.

Der Brunnen ist in lebhaft getöntem, grobkörnigem Sandstein ausgeführt und wurde am 11. Oktober 1903 durch eine kurze Feier der Öffentlichkeit übergeben.

Der Herkulesbrunnen wurde, wie auch der Lützowplatz, im zweiten Weltkrieg komplett zerstört.

DIE BEIM BADEN GESTÖRTE NYMPHE

Zur Herkulesbrücke zurück und über diese hinweg jenseits des Landwehrkanals am Herkulesufer entlang bis zu einer kleinen Anlage am Treffpunkt der Kaiserin-Augusta-Straße und von der Heydtstraße. Die hier befindliche Marmorgruppe

Die beim Baden gestörte Nymphe

eine Marmorfigur von R. Calandrelli, in der kleinen parkartigen Anlage zwischen dem Herkulesufer und der Kaiserin-Augusta-Straße. Eine jugendlich schöne Nymphe von großem Liebreiz ist beim Baden überrascht und schaut sich in ängstlicher Erwartung um, eifrig bemüht, sich in ihre Gewänder zu hüllen. Das Postament ist als Klippe gebildet, auf der Schnecken, Frösche, Schildkröten und Wasserpflanzen angebracht sind. Die überaus anmutige Gruppe würde viel wirksamer sein, wenn das umgebende Bassin von größerem Umfange wäre. Kosten 8.500 Mark. (1897.)

Die „kleine parkähnliche Anlage" gehört zu der Villa von der Heydt, die eine bewegte Geschichte hat: 1862 von dem Bankier und späteren preußischen Finanzminister August von der Heydt erbaut, wurde sie zeitweise an den Chinesischen Gesandten beim deutschen Kaiser vermietet. Im Jahre 1918 kaufte der „Allgemeine Deutsche Sportverein" das Anwesen um einen illegalen Spielclub darin zu betriebet. Dieser wurde jedoch im Jahre 1933 von der Polizei geschlossen. Anschließend nutzte die Bayerische Vereinsbank das Gebäude, später der Leiter der Reichskanzlei und enger Vertrauter Adolf Hitlers, Hans Heinrich Lammers als Dienstwohnung.

Seit 1980 ist die Villa von der Heydt Amtssitz des Präsidenten der Stiftung Preußischer Kulturbesitz.

Hier befindet sich heute ein Bronzenachguss der „beim Baden gestörten Nymphe".

BRONZEGRUPPEN AUF DER POTSDAMER UND VICTORIABRÜCKE

Die Königin-Augusta-Straße *(heute: Reichpietschufer)* entlang in kurzer Zeit zu den Bronzegruppen auf der Potsdamer und Viktoriabrücke.

1. Auf der Viktoriabrücke.

Karl Friedrich Gauss

Werner von Siemens

An der Südseite Karl Friedrich Gauss (1777-1855), berühmter Mathematiker, wissenschaftlicher Begründer der elektrischen Telegraphie, führte mit Weber zusammen die erste Anlage eines elektro-magnetischen Telegraphen aus. Sein von Janensch 1898 modelliertes Bronzesitzbild zeigt ihn bei der Tätigkeit, die elektro-magnetische Verbindung zwischen zwei Stationen herzustellen. Neben ihm ein kleiner Putt, mit einem Leitungsdraht den Erdglobus ausmessend,

An der Nordseite Werner von Siemens (1816-1892), berühmter Großindustrieller und Physiker, bereicherte die elektrische Telegraphie mit zahlreichen wertvollen Neuerfindungen, legte im Kieler Hafen die ersten unterirdischen Seeminen mit elektrischer Zündung an, baute im

Auftrage der preußischen Regierung die erste deutsche Telegraphenlinie zwischen Berlin und Frankfurt a. M. und gründete nach Einrichtung zahlreicher anderer Linien (zuerst mit Halske zusammen) in Berlin seine berühmte Telegraphenbauanstalt, die mit ihren Zweiggesellschaften ihre Tätigkeit bald über alle Weltteile ausdehnte. Als Mitglied der Akademie der Wissenschaften und Ehrendoktor mehrerer Universitäten, Inhaber des Ordens pour le mérite, wurde er 1888 von Kaiser Friedrich in den Adelsstand erhoben und starb 1892. Sein von J. Moser modelliertes Bronzesitzbild zeigt ihn ebenfalls in Ausübung seiner Tätigkeit. Ein kleiner Putt überreicht ihm das Modell einer elektrischen Maschine. Vor ihm zu den Füßen eine Kabelrolle und die Kugel einer elektrischen Pumpe. (Siehe auch S. 260)

2. Auf der Potsdamer Brücke.

Wilhelm K. Roentgen   Herm. Ludw. Ferd. von Helmholtz

An der Südseite das von R. Felderhoff modellierte Sitzbild Roentgens, des Entdeckers der X-Strahlen, durch deren Verwendung (Durchleuchtung des menschlichen Körpers) in der wissenschaftlichen Heilkunde, insbesondere der Chirurgie, bisher ungeahnte Erfolge erzielt wurden.

An der Nordseite der Brücke, das von Max Klein 1898 modellierte Bronzesitzbild des Physikers Helmholtz (siehe S. 116). Seine Rechte ruht auf einer Anzahl dicker Folianten; darauf die Titel zweier seiner bedeutendsten Werke: „Handbuch der Physiologie und Optik" und „Über die Erhaltung der Kraft". Zu feinen Füßen ein kleiner Putt in einem Buche blätternd.

Von hier aus durch die Matthäikirchstraße zum Hofmannhaus in der Sigismundstraße Nr. 4. Hier im Treppenhause, in einer Nische von hellgelbem Marmor, das überlebensgroße Standbild des berühmten Chemikers A. W. von Hofmann, modelliert von Hidding. (Siehe das Denkmal der Kaiserin Friedrich Seite 140)

Zur Potsdamer Straße zurück und diese entlang bis zum Potsdamer Tor; dann zu einem kurzen Abstecher nach dem etwa fünf Minuten entfernten, in der Prinz-Albrecht-Straße gelegenen Kunstgewerbe-Museum. Auf der Rampe vor diesem die sitzenden Sandsteinbilder des Kunstgießers Peter Vischer (gest. 1529) und des Malers Holbein des Jüngeren (gestorben 1543), beide modelliert von Sußmann-Hellborn,

Da wo heute die Potsdamer Brücke den Landwehrkanal überquert, gab es früher noch eine zweite, die Victoriabrücke. Diese Doppelbrücke fand sich an ihrem Ende zur Potsdamer Straße zusammen. Dazwischen gab es eine dreieckige Öffnung zum Wasser, im Volksmund „der Spucknapf" genannt.

Die Bronzestatuen der Doppelbrücke wurden im Zweiten Weltkrieg zu Rüstungszwecken eingeschmolzen. Die Gipsmodelle sind dagegen erhalten und befinden sich im Märkischen Museum.

Teil V

Der Berliner Süden

DER LEIPZIGER PLATZ

Unsere nächste Wanderung am Potsdamer Tore beginnend, schreiten mir die Leipziger Straße entlang und erblicken nach einigen Schritten am Leipziger Platz rechts das

Bronzestandbild des
Feldmarschalls
Grafen von Wrangel

Papa Wrangel, seinerzeit eine der volkstümlichsten Persönlichkeiten Berlins, ist in frischer, lebendiger Auffassung, in voller Uniform mit Reiterstiefeln und Helm dargestellt; modelliert von Keil (1880). Inschrift: „Wilhelm I. dem Feldmarschall Grafen von Wrangel."

Ihm gegenüber das

>Bronzedenkmal des
>Grafen von Brandenburg,

mod. von Hagen (1862). Graf von Brandenburg, Minister unter Friedrich Wilhelm IV., versuchte 1850 in Warschau vergeblich, der Gewaltpolitik Rußlands und Österreichs gegenüber Preußens Ansehen zu behaupten. Er starb infolge der Gemütsaufregungen bald nach seiner Rückkehr von Warschau.

Die Beliebtheit von „Papa Wrangel" hatte Grenzen; insbesondere wegen seines Agierens bei der 1848er Revolution. So schreibt der Journalist und Historiker Hans Oswald: „Als Wrangel am 10. November 1848 mit den Truppen, die infolge des 18. März Berlin hatten verlassen müssen, wieder zurückkehren sollte, hatte das Volk dem General gedroht, man würde seine Gattin hängen, wenn er es wagte, in Berlin einzurücken. Natürlich scherte sich der General nicht um diese Drohung. Als er aber an der Spitze seiner Truppen durch das Brandenburger Tor ritt, wandte er sich plötzlich an seinen Adjutanten mit der Frage: „Ob se ihr woll jetzt hängen?"

Dessen ungeachtet, aber vielleicht auch gerade deshalb, verliehen der Magistrat und die Stadtverordnetenversammlung Friedrich Heinrich Ernst von Wrangel am 24. September 1850 die Ehrenbürgerwürde.

Die Denkmäler wurden im Krieg vernichtet.

DER GENERALPOSTMEISTER

Die Leipziger Straße auf der rechten Seite bis zur Ecke der Mauerstraße folgend, statten wir dem Reichspostmuseum einen kurzen Besuch ab und erblicken hier im Lichthofe

Das Marmorstandbild des Generalpostmeisters
Heinrich von Stephan,

Als Sohn eines Handwerkers 1831 in Stolp geboren, widmete sich Stephan dem Postfach und stieg infolge seiner glänzenden Begabung und seines organisatorischen Talentes schnell zu den höchsten Stellen empor. Seine universale Bedeutung liegt in der glücklichen Durchführung des von ihm heiß erstrebten Zieles, den Verkehr der Nationen untereinander von allen drückenden Fesseln zu befreien und der Wirksamkeit der Post als eines Hebels der Kultur bei den ihm übertragenen Vertragsabschlüssen volle Geltung zu verschaffen. Durch den Staatsvertrag vom 28. Januar 1867 gelang ihm die Übereignung des Turn- und Taxis'chen Postwesens an die Krone Preußens. Eine seiner glänzendsten Leistungen ist die Organisation der Norddeutschen Feldpost während des Deutsch-Französischen Krieges, welche das Institut der Post mit einem Schlage volkstümlich machte. Nach Beendigung des Krieges zum Generalpostmeister des gesamten Deutschen Reiches und später zum Staatssekretär des Reichspostamtes ernannt, begann er seine unermüdliche, weltumfassende Tätigkeit zur Hebung und Ausgestaltung des deutschen Postwesens, schuf das bis dahin unbekannte Verkehrsmittel der Postkarten, der Postanweisungen und der Postmandate, führte den einheitlichen Tarif für Pakete und zahlreiche andere erhebliche Erleichterungen im Postverkehr ein. Stephans bedeutendstes Werk, eine Tat von weltumfassender Bedeutung, ist die Gründung des Weltpostvereins. Die Verbindung aller wichtigen Hauptstädte und Handelsplätze des Reiches mit unterirdischen Kabeln, die Einführung des Worttarifs bei Telegrammen, die Errichtung der Rohrpost, der Fernsprecheinrichtungen, die Herstellung von über 2000 neuen Postgebäuden, die Gründung der transozeanischen Reichspostdampferlinien und zahlreicher anderer postalischer Einrichtungen - alles das sind Werke, die Stephans Namen für alle Zeiten in der Kulturgeschichte des Deutschen Reiches einen der ersten Plätze sichern. Sein Standbild von J. Uphues stellt ihn dar, wie er als Redner im Reichstag bemüht ist, eine wichtige Verkehrsneuerung durchzusetzen. Enthüllt am 1. Mai 1899.

Das Reichspostmuseum war ursprünglich das Reichspostamt und wurde seit Ende des 19. Jahrhunderts als Museum genutzt. Im Zweiten Weltkrieg wurde das Gebäude schwer beschädigt und das Denkmal im Lichthof komplett zerstört.

Die Ruine lag nach Kriegsende im Sowjetischen Sektor Berlins. Als in West-Berlin 1956 im Gebäude der Urania ein kleines Postmuseum eröffnet werden sollte, begannen auch die Arbeiten am alten Standort an der Leipziger Straße. Das Ergebnis war eine Briefmarkenausstellung auf sehr begrenztem Raum.

Mit Blick auf die 750-Jahr-Feier Berlins 1987 beschloss das Politbüro des ZK der SED 1981, das Gebäude des alten Reichspostmuseums vollständig wieder zu erstellen und als Postmuseum der DDR neu zu eröffnen. Die Arbeiten verzögerten sich jedoch und die noch ausstehenden Bauarbeiten wurden erst 1990, nach dem Fall der Berliner Mauer, abgeschlossen.

Heute beherbergt das Gebäude das „Museum für Kommunikation".

Seit 1952 wird die nach ihm benannte Heinrich-von-Stephan-Plakette an verdiente Persönlichkeiten aus Wissenschaft, Wirtschaft und auf dem Gebiet der Post- und Telekommunikationsdienstleistungen verliehen.

Das Reichspostamt Berlin auf einer Briefmarke von 1902:

DIE DENKMÄLER DER HELDEN DES SIEBENJÄHRIGEN KRIEGES

Durch die Mauerstraße jenseits der Leipziger Straße bis zum Hotel Kaiserhof, dann nach einigen hundert Schritten zu dem mit prächtigen Anlagen geschmückten Wilhelmsplatz. Auf diesem die Denkmäler der Helden des Siebenjährigen Krieges.

Geschichte. Schon Friedrich der Große hatte den ruhmreichen Führern seiner tapferen Heere auf diesem Platz Marmorstatuen errichten lassen. Diese Originalstandbilder, welche jetzt im Kaiser Friedrich-Museum Aufstellung gefunden haben, zeigen in Auffassung und Durchführung, entsprechend der unterschiedlichen Zeiten ihres Entstehens, eine bemerkenswerte Verschiedenheit. Die beiden am frühesten entstandenen Statuen von Schwerin und Winterfeldt erscheinen, dem Kunstgeschmack jener Zeit gemäß, in antiker Römertracht, die beiden Generäle von Seydlitz und von Keith sind bereits in der Uniform ihrer Zeit dargestellt. Einer realistisch-volkstümlichen Auffassung am nächsten gekommen ist Schadow in der Gestaltung der beiden populärsten Helden jener Zeit: Zieten und des alten Dessauers. Auf Anregung Rauchs wurden diese in Marmor ausgeführten alten Originalstandbilder, welche unter der Witterung stark gelitten hatten, durch sechs neue, in Bronze gegossene Statuen, teils getreue Nachbildungen, teils völlige Neuschöpfungen, ersetzt und auf dem Wilhelmsplatz aufgestellt.

1\. Generalfeldmarschall
Graf von Schwerin,

(gest. 1757 in der Schlacht bei Prag), von Adam begonnen, von Sigisbert Michel vollendet, aufgestellt 1769. Die an derselben Stelle befindliche jetzige Statue ist eine freie Neuschöpfung von Kitz. Der Held ist dargestellt, wie er, den Degen in der Rechten, die Sturmfahne in der Linken, den Seinen in der Schlacht bei Prag voranstürmt. (Aufgestellt 1861.)

2. Generalleutnant
von Winterfeldt,

(gefallen 7. September 1757 bei Moys). Das Originaldenkmal, eine Arbeit der Brüder Ränz, wurde 1777 an der Südwestecke des Platzes aufgestellt. Die 1860 gegossene Bronzestatue von Kiß ist eine selbständige Neuschöpfung.

3. General von Seydlitz,

neben Zieten der berühmteste Reitergeneral Friedrichs des Großen, der Sieger von Roßbach, der auch die Entscheidung in der Schlacht bei Zorndorf (25. August 1758) herbeiführte.

4. Feldmarschall von Keith,

(gefallen 14. Oktober 1758 in der Schlacht bei Hochkirch) Die beiden letztgenannten Figuren, von Tassaert in Marmor ausgeführt, sind bereits in der Tracht ihrer Zeit dargestellt und verraten nach Schadows Urteil noch „die Mühe, welche dem Künstler der rechte Sitz der Uniform und der Kopfbedeckung bereitete". Beide von Kitz (1861 und 1857) in Bronze nachgebildet.

5. Reitergeneral Joachim Hans von Zieten,

Das Originalstandbild stammt von der Meisterhand Schadows, der den alten Haudegen in lebenswahrer und volkstümlicher Auffassung dargestellt hat. Drei Reliefs. Rechts: eine Szene aus dem Gefecht bei Hennersdorf im zweiten Schlesischen Krieg (23. November 1745). Links: Zieten auf den Süptitzer Höhen bei Torgau (3. November 1760), wo er die Entscheidung herbeiführte. Das Relief auf der Rückseite: „Zieten und sein Lehrer Baronay bei Rothschloß" zeigt den Reiterführer zu Pferde, wie er den zu Fuß über einen Steg fliehenden österreichischen General Baronay, seinen früheren Lehrer in der Kriegskunst, verfolgt (22. Juli 1741). Die Statue, ursprünglich für den Dönhoffplatz bestimmt, erhielt 1794 an der Ostseite des Wilhelmsplatzes Aufstellung. Kitz bildete sie 1857 dem Original getreu in Bronze nach.

6. Fürst Leopold
von Anhalt-Dessau,

der „alte Dessauer", der Sieger von Kesselsdorf, der Schöpfer der preußischen Disziplin. Das Original, ebenfalls von Schadow (1800 vollendet und ursprünglich an der Südwestecke des Lustgartens aufgestellt), kam 1828 an seinen jetzigen Standort. Kitz schuf von dem Original, welches auf beiden Seiten noch Reliefs zeigte, eine Bronzenachbildung, bei welcher die Reliefs fehlen (1859).

Gegenüber dem Denkmal des „alten Dessauers", Voßstr. 1, Ecke Wilhelmstraße, am Borsigschen Palais, in den Nischen der Fassade der Voßstraße: Die Standbilder von Archimedes (Mathematiker), Leonardo da Vinci (Maler und Baumeister), James Watt und R. Stephenson (Ingenieur, gest. 1859). In der Wilhelmstraße: Die Standbilder von Schinkel, Borsig dem Älteren und Beuth.

Zum Siebenjährigen Krieg sei noch einmal Helmut H. Schulz zitiert:
... Dieser Flötist, dieser Schöngeist, Essayist und Korrespondent mit allen guten Geistern des Kontinents in Sachen Recht, Naturrecht, Philosophie, von dem alle Welt weit eher ein schwächliches Regiment und eine schwärmerische Auffassung vom Königtum erwartet hatte, schlug ganz einfach und ohne verbale Präliminarien los und nahm der Maria Theresia Schlesien. (...) Kaum dreißig Jahre alt, brachte er es nicht nur zu einem überraschenden Militärerfolg, sondern wusste sich auch noch trefflich in der europäischen Diplomatie zu behaupten. Im Juli 1742 musste sich die Kaiserin Maria Theresia beugen und zu Berlin einen für sie wenig vorteilhaften Frieden schließen, der den Alten Fritz vorerst in den Besitz Schlesiens brachte und ihm in der Kaiserin eine erbitterte Feindin schuf. (...)
Schließlich und in letzter Not griff der große Verbündete der Hohenzollern ein; der Krieg endete, weil Russland aus dem Krieg ausschied. Deshalb haben wir den Großen König. Anders hätten ihm seine Feinde den Prozess gemacht, denn immerhin hatte er Völkerrecht gebrochen.

Lassen wir es mit E. M. Arndt, unserem nationalen Nothelfer bewenden, „das Weltgericht fragt nach den Gründen nicht." Wer ihn anfängt, der muss seinen Krieg eben siegreich beenden.

Den Wilhelmsplatz „mit seinen prächtigen Anlagen" gibt es heute nicht mehr. Hier ein Bild aus dem Jahre 1901:

Dafür wurde der Zietenplatz bis zur Wilhelmstraße verlängert – er wirkt nun wie ein Mittelstreifen der Mohrenstraße.

Die Denkmäler überstanden den Zweiten Weltkrieg, blieben danach aber jahrzehntelang in verschiedenen Depots verborgen. Anlässlich der 750-Jahr-Feier Berlins überführte man dann die Marmor-Originale wieder in die kleine Kuppelhalle des Bode-Museums. Die Bronzeversionen wurden zu gleicher Zeit vor dem Alten Museum im Lustgarten aufgestellt, in den 1990er Jahren aber wieder eingelagert.

Die Bronzekopien der Denkmale von Zieten und Anhalt-Dessau wurden 2003 und 2005 wieder errichtet. Die restlichen vier Bronzestatuen fanden im September 2009 einen neuen Standort auf dem benachbarten Zietenplatz.

Die Wiedererrichtung der Denkmäler wurde ausschließlich durch private Stifter und Sponsoren finanziert.

Hallesches Tor mit Hochbahn

DAS SCHLEIERMACHERDENKMAL

Vom Denkmal des Generals von Zieten über den Zietenplatz nach wenigen Schritten zum

Schleiermacher-Denkmal,

vor dem Hauptportal der Dreifaltigkeitskirche in der Mohrenstraße. Friedrich Ernst Daniel Schleiermacher (1768-1834), berühmter Kanzelredner und Philosoph, Begründer der neuen Theologie, war in Preußens trübster Zeit durch Wort und Schrift bemüht, den Nationalgeist im Volke zu wecken. Seit 1809 Prediger an der Dreifaltigkeitskirche zu Berlin, hatte er wesentlichen Anteil an der Begründung der Universität in Berlin, die 1810 von Frankfurt a. O. nach Preußens Hauptstadt übersiedelte. Seine Vorlesungen über Theologie und Philosophie halfen die Freiheitsbewegung in der akademischen Jugend schüren. Nach den Freiheitskriegen wirkte Schleiermacher mit Eifer für die Vereinigung der reformierten und lutherischen Kirche (Union), welche 1817 bei der dreihundertjährigen Jubelfeier der Reformation, den Wünschen König Friedrich Wilhelms III. entsprechend, zustande kam. Schleiermachers Größe und Bedeutung ruht in der innigen Verbindung eines reichen religiösen Gemütslebens mit wissenschaftlicher Freiheit und unbeeinflusster Kritik. Seine überlebensgroße Denkmalsbüste von Fritz Schaper zeigt den berühmten Theologen im Talar der evangelischen Geistlichkeit zu Anfang des vorigen Jahrhunderts. Die Unterhaltung des Platzes ebenso wie die Kosten der gärtnerischen Ausschmückung hat die Kirchengemeinde übernommen. Enthüllt 1904.

Das Innere der Dreifaltigkeitskirche brannte 1943 bei einem Luftangriff aus. Das Äußere wurde kurz vor Kriegsende durch Straßenkämpfe bis auf die Umfassungsmauern zerstört und 1947 gesprengt. Auch das Denkmal überstand den Krieg nicht. Stattdessen erinnert an Schleiermacher eine Marmortafel an dem Gebäude Glinkastraße 16 Ecke Taubenstraße mit der Aufschrift:

FRIEDRICH D.E. SCHLEIERMACHER 1768 - 1834
PHILOSOPH THEOLOGE PREDIGER AN DER
DREIFALTIGKEITSKIRCHE MITBEGRUENDER DER
BERLINER UNIVERSITÄT LEBTE UND WIRKTE HIER
1809 - 1816

DAS SCHILLER-DENKMAL

Vom Schleiermacher-Denkmal gelangt man durch die Mohren-, Friedrich- und Taubenstraße zum Gendarmenmarkt; an dem Haus Nr. 36, Ecke der Friedrichstraße, die Bronzestatuen Kaiser Wilhelms I., des Großen Kurfürsten und Friedrichs des Großen von Albert Wolf. In der Mitte des Gendarmenmarktes erhebt sich zwischen zwei mächtigen Kirchen, dem Französischen Dom und dem Deutschen Dom das von Schinkel (1819 bis 1821) in griechischen Formen erbaute Königliche Schauspielhaus. Auf den Treppenwangen zwei Bronzegruppen, modelliert von Tieck: rechts ein auf einem Löwen reitender Knabe, die Laute schlagend, links ein auf einem Panther sitzender Knabe, die Flöte blasend. (Löwe und Panther waren nach der altgriechischen Göttersage die Tiere, auf denen Bacchus, der Gott des Weins, an der Seite seiner Gemahlin Ariadne seinen berauschenden Siegeszug durch die Lande hielt.)

Vor der Freitreppe des Schauspielhauses, umgeben von den Anlagen des Schillerplatzes, das Schiller-Denkmal. Geschichte: Nachdem am hundertjährigen Geburtstage Schillers (10. November 1859) der Grundstein zu einem vor dem Schauspielhaus zu errichtenden Denkmal gelegt worden war, veranlasste der Magistrat von Berlin am 10. November 1861 die Ausschreibung eines allgemeinen Wettbewerbes, an welchem sich außer Rudolf Siemering und Reinhold Begas, den Hauptvertretern ganz entgegengesetzter Kunstrichtungen, noch 23 Bildhauer beteiligten. Die im Sommer 1862 im Konzertsaal des Kgl. Schauspielhauses eröffnete Ausstellung der Entwürfe zeigte als Ergebnis der Ausschreibung 27 Modelle, von welchen zunächst sieben (die von Arnold, Begas, Bläser, Drake, Moser, Siemering und Alb. Wolff) und nach noch einmal vorgenommener Sichtung seitens der akademischen Denkmaljury die beiden von Rud. Siemering und Reinh. Begas in die engere Wahl kamen.

Nach langen Erörterungen, wobei auch ein Gutachten des „Wissenschaftlichen Kunstvereins" auschlaggebend in die Waagschale fiel, entschied sich der Magistrat Anfang 1864 für den Begas'schen Entwurf. Die auf den 10. November 1869 festgesetzte Enthüllungsfeier verzögerte sich bis nach dem Französischen Krieg und fand um 10. November 1871 statt.

Beschreibung des Denkmals: Der Dichterfürst erscheint in ganzer Figur, langsam vorwärts schreitend. Die erhobene Linke presst eine Papierrolle, die Werke seines Schaffens andeutend, an die Brust. Die Rechte hält den Mantel zusammen. Frei und stolz ist das edle, mit einem Lorbeerkranz geschmückte Dichterhaupt emporgerichtet. Entschlossenheit und edles Selbstbewusstsein spricht aus den Zügen des durchgeistigten Gesichts. Der Künstler hat in dieser Gestalt weniger den weichen, gefühlsreichen Lyriker, als vielmehr den sich zu kühnem Geistesfluge erhebenden, nach der höchsten Palme des Ruhmes strebenden Dramatiker zur Darstellung gebracht.

An den vier Ecken des Sockels auf einer runden Brunnenschale sitzend, vier allegorische Gestalten, die Hauptgebiete der Schillerschen Muse verkörpernd: an der Vorderseite links die Lyrik, rechts das Drama, an der Rückseite rechts die Philosophie, links die Geschichte. Die Lyrik ist dargestellt durch eine jugendschöne Gestalt, mit seelenvollem Ausdruck träumerisch in die Sterne blickend, den linken Arm leicht auflehnend, mit den Fingern der rechten Hand in süßem Selbstvergessen leise über die Saiten der Harfe streichend. Während die weichen Linien dieser Figur die zarten Empfindungen der lyrischen Dichtung andeuten, erblicken wir in dem Drama eine Gestalt von kühner Tatkraft und Entschlossenheit. Der Dolch in der Rechten deutet auf den Höhepunkt dramatischer Spannkraft, den Augenblick, der eine große befreiende Tat gebiert. Einen beruhigenden Gegensatz zu dieser bewegten dramatischen Figur bildet die schöne, edle Gestalt der Geschichte, welche mit epischer Ruhe die großen Namen der Literatur in ihre Tafeln einträgt. Unstreitig die charakteristischste dieser Sockelfiguren ist die sibyllenartige Gestalt der Philosophie. Das linke Bein über das rechte Knie geschlagen, mit dem linken Arm das zwar schon greisenhafte, aber mit seinen energischen Linien noch von zäher Tatkraft zeugende, von einem Tuch umhüllte Haupt stützend, umschließt ihre Rechte eine Pergamentrolle, auf welcher das A und O der Philosophie, die Worte stehen: „Erkenne Dich selbst". Wie diese Gestalt mit ihrer überraschend scharfen Charakteristik als eine der großartigsten Schöpfungen moderner bildnerischer Charakterdarstellung sich kennzeichnet, so fanden auch die übrigen drei Sockelgestalten begeisterte Aufnahme, so dass die akademische Jury, unter ihr Adolf Menzel, in ihrem Gutachten von 1862 darüber folgenden Ausspruch tun konnte: „Diese vier weiblichen Figuren sind von voller Schönheit und ihre allegorische Bedeutung so tief empfunden, so überzeugend, dass niemand, selbst der Ungebildete nicht, zweifeln wird, was der Künstler in ihnen hat aussprechen wollen." An der linken und rechten Seite des Sockels je ein kleines Flachrelief, das eine die Poetenweihe, das andere die Aufnahme Schillers unter die großen Dichter der Vorzeit darstellend. Homer und Shakespeare empfangen ihn.

Leider wird der Eindruck des schönen Denkmals durch die wuchtige Baumasse des dahinterstehenden Schauspielhauses stark beeinträchtigt.

Kosten des Denkmals 105.000 Mark.

Vor uns liegt der zweifellos schönste Platz Berlins, einer der schönsten in Europa. Ein würdiger Platz für das Denkmal, auch wenn sich Müller-Bohn an der Nähe zum

Schauspielhaus stört. Doch wo wäre Schiller besser platziert als vor diesem?

1936 wurde der Gendarmenmarkt zum Aufmarschplatz umgestaltet. Die gärtnerischen Schmuckanlagen wurden beseitigt, das Schiller-Denkmal abgebaut und eingelagert. 1951 wurde die Skulptur im Lietzenseepark, also im damaligen Westberlin aufgestellt, die stark beschädigten allegorischen Figuren des Denkmals waren im Tierpark Friedrichsfelde in Ostberlin zwischengelagert. Erst 1986 wurden die Einzelteile zusammengeführt, das Denkmal 1988 am ursprünglichen Ort auf dem Gendarmenmarkt wieder aufgestellt.

Es gibt noch eine Kopie des Denkmals in Berlin – im Schillerpark im Stadtteil Wedding.
Nachdem das Original 1936 eingelagert worden war, ließ man eine Kopie aus Bronze gießen. Das Material stand zur Verfügung, da wenige Jahre vorher das Denkmal für Emil Rathenau (Begründer der AEG) und seinen Sohn Walter Rathenau (Außenminister der Weimarer Republik) im Volkspark Rehberge, eingeschmolzen worden war. Begründung: beide waren Juden.
Die Enthüllung des bronzenen Schillers fand im Jahre 1941 statt.

DENKMAL DES STAATSKANZLERS FÜRST VON HARDENBERG

Das bereits fertiggestellte, seiner Enthüllung harrende

Denkmal des Staatskanzlers
Fürsten von Hardenberg,

das ursprünglich für den Dönhoffplatz (gegenüber dem Stein-Denkmal) bestimmt war, soll seine Aufstellung ebenfalls auf dem Gendarmenmarkt erhalten.

Karl August Fürst von Hardenberg, hervorragender preußischer Staatsmann während der Unglückszeit und der Wiedergeburt Preußens, erkannte nach der Schlacht bei Jena die furchtbare Gefahr, in der Preußen schwebte und suchte ihr durch heilsame Reformen entgegen zu arbeiten. Durch eine glückliche Steuerpolitik gelang es ihm, die für das Land so drückenden Kriegskontributionen nach dem Frieden von Tilsit aufzubringen und dadurch den drohenden finanziellen Zusammenbruch Preußens glücklich abzuwenden. Auf wirtschaftlichem Gebiete strebte er mit Erfolg die Beseitigung all der zahlreichen Schranken, welche einer freien wirtschaftlichen Entwicklung entgegenstanden, an. Mit Wärme für eine möglichst unbeschränkte bürgerliche Rechtsgleichheit eintretend, unterstützte er Stein bei der Durchführung der Bauernbefreiung und der Selbstverwaltung der Städte, hob die Zünfte und eine Anzahl gewerblicher Privilegien auf und führte die Gewerbefreiheit ein. In der auswärtigen Politik gelang es Hardenberg, den in der Neuentwicklung begriffenen preußischen Staat sicher durch alle Klippen und Fährnisse hindurch zu führen, so dass Scharnhorst die nötige Zeit zur Umgestaltung des Heeres verblieb. Während der Freiheitskriege leitete er mit großem Geschick die diplomatischen Verhandlungen mit den Verbündeten; auf dem Wiener Kongress war ihm mit Wilhelm von Humboldt die äußerst schwierige Vertretung der Interessen Preußens übertragen.

Der Schöpfer des Denkmals, Martin Götze, hat den Staatskanzler in der charakteristischen Tracht feiner Zeit dargestellt. Der zugeknöpfte Rock ist mit dem Bande und dem Stern des Schwarzen Adlerordens geschmückt. Der über den Anzug gelegte ärmellose Pelerinenmantel verleiht der Figur eine monumentale Würde. Die Darstellung der geistigen Persönlichkeit des Staatsmannes ist dem Künstler vorzüglich gelungen; der feingeschnittene geistreiche Kopf, der eine gewisse Ähnlichkeit mit dem alten Goethe zeigt, fesselt den Beschauer durch treffliche Charakteristik.

Höhe der Figur 2,80 m.

Das Denkmal ist seit Ende der 40er Jahre verschollen

Aus einer Mitteilung des Abgeordnetenhauses Berlin vom 31.5.2011: Parlamentspräsident Walter Momper hat am Donnerstag bei herrlichem Sonnenschein zusammen mit Prof. Dr. Finkelnburg das wiedererrichtete Denkmal des früheren preußischen Staatskanzlers Karl-August Fürst von Hardenberg auf dem Vorplatz des Abgeordnetenhauses von Berlin enthüllt. Zu der Feierstunde waren rund 200 geladene Gäste gekommen (...)

Nachdem bereits im Jahr 2003 das Monument des großen preußischen Staatsmannes Freiherr vom und zum Stein auf dem Vorplatz des Abgeordnetenhauses einen würdigen Standort gefunden hatte, begann Parlamentspräsident Walter Momper für seine Idee, Stein und Hardenberg wieder auf einem Platz zu vereinigen, um Unterstützer und Spenden zu werben. Beide Staatsmänner standen vor dem Zweiten Weltkrieg gemeinsam auf dem Dönhoffplatz. Zusammen hatten sie auch grundlegende Reformen des preußischen Staates eingeleitet. Leider war das Hardenberg-Denkmal seit dem Jahr 1949 verschollen.

Von der Idee bis zur Realisierung vergingen fast acht Jahre. Doch nun war es soweit: Das fast originalgetreu wiederhergestellte Denkmal des Fürsten Hardenberg wird – im „Blickkontakt" mit dem Freiherrn vom und zum Stein

– auf dem Vorplatz des Abgeordnetenhauses dauerhaft seinen Platz finden.

Das Programm des Festakts im Einzelnen:
Pariser Einzugsmarsch (Johann Heinrich Walch), 11 Uhr
Begrüßung: Walter Momper (Präsident des Abgeordnetenhauses von Berlin)
Grußwort: Dr. Lothar de Maizière (Ministerpräsident a. D.)
Grußwort: Gebhard Graf von Hardenberg
Marsch des Yorck'schen Korps (Ludwig van Beethoven)
Festrede: Professor Dr. Klaus Finkelnburg (Präsident des Verfassungsgerichtshofes Berlin a. D.)
Preußens Gloria (Gottfried Piefke)
Enthüllung des Denkmals (gegen 12 Uhr)

Empfang im Casino bis 14 Uhr

DAS STEIN-DENKMAL

Vom Gendarmenmarkt durch die Markgrafenstraße zur Leipziger Straße und diese entlang bis zum Dönhoffplatz. Hier an der Nordostecke des Platzes

das Stein-Denkmal.

Geschichte: Der eigentliche Schöpfer des Denkmals, Prof. Schievelbein (gest. 1867), starb kurz vor der Vollendung des Monuments. Die künstlerische Abrundung des Werks wurde deswegen Prof. Hugo Hagen übertragen, der auch die unteren Reliefs modelliert hat. Ähnlich dem Denkmal Schillers, musste auch das Steindenkmal lange Zeit der Aufstellung harren, ehe es seinen jetzigen Standort erhielt. Bronzeguss von Gladenbeck.

Beschreibung. Die Statue des Freiherrn vom Stein, „le nommé Stein" (der Name Stein) wie ihn Napoleon nannte: „aller Bösen Eckstein, aller Guten Grundstein, aller Deutschen Edelstein" - wie ihn sein dankbares Volk nennt, ist im langen, schlichten Überrock dargestellt. Das geistvolle Haupt ist unbedeckt. Die Linke stützt sich auf den Stab, die Rechte ist wie schützend ausgebreitet über jenen segensreichen, das ganze Staats- und Volksleben umgestaltenden Gesetzen und Einrichtungen, die, in schwerer Zeit unter dem Drucke der Napoleonischen Herrschaft von ihm geschaffen, dem Volke wieder Zutrauen zur eigenen Kraft gaben.

Die Widmungstafel trägt die Inschrift: „Dem Minister Freiherrn vom Stein. Das dankbare Vaterland."

An den vier Ecken des Postaments vier lebensgroße Figuren, welche die Haupttugenden des großen Patrioten: Vaterlandsliebe, unbeugsame Willenskraft, Frömmigkeit und Wahrheit darstellen. Die erstgenannte Figur hält ein Buch im Arm, die Monumenta Germaniae historica, jenes von Stein begonnene Riesenwerk, eine Sammlung mittelalterlicher Quellen zur deutschen Geschichte.

Die Reliefs enthalten die unvergänglichen Taten Steins. Auf der vorderen Seite im oberen Relief: Der Genius der Hoffnung weist die bedrängte Borussin auf eine bessere, ruhmvolle Zukunft hin. Der große Anteil Steins an der Umgestaltung der Gesetzgebung nach 1806 ist auf dem Fries in folgender Weise zur Darstellung gebracht: Der

König übergibt Stein das Gesetz vom 24. November 1808 über die neue Verwaltungsordnung. Neben Stein der Minister Schrötter, die Generale Scharnhorst und Gneisenau mit den Gesetzen vom 3. August 1808, welche die allgemeine Wehrordnung geschaffen und vorwiegend die Waffen zur Befreiung des Vaterlandes geschmiedet haben. Rechts vom König Friedrich Wilhelm III. die Königin Luise, Preußens Schutzgeist.

Die Rundung des linken Eckpostaments zeigt die Stadtobrigkeit und Bürger mit der Städteordnung vom 19. November 1808, welche die Grundzüge der noch heute bestehenden Städteverfassung enthält; an dem runden Postament, zur rechten Hand des Beschauers, Landleute mit dem Gesetz vom 9. Oktober 1807, betreffend die Aufhebung der Erbuntertänigkeit, wodurch die Leibeigenschaft der Bauern für alle Zeiten aufgehoben und ein freier, für sich selbst arbeitender Bauernstand geschaffen wurde.

Das obere Relief der rechten Westseite des Monuments bringt die Opferwilligkeit des preußischen Volkes zur Darstellung, während der Fries die Errichtung der Landwehr in Königsberg vor Augen führt. In der Mitte Stein, Dohna und Clausewitz. Ein Vater bringt seine Söhne zur Einteilung in die Landwehr. An der Rundung zur rechten Seite dieses Frieses ist der Moment dargestellt, in dem der Kaiser von Rußland den großen Volksmann, der mit Ernst Moritz Arndt zusammen längere Zeit vor den Verfolgungen Napoleons die Gastfreundschaft des Kaisers von Rußland genoss, in Breslau besucht. Hinter Stein seine Familie.

Das obere Relief der Rückseite zeigt die Erhebung Preußens. Borussia führt ihre Söhne in den Kampf. Am Fries darunter: Der Einzug der verbündeten Heere in das eroberte Leipzig. (18. Oktober 1813) Kaiser Alexander von Rußland, König Friedrich Wilhelm III. von Preußen und

Kaiser Franz von Österreich übergeben Stein die Verwaltung des befreiten Deutschlands. Hinter Stein Blücher, Ernst Moritz Arndt, Eichhorn und Rühle.

An der Rundung der rechten Seite dieses Frieses: Stein und Gneisenau geloben einander in Leipzig, den Feind bis Paris zu verfolgen,

Das Relief der linken (Ost-) Seite ist der Verherrlichung des Sieges gewidmet. Die verbündeten Mächte: England, Rußland und Deutschland, sind mit Siegeskränzen geschmückt. Der Fries darunter stellt den Minister Stein dar, wie er am 20. Oktober 1826 zu Münster den ersten westfälischen Landtag eröffnet; neben ihm der Oberpräsident von Vincke.

Höhe der Figur 3,30 m, des Sockels 4,50 m, des gesamten Standbildes 7,80 m. Die Kosten betrugen 190.000 Mark, Hierzu steuerte der Staat ein Drittel bei, während die Stadt Berlin einen Beitrag von 30.000 Mark gab. Der Rest wurde aus freiwilligen Beiträgen des dankbaren Volkes zusammengebracht. Das Denkmal ist mit seinen volkstümlichen Reliefs, welche ein Stück der bedeutsamsten Geschichte des preußischen Volkes enthalten, eins der schönsten und gedankenreichsten Berlins.

Das Denkmal überstand den Krieg unbeschadet und wurde, im Zuge der Umgestaltung der Leipziger Straße nach Unter den Linden Nr. 1, vor das damalige Außenministerium der DDR versetzt.

Nun steht es -nach der Wiedervereinigung wiedervereinigt- mit dem Hardenberg-Denkmal vor dem Berliner Abgeordnetenhaus.

DER SPINDLERBRUNNEN

Der Spindlerbrunnen auf dem Spittelmarkt, der Stadt Berlin von dem Großindustriellen Kommerzienrat Spindler zum 50jährigen Geschäftsjubiläum der Firma zum Geschenk gemacht. Entworfen von den Bauräten Kyllmann und Heyden, ausgeführt von M. L Schleicher (1891).

Beliebt war der Brunnen bei den Berlinern damals nicht. Die „Drechslerarbeit" wurde auch als „Schachbrettfigur" und „Reklamebrunnen" bezeichnet. Hier eine zeitgenössische Karikatur ...

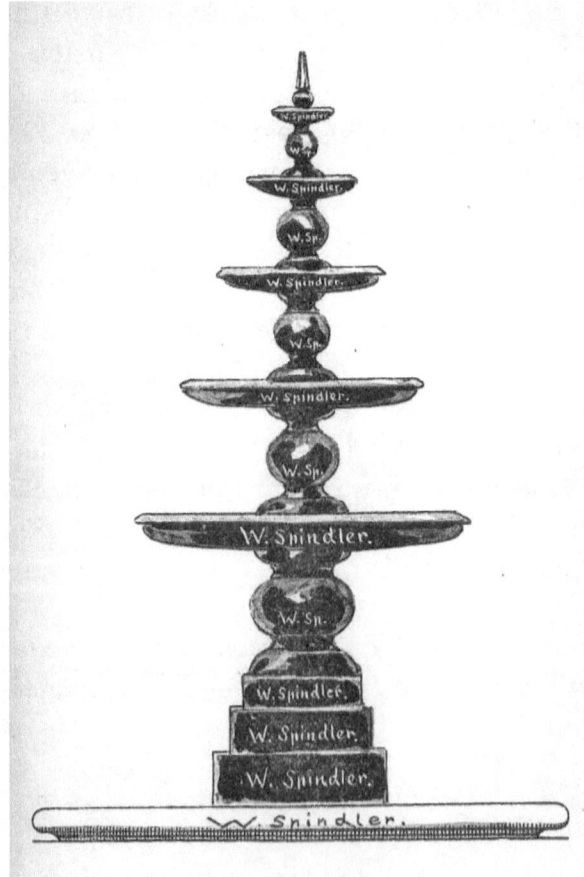

... und hier das Original. (Foto Assenmacher):

Carl Spindler hatte von seinem Vater Wilhelm Spindler die Wäschereibetriebe W. Spindler übernommen; der Ortsteil von Köpenick, das damals noch nicht zu Berlin gehörte, „Spindlersfeld", ist nach der Familie benannt.

Noch heute existiert die gleichnamige S-Bahn-Endhaltestelle der S 47. Diese, 1892 eingeweihte Bahnstrecke wurde von ihm mitfinanziert. Er stiftete neben dem Spindlerbrunnen auch den Müggelturm in den Müggelbergen, sowie die Bleifenster des Rathauses Köpenick. Und er richtete soziale Versorgungssysteme für seine Angestellten ein.

Für seine zahlreichen Verdienste wurde Carl Spindler 1898 Ehrenbürger der Stadt Köpenick.

Der Brunnen hat schon einige Umzüge hinter sich: 1929 ließ der Magistrat von Berlin den Brunnen abbauen und im Volkspark Köpenick aufstellen. Nach dem Kriege wurde er restauriert und kam wieder in die Nähe seines ursprünglichen Standortes zurück.

Ende 1991 musste der Brunnen erneut abgebaut und bis 1995 umfangreich rekonstruiert werden.

2005 wurde der Brunnen erneut demontiert, um dem Bau eines neuen Bürogebäudes Platz zu machen. In einem Depot des Straßen- und Grünflächenamtes in Wedding wurde er eingelagert. Ab 2007 floss das Wasser am neuen Platz des Brunnens in der Grünanlage Friedrichswerder in der Nähe des alten Standortes wieder.

DAS STANDBILD DER HEILIGEN GERTRUD

Über den Spittelmarkt zur Gertraudenbrücke; hier

Das Standbild der heiligen Gertrud,

modelliert von Prof. Siemering. In der heiligen Gertrud, der Schutzpatronin der Reisenden und fahrenden Schüler, wurde im Mittelalter die Tochter Pippins von Landen verehrt, die im siebenten Jahrhundert Äbtissin des Klosters Nivelles in Südbrabant war. Sie wurde infolge ihrer Barmherzigkeit, mit der sie den Armen und Unterdrückten, den Kranken und Schwachen beistand, nach ihrem Tode heilig gesprochen. Ihre Verehrung verbreitete sich bald von Frankreich über Belgien nach Deutschland, wo sie vorwiegend die Schutzpatronin von Krankenhäusern und Spitälern wurde (Berliner Gertraudenhospital). Auch das leichte Volk der Wanderburschen und fahrenden Schüler erwählte sie zu seiner Schutzheiligen. In Siemerings Standbild erscheint sie in der Tracht einer Klosterfrau ihres Zeitalters, ein Kopftuch um Haupt und Schultern, am Gürtel den Bund mit den riesigen Schlüsseln. In der Linken die Spindel haltend, die ihre geschickte Hand so fleißig zum Wohle der Armen gehandhabt, blickt sie freundlich lächelnd zu einem fahrenden Schüler nieder, ihm in dem großen Zinnkrug einen Labetrunk, den „Willekum" reichend. Der wandernde Gesell mit der abgetragenen Lederjacke, den schadhaften Hosen und den zerrissenen Schuhen, durch welche die Zehen schauen, ist ein prächtiger Vertreter jener leichtlebigen und sorglosen Vaganten vormittelalterlicher Zeit. Zwischen seinen Beinen und dem derben Knotenstock, auf den sich seine Rechte stützt, strebt die heftig sich gebärdende, lebhaft schnatternde Gans hindurch, nach deren Ursprung wir den losen Gesellen lieber nicht fragen wollen. Die lustig am Fries des Standbildes herumjagenden Mäuse gehören zu den stehenden Attributen der heiligen Gertrud, die durch ihre inbrünstigen Gebete den armen Landleuten die schädlichen Feldmäuse zu verjagen pflegte. An der linken und rechten Seite des Sockels folgende erst viel später enthüllte Inschrift:

Hei wie das Naß
Durch die Kehle rinnt

Und der Bursch' mit eins
Wieder Mut gewinnt!
nun dankt er laut
Dir, heilige Gertraud.
Ratten- u. Mäusegezücht
Machst du zunicht;
Aber den Armen im Land
Reichst du die Hand.

Die sinnige, etwa 3 m hohe Gruppe ist in Lauchhammer in Bronze gegossen. Enthüllt 1896.

Im II. Weltkrieg wurde das Denkmal zum Einschmelzen demontiert, aber in einem Versteck vor der Vernichtung bewahrt. Es wurde 1954 wieder aufgestellt. Und das kam so, wie der „Tagesspiegel" am 28.12.2000 unter der Überschrift „Wenn Geschichten die Geschichte beleben" beschrieb:
(...) Der Name des Kaulsdorfer Bildgießers Hans Füssel steht ein für alle Mal im Zusammenhang mit der verwegenen Rettung der Heiligen Gertraude auf der Gertraudenbrücke. Sie sollte in unseliger Zeit für die „Kriegswirtschaft" zu Granaten eingeschmolzen werden wie all die Glocken auch. Er verabredete sich - der Überlieferung zufolge - bei Luftschutzalarm mit gutgesinnten Feuerwehrleuten auf der Gertraudenbrücke, um unbehelligt von Luftschutzwarten und Polizei das Standbild abzubauen. Gertraude wurde samt Beiwerk (dem Wanderburschen und den reizenden Mäusen) eingemauert in einem Haus an der Jüdenstraße. Die Häuser wurden zerstört, die Heilige Gertrud aus den Trümmern geborgen, von Füssel repariert und 1954 wieder dorthin gestellt, wohin sie gehört.

DIE FISCHERBRÜCKE

An der Petrikirche vorbei, in fünf Minuten zur Breiten Straße. Hier zu beiden Seiten des Eingangs zu dem Haus Nr. 16, der Firma Rudolf Hertzog gehörig, zwei schöne Hochreliefs von Bläser: Kaufmanns Wanderjahre (Auszug) und Heimkehr aus der Fremde.

Eine kurze Strecke weiter, an dem prächtigen Hause Nr. 8, der Vossischen Zeitung gehörig, die Medaillonbildnisse der Begründer und bedeutendsten Mitarbeiter dieses großen, bereits im Jahre 1704 begründeten Blattes:
I. J. Michael Rüdiger, 2. J. Andreas Rüdiger, 3. Chr. Fr. Voß d. Ältere, 4. Chr. Fr. Voß d. Jüngere, 5. Gotthold Ephraim Lessing, 6. Chr. Friedr. Lessing, 7. Friedrich W. Gubitz, 8. Ludwig Rellstab, 9. Otto Lindner, 10. G. Hermann Kletke.

Die Vossische Zeitung war Berlins älteste Zeitung. Anders als von Müller Bohn beschrieben, erschien die erste Ausgabe bereits im Jahre 1617 unter dem Titel „Avisen", später unter „Berliner Botenmeister Zeitung" Erst im Jahre 1910 erhielt das Blatt offiziell den Namen „Vossische Zeitung"; im Volksmund hieß die „Königlich privilegirte Berlinische Zeitung" aber bereits seit Mitte des 18. Jahrhunderts „Vossische".

Für ihr bekanntes Feuilleton hatten schon Lessing und Fontane geschrieben. In den Jahren der Weimarer Republik gab es kaum einen bekannten deutschen Autor, der nicht in der „Vossischen" zu Worte kam. 1934 stellte die Zeitung, die zwischenzeitlich vom Ullstein Verlag herausgegeben wurde, ihr Erscheinen ein. Wenige Wochen später fiel der Ullstein Verlag der Arisierung zum Opfer

Die Breite Straße zurück bis zum Köllnischen Fischmarkt, dann nach wenigen Schritten zum Mühlendamm, der uralten Verbindung zwischen Alt-Kölln und Alt-Berlin. Hier an der neugebauten Fischerbrücke die Denkmäler der beiden bedeutendsten Askanier:

1. Markgraf Albrecht der Bär,

modelliert von Johannes Böse (1894). Die mächtige Gestalt mit dem Kettenpanzer bedeckt, das Schwert mit der Linken auf einen umgestürzten wendischen Götzen stützend, in der Rechten eine Urkunde haltend, so erscheint uns die Gestalt des ersten Askaniers als die markige und bedeutsame Persönlichkeit, welche in Brandenburg das

Heidentum stürzte und Kultur und christliche Gesittung zur Geltung brachte. (Siehe Seite 198)

2. Markgraf Waldemar,

modelliert von Max Unger (1894). Unter der Stahlhaube quellen die Locken des jugendlich schönen Hauptes hervor. Das Jagdmesser an der rechten Seite, das Hifthorn auf dem Rücken, die Rechte mit einer energischen Gebärde auf das zurückgelehnte Schwert haltend, scheint er im Begriff, irgendeinen kühn erzwungenen Vertrag mit dem Schwerte zu behaupten. (Siehe Seite 205)

Die Askanier gehörten im Mittelalter zu den mächtigsten Adelsgeschlechtern im Heiligen Römischen Reich Deutscher Nation. Albrecht der Bär gilt bis in die heutige Zeit als der größte des aus Aschersleben stammenden Adelsgeschlechts – der Bär, als askanisches Wappentier, hat in ihm seinen Ursprung. Ob es sich beim Berliner Bären jedoch um einen askanischen Bären handelt, ist unter Historikern strittig. Unstrittig ist hingegen, dass der Doppelstadt Cölln und Berlin von askanischen Markgrafen das Stadtrecht verliehen wurde. Zur 750-Jahr-Feier der Stadt wurde vor der Nikolaikirche ein überdimensionierter Bronzeabguss eines Siegels mit einer Umschrift, der an die Stadtrechts-Erklärung erinnert, installiert:

Ohne die Popularität Albrecht des Bären oder Waldemars infrage zu stellen: Die bekannteste Vertreterin der Askanier war sicherlich Sophie Auguste Friederike von Anhalt-Zerbst-Dornburg, die spätere Zarin Katharina II., die Große.

Außer diesem „richtigen" Waldemar gab es auch noch einen „falschen", der bereits in Müller-Bohns Beschreibung zur Siegesallee auftauchte (unter Ludwig der Bayer). Dieser falsche Waldemar bedarf der Erläuterung: Im Jahre 1348 meldete sich ein alter Mann beim Erzbischof von Magdeburg und behauptete, er sei der wirkliche Markgraf Waldemar, soeben erst von einer Pilgerfahrt aus dem Heiligen Land zurückgekehrt. Man habe 1319 den Falschen bestattet. Kaiser Karl IV. belehnte ihn daraufhin mit der Mark Brandenburg, bis er 1350 als Hochstapler entlarvt wurde.

Willibald Alexis hat diese Geschichte zu dem Roman „Der falsche Woldemar" verarbeitet. Gratis zu finden unter http://gutenberg.spiegel.de/buch/der-falsche-woldemar.

Die Denkmäler auf der Fischerbrücke sind verschollen.

Nationalgalerie mit Friedrichsbrücke

DAS DENKMAL WALDECKS

Benedikt Waldeck, preußischer Volksmann und Politiker (geb. 1802, gest. 1870), wurde 1836 Oberlandesgerichtsrat in Hamm, 1846 Obertribunalsrat in Berlin. In den Verfassungskämpfen der Jahre 1848/49 trat er, nachdem er von vier verschiedenen Landesbezirken in die preußische Nationalversammlung gewählt worden war, in hervorragender Weise und als Vorsitzender des Verfassungsausschusses in führender Stellung für eine freiheitliche Landesverfassung ein.

Nach Erlass der Verfassung vom 5. Dezember 1848 in den Landtag gewählt, wurde Waldeck nach Auflösung desselben als angeblicher Mitwisser einer revolutionären Verschwörung am 16. Mai 1849 auf falsche Denunziation hin verhaftet, und, nachdem sich die Grundlosigkeit des Verdachtes herausgestellt und die ihn belastenden Briefe sich als gefälscht erwiesen hatten, am 5. Dezember desselben Jahres aus der Berliner Hausvogtei wieder in Freiheit gesetzt. Bis ein Jahr vor seinem Tode gehörte er fast ununterbrochen dem preußischen Abgeordnetenhaus und dem Norddeutschen Reichstag an. Sein von Walger modelliertes Denkmal, welches ihn in edler, schlichter Auffassung, als Parlamentsredner, die Rolle in der Linken haltend, darstellt, erhielt im Oranienpark Aufstellung, einem alten, zwilchen Oranien- und Kürassierstraße gelegenen Kirchhofe. Enthüllung 1889.

Bereits kurz nach dem Tode Waldecks wurde ein Verein gegründet, um Geld für die Errichtung eines Denkmals zu sammeln. Auf einem ehemaligen Pestfriedhof wurde das Denkmal aufgestellt und auch eine kleine Grünanlage um das Denkmal geschaffen. Der Platz erhielt den Namen Waldeckpark.

Unter den Nationalsozialisten wurde der Park 1936 bis 1937 umgestaltet, wegen der „jüdischen Versippung" Waldecks anschließend in Lobeckpark umbenannt sowie das Waldeck-Denkmal auf den neuen St. Hedwig-Friedhof in Berlin-Reinickendorf versetzt.

Der Waldeckpark heißt seit 1947 wieder so, das Denkmal wurde aber erst Ende der 1970er Jahre an seinen alten Standort zurückgebracht.

DAS DENKMAL DES TURNVATERS JAHN

in der Hasenheide. Friedrich Ludwig Jahn (geb. 11. August 1778 im Dorf Lanz in der Priegnitz, gest. 1852 zu Freiburg a. d. Unstrut) war es, der in den Unglücksjahren Preußens, mit Trauer und Ingrimm erfüllt über die Demütigung des Vaterlandes, den Entschluss fasste, die Wiedererweckung des nationalen Volksgeistes und die Wiedererstarkung der Volkskraft als Mittel zur Abschüttelung des Fremdjoches zu seiner Lebensaufgabe zu machen. Als Lehrer an der berühmten Plamannschen Anstalt und am „Grauen Kloster" in Berlin wirkend, sammelte er junge und alte Schüler zu Spiel- und Leibesübungen um sich und eröffnete mit ihnen 1811 den ersten Turnplatz. Gleichzeitig wirkte er als Schriftsteller zur Wiedererweckung des deutschen Nationalsinnes (Deutsches Volkstum) und trug dadurch zur geistigen und körperlichen Wehrbarmachung des deutschen Volkes in bedeutsamer Weise bei. Bei der Bildung des Lützowschen Freikorps in hervorragender Weise beteiligt, machte er den Feldzug der Freiheitskriege mit und nahm am Einzug in Paris teil. Nach mannigfaltigen Enttäuschungen und vielfach erlittenem Unrecht starb Jahn im Jahre 1852 zu Freiburg a. d. Unstrut. Nach seinem Tode als einer der volkstümlichsten Helden verehrt, erhielt der Begründer des deutschen Turnwesens 1872 auf der historischen Stätte seiner ersten Wirksamkeit in der Hasenheide ein Denkmal, welches den „Alten im Barte", den unerschrockenen Vertreter deutscher Art und deutscher Freiheitsliebe, in Turnerkleidung lebenswahr und frisch vor Augen führt. Die Bronzefigur ist modelliert von Encke, gegossen von Gladenbeck. Der Unterbau besteht aus zahlreichen Hausteinen, welche aus allen Gegenden der Welt von den Turnvereinen hierher gesandt und, mit Inschriften versehen, zu einem Sockel der originellsten Art zusammengefügt wurden. Enthüllt 1872.

Die von Müller-Bohn angedeuteten „mannigfaltigen Enttäuschungen und das vielfach erlittene Unrecht", verdienen es, ausgeführt zu werden:

1816, also nach dem Sieg über Napoleon, hielt Jahn seine berühmten Vorträge über das „Deutsche Volkstum", in denen er die deutsche Einheit in einem Rechtsstaat mit Verfassung forderte und die politischen Verhältnisse scharf kritisierte. Das rief die Gegner der deutschen Einheit und des Turnens auf den Plan. Zunächst wurde 1817, die „Berliner Turnerfehde" gegen Jahn vom Zaun gebrochen. Das Turnen gefährde Gesundheit und Moral. Ein Gutachten konnte allerdings das Gegenteil belegen, und so wurde der Angriff abgewehrt. Aber nach dem Wartburgfest vom Oktober 1817 verschärfte sich die Turnerfehde. König Friedrich Wilhelm III. stellte die Turnbewegung am 7. Dezember 1817 unter Polizeiaufsicht, und im März 1819 wurde das Turnen in der Hasenheide gänzlich untersagt. Als der Jenenser Burschenschaftler Karl Ludwig Sand (1795–1819) den Schriftsteller und Staatsrat in russischen Diensten August von Kotzebue (1761–1819) ermordete, wurde die berüchtigte „Demagogenverfolgung" eingeleitet, zu deren Opfern auch Jahn gehörte.

Seiner Verhaftung in der Nacht vom 13. zum 14. Juni 1819 folgten Festungsjahre in Spandau, Küstrin und Kolberg. 1825 kam er frei, wurde aber unter Polizeiaufsicht gestellt. Per Kabinettsorder war ihm der Aufenthalt an Universitäten und Lehranstalten und in der Hauptstadt verboten. Mit einer Königlichen Kabinettsorder wurde jegliches Turnen im Dezember 1819 untersagt und die Turnanstalten geschlossen.

Erst 1842 hob Friedrich Wilhelm IV. die Turnverbote auf.

Für die Olympiade 1936 wurde das Denkmal an seinen heutigen Platz auf einer kleinen Anhöhe im Volkspark Ha-

senheide versetzt und auch der ungeordnet anmutende Sockel neu gestaltet.

DAS KRIEGERDENKMAL
AUF DEM GARNISONSKIRCHHOF

Hier ganz in der Nähe, hinter der Hasenheide: Das Kriegerdenkmal auf dem Garnisonkirchhofe, dem Gedächtnis der in den letzten Feldzügen (1866, 1870/71) verwundeten, in hiesigen Lazaretten gestorbenen 600 deutschen Krieger gewidmet. Mod. von Joh. Boese, enthüllt 1888.

Friedrich Wilhelm IV. hatte, seine Garnison in neue Kasernenbauten auf dem Tempelhofer Feld, das schon seit jeher als Exerzier- und Truppenübungsplatz genutzt worden war, untergebracht. Dabei wurde auch der Friedhof hinter der Hasenheide berücksichtigt und ab 1861 zum Neuen Garnisonfriedhof erweitert.

Nach dem ersten Weltkrieg wurde die Garnison aufgelöst und 1923 nahm der Flughafen Tempelhof seinen Betrieb, wenn auch zunächst provisorisch, auf dem Gelände auf. Ein Jahr später wurde die noch heute bestehende Berliner Flughafen-Gesellschaft mbH gegründet und mit dem Ausbau des Flughafens betraut. Der erste Bauabschnitt wurde bereits 1926, der zweite 1929 eröffnet.

Bereits 1934 war der Flughafen dem Verkehrsaufkommen nicht mehr gewachsen; es begann die Planung zum weiteren Ausbau. Dieser wurde 1936 begonnen; der Flughafen wurde 1941 in der heutigen Form eröffnet.

Der Friedhof blieb bestehen, weil sich auf ihm geschützte Kriegsgräber befanden. Er heißt seit 1970 Friedhof Columbiadamm.

Eine Abbildung des Denkmals liefert Müller-Bohn nicht; hier eine aktuelle Aufnahme:

DIE FRIEDENSSÄULE
AUF DEM BELLE-ALLIANCE-PLATZ

Der Grundstein zu diesem Sieges- und Friedensdenkmal wurde 1840 zur 25 jährigen Feier des Friedens nach den glücklich beendeten Freiheitskriegen gelegt.

Die von Cantian entworfene, am 3. August 1843 enthüllte Granitsäule ist mit einem korinthischen Kapitäl (Säulenknauf) gekrönt, über welchem sich die von Rauch modellierte Bronzefigur der mit Palmenzweig und Olivenkranz geschmückten Friedensgöttin erhebt. Die 18,83 m hohe Säule ruht auf einem Sockel von schlesischem Marmor, aus welchem vier wasserspeiende Löwenköpfe hervorragen. Die Säule ist von vier allegorischen (erst 1876 aufgestellten) Marmorgruppen umgeben, die vier am Siege bei Belle-Alliance beteiligten Staaten zur Darstellung bringend, und zwar: Preußen (durch den Adler), England (durch eine Löwin), die Niederlande (durch einen Löwen) Hannover (durch ein liegendes Pferd). Die Modelle hierzu schuf August Fischer (gest. 1866), die Ausführung übernahmen die Bildhauer Walger und Franz.

Der Belle-Alliance-Platz hieß bis 1815 „Das Rondell". Dann wurde er in Erinnerung an die Schlacht bei Waterloo umbenannt. Blücher benannte diese Schlacht später nach dem Gehöft „Belle-Alliance", südlich von Waterloo gelegen, in dem er mit dem englischen Heerführer Wellington („Ich wollte, es wäre Nacht oder die Preußen kämen!") zusammengetroffen war. Daher der Name.

1946 wurde der völlig zerstörte Platz „Franz-Mehring-Platz", seit 1947 verkürzt „Mehringplatz" genannt. Glück im Unglück: Die Siegessäule mit dem Engel und zwei weitere Skulpturen hatten die Bombenangriffe überstanden.

Museum mit Lustgarten

DIE DENKMÄLER IM VICTORIAPARK

Im Süden des Belle-Alliance-Platzes, nur wenige Schritte von der Friedenssäule entfernt, erblicken wir auf den Wangen der zur Fahrstraße emporführenden Freitreppe die sitzenden Marmorgestalten der Klio, *(Anm. Muse der Geschichtsschreibung)* die Geschichte der Freiheitskriege schreibend (modelliert von Hartzer) und des Friedens (modelliert von A. Wolff).

Unter dem Namen „Viktoriapark" versteht man jene schönen, in der Kreuzbergstraße gelegenen, vom Gartenbaudirektor Mächtig 1888-1894 geschaffenen Anlagen, welche terrassenförmig den Nord- und Ostabhang des Kreuzberges hinansteigen. Ein Wasserfall plätschert zwischen dem künstlich geschaffenen Felsgestein herab. Gebirgs- und Wasserpflanzen, aus fremdem Erdreich dorthin verpflanzt, wuchern üppig an den Ufern des schäumenden Wassers und zwischen dem malerisch gruppierten Felsgestein, als wäre die Anlage von der Natur geschaffen.

a. In den Anlagen vor diesem Park, am Fuße des Wasserfalls eine hübsche Bronzegruppe von Meder: „Seltener Fang". Ein Fischer hat im Netze ein schönes Nixchen gefangen und betrachtet den „seltenen Fang" mit schmunzelndem Behagen.

Die Skulptur befindet sich noch immer im Victoriapark. Leider liefert Hermann Müller Bohn kein Bild dieser „hübschen Bronzegruppe". Deshalb ein aktuelles Foto von Manfred Brückels:

b. Das Denkmal des Oberbürgermeisters Robert Zeller, eine von Otto Lessing in Marmor hergestellte Büste des Mannes, den man als den eigentlichen Schöpfer des Viktoriaparkes bezeichnen kann. Inschrift: „Robert Zeller, Oberbürgermeister von Berlin (1892-1898)."

c. In den Anlagen des Viktoriaparkes, an verschiedenen Stellen zerstreut, die sämtlich in Hermen Form gebildeten

Denkmäler der Dichter der Freiheitskriege.

(Hermen: Ursprünglich dem Hermes, dem Gott der Wege und des Verkehrs, geweihte viereckige, mit Köpfen versehene Pfeiler, die ihre Aufstellung im alten Athen auf Plätzen und Straßen erhielten. In der modernen Kunst wendet man Hermen bei Denkmälern an, die man nicht als ganze Statuen bringen will. Der Oberkörper und der Kopf wachsen dabei künstlerisch aus dem Postament heraus)

1. Theodor Körner.

Der Künstler (E. Wenck) hat dem jugendlich schönen Antlitz des Sängers von „Feuer und Schwert" den Ausdruck verklärender Begeisterung gegeben. Der Kopf des „Tyrtäus der Freiheitskriege" ist mit schwärmerischem Ausdruck aufwärts gerichtet. Über der Brust umspannen beide Hände den Säbel und eine Papierrolle. Der Dichter trägt die Uniform der Lützower Jäger mit dem charakteristischen, jener Zeit eigentümlichen hohen Kragen, dazu die Adjutantenschärpe; über die linke Schulter ist der Reitermantel gebreitet. Auf einem Flachrelief am Fuße der Herme die von Putten getragene Leyer.

2. Friedrich Rückert.

Das Denkmal ist ein Werk des Bildhauers Lepcke. Der Dichter erscheint, wie ihn einst Schnorr von Carolsfeld gezeichnet hat: mit dem in langen Locken herabwallenden Haar; der Kopf ist ein wenig nach rechts gewandt. Der Dichter ist im Augenblick poetischen Schaffens dargestellt. Am Fuße des Sockels ein Putt, welcher in die Saiten der Leyer greift.

3. Max von Schenkendorf.

Die Herme ist von A. Reichel gestaltet. Frei und männlich im Ausdruck erscheint der Kopf des Dichters, auf dessen Stirn das lockige Haar herabfließt. Über den Waffenrock des Lützower Jägers legt sich auf der Schulter der Mantel, dessen Faltenwurf die rechte Hand zusammenhält. Die Linke fasst eine Rolle, die des Dichters Namen trägt.

4. Heinrich von Kleist.

Auch Kleist ist von dem Künstler (C. Pracht) im Augenblick des dichterischen Schaffens dargestellt. Der Kopf ist im sinnenden Ausdruck ein wenig gesenkt. Die rechte Hand hält den Gänsekiel; der linke Arm ist leicht auf den Sockel gestützt; die Hand fasst in ein Manuskript, auf welchem der Name Heinrich von Kleist geschrieben steht. Ein um den Überrock gelegtes faltiges Gewand umgibt den Sockel, dessen Vorderfläche mit Lorbeerzweigen, Mohnblumen und einer sich darum windenden Schlange verziert ist. (Der Mohn ist das Zeichen des Schlafes und des Todes; der Künstler hat damit auf seinen frühen Tod hingewiesen.)

5. Ludwig Uhland

ist von Max Kruse in ruhiger Verklärung wiedergegeben. Seine linke Hand fasst in den vom Mantel umgebenen Überrock, die rechte hält eine Rolle fest umspannt, auf der „das alte Recht" geschrieben steht, auf Uhlands Teilnahme an den Verfassungskämpfen hindeutend.

6. Ernst Moritz Arndt.

Der Künstler (Hans Lott) hat den Dichter in schaffender Tätigkeit dargestellt. Die rechte Hand fasst den Gänsekiel, die auf der Brust ruhende Linke hält das Manuskript des Liedes:

„Der Gott, der Eisen wachsen ließ,
Der wollte keine Knechte,
Drum gab er Säbel, Schwert und Spieß
Dem Mann in seine Rechte.
Drum gab er ihm den kühnen Mut,
Den Zorn der freien Rede,
Dass er bestände bis aufs Blut,
Bis in den Tod die Fehde."

Von der linken Schulter fällt der Mantel auf den Sockel hernieder, dessen Fuß von einem Eichenbande umflochten ist.

Immer wieder erwähnt Müller-Bohn das Lützowsche Freicorps. Was hat es damit auf sich?
Jeder hat wahrscheinlich schon von ihrem Kampflied „Lützows wilde Jagd" gehört, in dem sie sich selber, wegen ihrer schwarzen Uniformen, als „schwarze Gesellen" bezeichnen:

> *Was glänzt dort vom Walde im Sonnenschein?*
> *Hör's näher und näher brausen.*
> *Es zieht sich herunter in düsteren Reih'n,*
> *Und gellende Hörner erschallen darein,*
> *Erfüllen die Seele mit Grausen.*
> *Und wenn ihr die schwarzen Gesellen fragt:*
> *Das ist Lützow's wilde verwegene Jagd.*

Das Königlich Preußische Freikorps von Lützow, war eine reguläre Truppe des preußischen Heeres. Sie bestand ausschließlich aus Freiwilligen Sie erhielten keinen Sold und rüsteten sich selbst aus. Vom Februar 1813 bis April 1814 kämpfen im Lützowschen Freikorps rund viertausend Männer und zwei Frauen (allerdings als Männer verkleidet). Eine war Eleonore Prochaska, gefallen 1813; die andere, Anna Lühring, sie verstarb 1866.
Auch in anderen Einheiten gab es -wenige- als Männer verkleidete Frauen. Die bekannteste dürfte Friederike Auguste Krüger im Pommerschen Regiment Colberg gewesen sein. Sie brachte es bis zum Unteroffizier und wurde mit dem Eisernen Kreuz ausgezeichnet.

Nach dem Krieg wird die Einheit, wie alle anderen Freikorps auch, als normaler Truppenteil in das preußische Heer integriert.

Eleonore Prochaska

Obwohl das Freikorps im Krieg gegen Napoleon eher glücklos war, entwickelte es aufgrund seiner Zusammensetzung aus Freiwilligen fast aller deutschen Staaten eine hohe Symbolkraft für die Bestrebungen zur Errichtung eines deutschen Nationalstaates. Von seinen Uniformfarben leiten sich die deutschen Nationalfarben Schwarz-Rot-Gold her: Die Truppe trug schwarze Uniformen mit roten Vorstößen und Seitenstreifen sowie goldfarbenen Messingknöpfen.

Im Victoriapark stehen noch die Hermen von Friedrich Rückert und Heinrich von Kleist; die Übrigen sind verschollen.

Den Gipfel des Berges krönt das Nationaldenkmal zur Erinnerung an die Freiheitskriege 1813-15.

Geschichte des Denkmals: Für das Monument wurde in der Berliner Bürgerschaft gleich nach Beendigung der Kriege lebhaft Stimmung gemacht. Friedrich Wilhelm III. ließ durch Schinkel eine Reihe von Entwürfen ausarbeiten, von welchen die mit einem Eisernen Kreuze gekrönte, pyramidenförmig aufsteigende gotische Spitzsäule den Vorzug erhielt. Die Grundsteinlegung erfolgte am 19. September 1818 in Gegenwart König Friedrich Wilhelms III. von Preußen und des Kaisers Alexanders I. von Rußland, die Einweihung am 30. März 1821, dem Jahrestag der Erstürmung des Montmartre bei Paris. Auf Wunsch Kaiser Wilhelms I. wurde das Denkmal, um es aus den immer näher an den Kreuzberg heranrückenden Häusermassen mehr hervortreten zu lassen, im Jahre 1878 nach Schwedlers Angaben durch hydraulische Pressen um 8 m gehoben, um 21 Grad gedreht und auf einen steinernen, mit Zinnen gekrönten, bastionartigen Unterbau gestellt, zu welchem Hofbaurat Strack die Entwürfe lieferte.

Beschreibung des Denkmals: Es besteht aus einer in edlen gotischen Formen gehaltenen gusseisernen Spitzsäule, welche in einer Höhe von 20 m pyramidenartig emporsteigt.

Auf der Ostseite des Denkmals in gotischen Buchstaben die historisch gewordenen Worte: „Der König dem Volke, das auf seinen Ruf hochherzig Gut und Blut dem Vaterlande darbrachte. Den Gefallenen zum Gedächtnis, den Lebenden zur Anerkennung, den künftigen Geschlechtern zur Nacheiferung."

Die zwölf Geniengestalten in den kapellenartigen Nischen sind von den Künstlern (Rauch, Tierk und Wichmann) als Symbole der denkwürdigen Schlachten der Freiheitskriege gedacht. Auf dem Sockel jeder der Figuren ist Tag und Jahr der Schlacht angegeben. Wenig bekannt ist der heutigen Generation, dass die Gesichter der zwölf

Figuren Porträtähnlichkeit mit verschiedenen in der Zeitgeschichte, sowie in den Befreiungskriegen hervorgetretenen Persönlichkeiten besitzen. In der nachfolgenden, nach der Zeitfolge der Schlachten geordneten Darstellung sind die Namen der betreffenden Persönlichkeiten in Klammern beigefügt.

1. Großgörschen (2. Mai 1813). Ein Genius im griechischen Harnisch, das Schwert in der Rechten, nach dem Lorbeerkranze in der hocherhobenen Linken aufblickend, um den mit jugendlicher Kühnheit unternommenen Kampf und die Hoffnung künftiger Siege anzudeuten. Entworfen von Tieck, modelliert von Wichmann. (Prinz von Homburg.)

2. Großbeeren (23. August 1813). Der jugendliche Genius ist in die Tracht eines Landwehrmannes gekleidet. Auf dem kleinen Brustharnische ist das Wappen der Stadt Berlin sichtbar, um die Nähe des Schlachtortes (zwei Meilen von Berlin) und den Anteil anzudeuten, den die Königliche Hauptstadt an dem Kampfe nahm. Entwurf und Ausführung von Tieck, (Kronprinz von Preußen, der spätere König Friedrich Wilhelm IV.)

3. Katzbach (26. August 1813). Ein Genius, einen Lorbeerkranz in den Händen haltend, im altgriechischen Harnisch; entworfen und modelliert von Wichmann. (Gesichtsähnlichkeit mit dem Grafen Franz Blücher von Wahlstatt, dem Sohne des Marschalls „Vorwärts".)

4. Culm (30. August 1813). Ein Genius, mit der Löwenhaut bekleidet, den Herkules darstellend, stützt sich mit der Linken auf die Keule, welche auf einem Stierkopf ruht. Bedeutung: Die Gewinnung der Höhen von Nollendorf durch den General Ferdinand von Kleist und den Kampf am Fuße des Gebirges. Entwurf von Tieck, modelliert von Wichmann. (Friedrich Wilhelm III.) Ursprünglich sollte er die Züge Kleists von Nollendorf erhalten. Als der König seinen Kopf dargestellt fand, wollte er darauf be-

stehen, ihn durch einen Kleistkopf zu ersetzen; erst dem Kaiser Alexander von Rußland gelang es, den König zur Nachgiebigkeit zu bestimmen.

5. Dennewitz (6. September 1813). Ein Genius in der Tracht eines Landwehrmannes, Entwurf von Rauch, modelliert von Wichmann. (General von Bülow.)

6. Wartenburg (3. Oktober 1813). Den raschen und kühnen Übergang des Generals Yorck über die Elbe bei Wartenburg anzudeuten, beschreitet der Genius im griechischen Harnisch den zu einer Schiffbrücke gehörigen Nachen. Entwurf von Rauch, modelliert von Wichmann. (General von Yorck).

7. Leipzig (18. Oktober 1813). Der Genius ist von einem Strahlenkranz umgeben, den Entscheidungssieg in der Völkerschlacht bei Leipzig andeutend. Die drei Adler auf dem Schilde weisen darauf hin, dass der Sieg durch die vereinte Tapferkeit der verbündeten Preußen, Österreicher und Russen erfochten wurde. Entwurf von Rauch, modelliert von Wichmann. (Siegesgöttin auf dem Brandenburger Tor.)

8. La Rothiére (1. Februar 1814). Der in einen nordischen Harnisch gekleidete Genius, rasch vorwärts dringend, trägt in der Linken einen mächtigen Lorbeerzweig, die Rechte aufrufend erhoben, den entschlossenen Charakter des Marschalls „Vorwärts" anzudeuten. Entwurf von Rauch. (Gesichtszüge Kaiser Alexanders I. von Rußland.)

9. Bar-sur-Aube (27. Februar 1814). Der jugendliche Genius im altgriechischen Harnisch trägt Lanze und Schild, geschmückt mit dem preußischen Adler. Entwurf und Modell von Wichmann. (Das Antlitz des Genius trägt die jugendlich schönen Züge des Prinzen Wilhelm von Preußen, des nachmaligen Kaisers Wilhelm I., der bekanntlich bei Bar-sur-Aube zum ersten Mal im Feuer war.)

10. Laon (9. März 1814). Der Genius im mittelalterlichen Harnisch sticht mit der Lanze einen Drachen nieder, den letzten Kampf und Sieg gegen Napoleon vor der Einnahme von Paris anzudeuten. Entwurf und Modell von Tieck, (Gesichtszüge des Prinzen Wilhelm, Friedrich Wilhelms III. Bruder, des Vaters der Prinzen Waldemar und Adalbert.)

11. Paris (30. März 1814). Das Ziel der Siege und das Wiedergewinnen des Verlorenen anzudeuten, ist hier eine hohe weibliche Gestalt dargestellt, welche in der Rechten das Abbild der Quadriga auf dem Brandenburger Tor trägt, die von Napoleon 1806 nach Paris entführt, 1814 als Siegespreis von Blücher wieder nach Berlin zurückgebracht wurde. Modell von Rauch. (Königin Luise).

12. Belle-Alliance (18. Juni 1815). Ein weiblicher Genius, als Frieden dargestellt, in der Linken den Ölzweig haltend. Auf der großen Mittelfalte des Gewandes befinden sich in Form einer Stickerei in elf Feldern die Darstellungen aller übrigen Siegesgenien des Denkmals in flachen Reliefs wiederholt. Modell von Rauch. (Züge der Prinzess Charlotte, nachmaligen Kaiserin von Rußland.)

Bis zur Einweihung des Denkmals hieß der Berg noch „Tempelhofer Berg", erst zu diesem Anlass erhielt der Hügel seinen heutigen Namen Kreuzberg.
Der von Müller-Bohn angesprochene Wunsch des Kaiser Wilhelm I. war kein ganz freiwilliger: Denn im Zuge der Stadterweiterung war die Stellung des Denkmals als höchste Erhebung in Kreuzberg gefährdet. Zwar gab es bereits seit 1821 eine Polizeiverordnung, die Bauten verbot, die die Sicht auf das Denkmal beeinträchtigten. Aber dagegen klagte ein Bauherr, dem eine entsprechende Baugenehmigung verweigert worden war. Er erreichte am 14. Juni 1882 das sogenannte „Kreuzbergerkenntnis", ein

bahnbrechendes Urteil des Preußischen Oberverwaltungsgerichts. Zur Begründung führte das Gericht aus, dass die Baupolizei nur für die Abwendung von Gefahren zuständig sei, nicht jedoch für die Wahrung von ästhetischen Interessen.

Seit dem 15. Jahrhundert wird, mit Unterbrechungen an dem Berg Wein angebaut. Der Berliner Satiriker Adolf Glasbrenner bezeichnete das Getränk in seiner Mitte des 19. Jahrhunderts erschienenen Schriftenreihe „Berlin wie es ist und trinkt" als Fahnenwein: „Wenn man een eenzjes Achtel über die Fahne kippt, zieht sich det janze Regiment zusammen."

Damit sich das ganze Regiment nicht mehr zusammenzieht, nimmt Berlin die Hilfe seiner Partnerstadt Wiesbaden gern in Anspruch, denn der Wein wird heute in Wiesbaden gekeltert und als Kreuz-Neroberger in Flaschen abgefüllt.

Aus einer Pressemitteilung des Bezirksamtes Friedrichshain-Kreuzberg vom 2.12.2011:

„Sie sind auf der Suche nach einem außergewöhnlichen Weihnachtsgeschenk? Verschenken sie in diesem Jahr Kreuzberger Wein. (...)

Der Wein ist gegen Abgabe einer Spende im Bezirksamt Friedrichshain-Kreuzberg im Sekretariat des Stellvertretenden Bezirksbürgermeister erhältlich, da wir unseren derzeitigen Weinbestand reduzieren müssen."

Wohl bekomm's.

Teil VI

Der Berliner Norden und Osten

FRIEDRICHSHAIN

1. Dem Gedächtnis der gefallenen Krieger aus den Ostbezirken Berlins gewidmet ist das

Kriegerdenkmal im Friedrichshain.

Inschrift: „Seinen in den Kriegen 1864, 1866, 1870/71 gefallenen Söhnen des 5. Distrikts".

Der Schöpfer der ergreifenden Gruppe ist Alexander Calandrelli. Sie stellt einen weiblichen Genius dar, welcher den gefallenen Krieger ins Jenseits führend, verheißungsvoll mit dem Finger der rechten Hand nach oben weist. Auf drei Seiten des Postaments die Namen von 214 gefallenen Kriegern. Grundsteinlegung: 2. September 1874. Das Denkmal ist in Auffassung und Ausführung eine Meisterarbeit Calandrellis.

Das Denkmal ist seit dem zweiten Weltkrieg verschollen.

2. Die Bronzebüste Friedrichs des Großen, mitten in den Anlagen, auf dem höchsten Punkte des Friedrichshains gelegen; ein Geschenk des Bürgers Freitag.

Das Denkmal, das 1848 von dem Berliner Schneidermeister gestiftet wurde, ist seit Anfang der 50er Jahre, als der Volkspark mit Kriegstrümmern aufgeschüttet wurde, weshalb es heute nicht mehr auf dem höchsten Punkt steht, verschollen. Teile der Säule wurden 1997 wiedergefunden, die Bronzebüste neu geschaffen. Im Jahre 2000 wurde es wieder aufgestellt.

Ohne Abbildung bei Müller-Bohn, hier eine Aufnahme aus dem Jahre 2013:

Geplant für den Nordwest-Eingang des Friedrichshains am Königstor der Märchenbrunnen, eine große architektonische Anlage mit Darstellungen aus der deutschen Märchenwelt.

Diesem wunderschönen Brunnen konnte Hermann Müller-Bohn 1905 keinen breiteren Raum in seinem Buch widmen, denn er wurde nach zwölfjähriger Bauzeit erst 1913 fertiggestellt. (Unser Führer kannte also nur eine Baustelle) Architekt war der langjährige Berliner Stadtbaurat Ludwig Hoffmann. Die zehn Figurengruppen nach Märchen der Brüder Grimm hat der Bildhauer Ignatius Taschner geschaffen, zahlreiche weitere Skulpturen stammen von Josef Rauch und Georg Wrba. Hier eine Postkarte aus dem Jahr der Eröffnung:

3. Bootsbauer und Preisruderer,

nach Modellen von G. Janensch und C. Bernewitz in Kupfer getrieben, 1896 am Gröbenufer in der Nähe der Oberbaumbrücke aufgestellt.
Die Skulpturen sind verschollen. Hier eine Aufnahme aus dem Jahre 1938:

4. Arbeiter und Sohn, Mutter und Kind,

Marmorgruppen von Haverkamp und Gormanski, auf der monumentalen, von Blankenstein entworfenen Granitbank des Andreasplatzes.

Die Skulptur „Arbeiter und Sohn" befindet sich in der Andreasstraße, den Andreasplatz gibt es nicht mehr; „Mutter und Kind" sind verschollen.

DAS SCHULZE-DELITZSCH-DENKMAL

Am Treffpunkt der Insel-, Köpenicker und Neuen Jakobstraße, gegenüber der Luisenstädtischen Bank, einem nach den Prinzipien der Schulze-Delitzschen Genossenschaftshilfe geleiteten Bankinstitut,

das Schulze-Delitzsch-Denkmal.

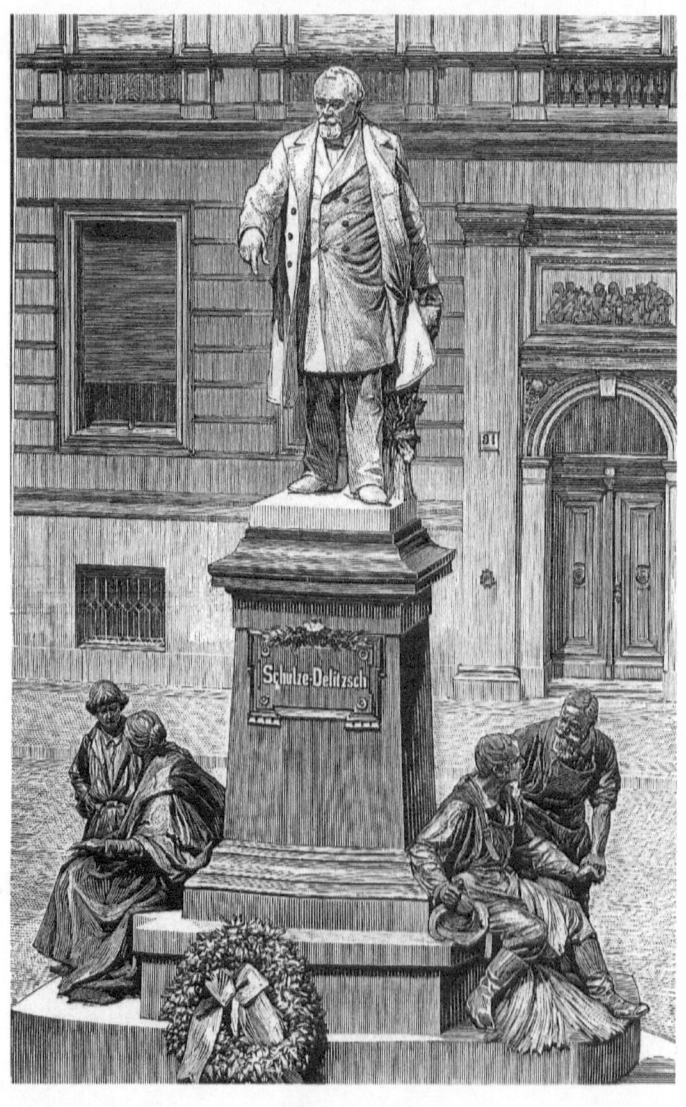

Hermann Schulze-Delitzsch (1808 bis 1883) ist der Begründer der deutschen Erwerbs- und Wirtschaftsgenossenschaften. Im Jahre 1848 von dem Wahlkreis Delitzsch in die Nationalversammlung gewählt und zum Vorsitzenden des Ausschusses zur Untersuchung des Notstandes der arbeitenden Klassen ernannt, gewann er die Überzeugung, dass dem Kleingewerbe in seinem schweren Kampfe gegen die Konkurrenz des Großbetriebes nur durch Beschaffung von Kapital und Kredit im Wege des Genossenschaftswesens zu helfen sei. Nachdem er 1849 in seiner Vaterstadt Delitzsch die erste Rohstoff-Genossenschaft für Schuhmacher und Tischler begründet hatte, nahm er bald darauf seine Entlassung aus dem Staatsdienst, um sich ganz der Weiterentwicklung seiner der wirtschaftlichen Besserstellung des Kleingewerbes dienenden Ideen zu widmen. Infolge seiner unermüdlichen Tätigkeit entstanden zunächst im Königreich Sachsen und bald darauf auch über dessen Grenzen hinaus zahlreiche Genossenschaften zur billigeren Beschaffung von Rohstoffen, Lebens- und Genussmitteln. Auf dem Prinzip der Selbsthilfe begründete Volksbanken sorgten für die Hebung des Kredits. Durch das Vertrauen der Berliner Bürgerschaft in das Abgeordnetenhaus und später in den Reichstag gewählt, wirkte er bis zu seinem Tode unermüdlich für die Ausbreitung seiner Wohlfahrtsideen.

Sein von Hans Arnold 1899 geschaffenes Denkmal stellt ihn als Redner dar. Der linke Fuß ist etwas vorgeschoben; die linke Hand ist auf einen Eichenstamm gestützt; den Finger der Rechten hält er mit einer lebhaft rednerischen Geste nach unten geneigt, als gelte es, einem der von ihm vertretenen wirtschaftlichen Grundsätze durch die Macht seiner Beredsamkeit zur Anerkennung zu verhelfen. An der linken und rechten Seite des Postaments zwei lebenswahre Gruppen in volkstümlicher Auffassung. Rechts vom Beschauer zwei prächtig gelungene Arbeitertypen: Die sitzende Gestalt eines ländlichen Arbeiters, der seine Linke in die dargebotene Hand einer muskulösen Handwerkergestalt, eines bärtigen Schmiedes, legt, zum Zeichen der wirtschaftlichen Verbrüderung im Sinne der genossenschaftlichen Selbsthilfe. Die Gruppe zur Linken des Beschauers zeigt in realistischer Auffassung eine Mutter aus dem Volke, die ihren Knaben unterweist, den Gedanken andeutend, dass die Volkswohlfahrt nur auf der Grundlage einer vernünftigen Volksbildung und häuslichen Erziehung gedeihen könne. Enthüllung des Denkmals 4. August 1899.

Andere Bronze- bzw. Marmorbüsten von Schulze-Delitzsch befinden sich an folgenden Gebäuden: Zimmerstraße 61 (Kreditverein der Friedrichstadt); Sebastianstraße 33 (Genossenschaft der Schuhmacherinnung); Frankfurter Allee 165 (Vorschußverein Lichtenberg und Friedrichsberg); Kaiser Wilhelmstraße 10 (Stralauer Volksbank).

Weniger bekannt ist, dass Schulze-Delitzsch als jüngerer Mann auch Gedichte geschrieben hatte, die unter dem Namen Hermann Schulz veröffentlicht wurden. Ein Exemplar seines Gedichtbandes schenkte er damals dem neunzehnjährigen Theodor Fontane, der besonders von dem Gedicht „Lied des Geächteten" fasziniert war, an das er sich noch Jahre später in seinen Erinnerungen entsann:

„Besonders an einem Liede, das, glaub ich ›der Verbannte‹ oder ›der Geächtete‹ hieß und mit den Worten schloß:

*Frei allein sind im Walde die Vögel,
Und ich, ich bin vogelfrei ...*

Das erschien mir großartig und ich war ganz hingerissen davon."

(»Von Zwanzig bis Dreißig«; GBA – Das autobiographische Werk, Bd. 3, S. 13 f.)

Die dem Denkmal zugeordneten Bronzefiguren wurden im Krieg eingeschmolzen, das Denkmal selbst 1972 entfernt. Es wurde 1990 wiedergefunden und von der Köpenicker Bank restauriert. 1992 kam das Denkmal ohne die Sockelfiguren an seinen ursprünglichen Platz zurück.

DIE WÄSCHERIN

Ganz in der Nähe des eben geschilderten Schulze-Delitzsch-Denkmals, am Märkischen Platz, vor dem schönen und eigenartigen Neubau des Märkischen Provinzialmuseums, das sich unter der Direktion des Stadtrats Ernst Friedel zu einer hochinteressanten Sammlung alter Funde und kunstgeschichtlicher Erinnerungen von wissenschaftlichem Werte entwickelt hat, die steinerne Figur eines Roland, eine getreue Nachbildung des Roland vor dem Rathaus zu Brandenburg. Nicht weit davon der

Wäscherin-Brunnen

Zierbrunnen auf dem Märkischen Platz an der Waisenbrücke. Der aus der oberen Brunnenschale emporsteigende Schaft einer reichornamentierten Säule, deren Kapitäl aus wasserlebenden Kinderköpfen kunstvoll gebildet ist, trägt die Figur einer Wäscherin, eines drallen, frischen, hübschen Weibsbildes mit lachendem Munde, beschäftigt, die Wäsche auszuwringen. Neben ihr ein Korb mit bereits ausgewrungener Wäsche. Der Brunnen ist eine höchst originelle Arbeit von L. Brunow, Kosten 11.600 Mark, (1897.)

Das Märkische Provinzialmuseum war der Vorläufer des heutigen Märkischen Museums; das erste vom Königshaus unabhängige Museum Berlins. Der Steinerne Roland, von dem Müller-Bohn kein Bild liefert, steht heute noch dort, mit dem Richtschwert in der rechten Hand. (Foto: Manfred Brückels)

Die Exponate des Museums hatten durchaus noch praktischen Nutzen:

Am 11. Mai 1878 verübte der Leipziger Klempner Max Hödel ein Revolverattentat auf Kaiser Wilhelm I. auf der Straße Unter den Linden. Das Attentat schlug fehl, sämtliche Schüsse gingen daneben. Dennoch wurde er zwei Monate später wegen Hochverrats zum Tode verurteilt und am 16. August desselben Jahres in Moabit enthauptet.

Der Henker war ein gewisser Julius Krautz, von Beruf Abdecker, der später die Stelle des Scharfrichters in Berlin annahm. Seine erste Hinrichtung war die des besagten Max Hödel. In Berlin wurden Enthauptungen zu dieser Zeit mit einem Richtbeil durchgeführt. Da Krautz so kurz nach seiner Ernennung aber noch kein eigenes besaß, lieh er sich aus dem Märkischen Provinzial-Museum in Berlin die Kopie eines Richtbeiles aus Magdeburg aus „und trennte mit einem Schlage den Kopf vom Rumpf." Beil und Richtblock sind noch heute im Märkischen Museum zu sehen.

Wenig später erhielt Krautz übrigens sein eigenes Richtbeil, mit dem er bis zu seiner Entlassung im Jahre 1889, 53 Männer und eine Frau enthauptete.

Im gleichen Jahr erschien der Kolportageroman von Victor von Falk „Der Scharfrichter von Berlin, Roman nach Acten, Aufzeichnungen und Mittheilungen des Scharfrichters Julius Krautz", mit mehr als einer Million verkauften Exemplaren. Die ersten Kapitel bieten unter anderem Folgendes: Hinrichtung eines unschuldigen Mädchens, Sturz einer Artistin vom Trapez, Racheschwur, Kindsraub, Verbrecherjagd, Flucht der Hingerichteten, Vorbereitung für Kindsmord, Flucht mit Kind, Eisenbahnunfall, und so weiter. (Nach „Handbuch der Deutschen Bildungsgeschichte, von Christa Berg)

Ach ja, nicht zu vergessen: Der Wäscherin-Brunnen wurde im Krieg zerstört

DAS DENKMAL WILMS'

In den Anlagen des Mariannenplatzes gegenüber dem Hauptportal des Krankenhauses Bethanien

das Denkmal Wilms',

des berühmten Chirurgen und Menschenfreundes, der dreißig Jahre lang in diesem Krankenhaus in unermüdlicher und opferwilliger Hingabe an seinen ärztlichen Beruf eine segensreiche, im Gedächtnis der Berliner Bevölkerung nimmer verlöschende Wirksamkeit ausgeübt hat.

Die gesamte Denkmalsanlage besteht aus einer von Baurat Schmieden entworfenen Exedra, d. h. aus einem architektonischen, von Säulen flankierten Nischenbau, welcher halbkreisförmig in zwei Veranden mit Bankanlagen ausläuft und von Gewächsen umrahmt ist. In der mit roter und brauner Majolika ausgekleideten Nische erhebt sich die von Prof. Siemering gestaltete Büste des gefeierten Arztes auf einem Sockel von grünlichem Granit. Der Künstler hat die dem Antlitz des berühmten Chirurgen eigentümliche Mischung von eiserner Willenskraft und milder Menschenfreundlichkeit trefflich zum Ausdruck gebracht. Bronzeguss aus der Gladenbeckschen Kunstgießerei; die Majolikaverkleidung der Nische aus der Marchschen Fabrik. Die Kosten des Denkmals wurden aus freiwilligen Beiträgen gedeckt; die Stadt Berlin hat sich mit einem Beitrage von 5.000 Mark beteiligt. Enthüllt am 30. Oktober 1883.

Wilms hat sich vor allem Verdienste durch eine Verbesserung der hygienischen Verhältnisse in Bethanien erworben, wo man zu seiner Zeit noch immer mit Wasser aus dem Luisenstädtischen Kanal reinigte. Wilms versuchte vergeblich, auf die ungenügende Hygiene im Haus aufmerksam zu machen, und als ihm immer mehr erfolgreich operierte Patienten an Infektionen starben, schlug er in seiner Verzweiflung sein Lager im Garten auf und operierte fortan in einem gut durchlüfteten Militärzelt im Freien.

Im Zweiten Weltkrieg wurde die Denkmalanlage zerstört. 1956 wurde die Büste südöstlich des Eingangs zum Künstlerhaus Bethanien aufgestellt.

DAS FEUERWEHRDENKMAL

Ganz in der Nähe, am Südende des Mariannenplatzes

das Feuerwehrdenkmal,

eins der eigenartigsten öffentlichen Kunstwerke der Reichshauptstadt. Seine Errichtung ist ein Akt der Dankbarkeit, den die Stadt Berlin seiner braven, weit und breit berühmten Feuerwehr abstattet; es gilt insbesondere den braven, im Dienst durch das verheerende Element ums Leben gekommenen Feuerwehrmännern. Das Denkmal besteht aus einer umfassenden, nach den Vorschlägen des Stadtbaurats Hoffmann hergestellten Denkmalanlage, deren 4 m hoher Mittelbau seitlich von zwei hochragenden Pylonen aus carrarischem Marmor flankiert ist. Sie enden in ihrer Spitze in hochlodernden Flammen, während unten aus zwei kraftvollen Löwenköpfen Wasser fließt. Feuer und Wasser, das sind die Elemente des Feuerwehrmannes.

Den Hauptteil des Mittelbaues bildet ein massiger Marmorsarkophag. Der obere Teil ist abgerundet und zeigt in der Mitte die Mohnblume als Symbol des Schlafes und des Todes, während die Delphine an den Seiten auf das Wasser hindeuten. Den Hauptschmuck dieses sarkophagähnlichen Mittelbaues bildet ein vom Bildhauer Vogel entworfenes Relief, in welchem der Künstler den Kampf der braven Feuerwehr gegen das verheerende Element in ergreifender Weise zur Darstellung gebracht hat. Die schleichende, züngelnde, heimliche Gefahr des Feuers ist angedeutet durch giftspeiende Schlangen, gegen deren unheimliches, zerstörendes Wirken auf der linken Seite menschliche Kraft und Intelligenz mit Erfolg ankämpfen. Zu dieser dramatisch bewegten Szene steht die ruhige Gestalt der Pallas Athene der Beschützerin der Städte, in einem wirksamen Gegensatz. Die Seitenreliefs bringen in lebensvollen Szenen Bilder aus der gefahrvollen Tätigkeit der Wehr: Eine Mutter hält ihr Kind flehend den ersehnten Rettern entgegen; ein Geizhals sucht noch im Angesicht der höchsten Gefahr seine Schätze in Sicherheit zu bringen; eine Pflegerin weist auf ihren hilflosen Kranken hin; ein Idiot dessen verblödetem Geist die Gefahr des Feuers unbekannt ist, freut sich über die lustig züngelnden Flammen

Vor dem Sarkophag auf einem mit dem Wappen Berlins geschmückten Sockel die Ausrüstungsgegenstände und Waffen der Feuerwehr, mit Eichen- und Lorbeerreisern umwunden. Rechts und links davon auf Bronzetafeln die Namen der im Dienste tödlich verunglückten Feuerwehrleute. Als ein Denkmal treuer Pflichterfüllung und opferbereiter Nächstenliebe erzählt es tief und wuchtig von dem gefahrvollen Schicksal des Feuerwehrmannes. Enthüllung des Denkmals am 17. November 1902.

Die Berliner Feuerwehr wurde im Jahr 1851 von Ludwig Carl Scabell auf Befehl von König Friedrich Wilhelm IV. gegründet und ist damit die älteste Berufsfeuerwehr Deutschlands. Im selben Jahr bekam Berlin auch das erste elektrische Feuermeldenetz der Welt. Es verband die Zentrale in der Stadtvogtei am Molkenmarkt mit 24 Feuerwachen und allen Polizeirevieren.

Das Feuerwehrdenkmal wurde im zweiten Weltkrieg stark beschädigt und 1958 endgültig abgerissen. 1981 wurde ein komplett neugestalteter „Feuerwehrbrunnen" auf dem Mariannenplatz eingeweiht, dessen Äußeres mit dem von Müller-Bohn beschriebenen Denkmal nichts gemein hat. Hier ein aktuelles Bild (Foto: OTFW)

DAS DENKMAL AUF DEM KOPPENPLATZ

...an der August- und Linienstraße, führt seinen Namen nach dem Stadthauptmann Christian Koppen, der im Jahre 1705 das Terrain der Armenverwaltung zum Geschenk machte mit der Bestimmung, hier einen Armenkirchhof zu errichten, auf dem auch Selbstmörder ihre letzte Ruhe finden sollten. Einer letztwilligen Verfügung zufolge wollte auch der Stifter mit seiner Familie auf diesem „Friedhof der Heimatlosen" bestattet werden. Der Kirchhof erhielt sich bis zum Jahre 1850: später wurde auch ein Armenhaus und das berüchtigte „Türmchen", das damalige Leichenschauhaus auf diesem Grundstücke errichtet. Heute umgeben hübsche Anlagen das Denkmal des Stifters, und der ehemalige Friedhof der Heimatlosen ist zu einem Tummelplatz für die Berliner Jugend geworden. Eine hübsche Sandsteingruppe von Kokolsky, ein fröhliches Ballspiel darstellend, schmückt den ehrwürdigen Platz.

Es gibt bei Müller-Bohn keine Abbildung. Hier eine aktuelle Aufnahme des Denkmals (Foto: Beek 100):

DAS DENKMAL SENEFELDERS

... des verdienstvollen Erfinders der Lithographie (gest. 1834), an der Ecke der Schönhauser Allee und Weißenburger Straße. Der Künstler (R. Pohle) hat den Gefeierten bei der Arbeit sitzend dargestellt. In die schlichte Arbeitstracht gekleidet, betrachtet er eifrig eine Lithographische Platte. Das zu seinen Füßen liegende Stück Zeug soll auf Senefelders Verdienste um die Kattundruckerei hindeuten. Die bei der Schriftlithographie zur Verwendung gelangende umgekehrte Schrift (Spiegelschrift, weil im Spiegel lesbar) deutet ein Knabe an, der den Namen des Erfinders in umgekehrter Schrift auf den Fries des Sockels schreibt. Ein kleines Mädchen versucht, die Schrift im Spiegel zu lesen. Das Denkmal Pohles ist eine der schönsten Arbeiten der modern-realistischen Schule. Aufgestellt 1892.

Wenig bekannt ist, dass der Erfinder der Lithographie ein Jurastudium mit Auszeichnung absolvierte, einer fahrenden Schauspielergruppe angehörte und sich schriftstellerisch betätigte. So wurde sein erstes größeres Stück, das Lustspiel „Die Mädchenkenner", ein großer Erfolg. Uraufführung war 1792 in München.

In den letzten Jahren wurde die Plastik, die durch Vandalen ziemlich beschädigt worden war und durch die Witterung schwer gelitten hatte, restauriert. Der gereinigte Marmor wurde mit einem konservierenden Steinfestiger überzogen, fehlende Details neu geschaffen.

In den Anlagen des im hohen Norden gelegenen, zum hundertjährigen Geburtstage Alexander von Humboldts begründeten, nach ihm benannten Humboldthains, dessen botanischer Garten die städtischen Schulen Berlins mit Pflanzen versorgt, befindet sich, ganz nahe der Brunnenstraße, ein aus Felsenblöcken aufgetürmtes Denkmal für den großen Naturforscher und die Kolossalfigur eines von M. Geyger modellierten, in Marmor ausgeführten Stiers.

Nach Ende des Krieges bot der einst so prächtige wie lebhafte Volkspark der Kaiserzeit einen deprimierenden Anblick. Die Denkmäler wurden komplett zerstört.
   Zum Gedenken an Alexander von Humboldt wurde 1952 ein zwei Meter hoher Humboldt-Gedenkstein aufgestellt.

DIE INVALIDENSÄULE IM INVALIDENPARK

... zum Gedächtnis der 1848/49 in den Revolutionsjahren gefallenen Krieger. Die 33,70 m hohe Säule erhebt sich auf einem mit dem Medaillon des Königs Friedrich Wilhelm IV. geschmückten Postament von 6 m Höhe.

Die gusseiserne, innen hohle korinthische Säule trägt als Bekrönung einen riesigen Adler. Eine Wendeltreppe von 200 Stufen führt im Innern der Säule zu der um den Adler laufenden Galerie empor, von welcher man eine großartige Aussicht auf die Stadt genießt. Rings um die Säule ruhen die sämtlichen, bei der Revolution am 18. März 1848 in den Straßen Berlins, gefallenen Soldaten. An der Innenseite der die Säule umgebenden Sandsteinmauer stehen auf Tafeln von schlesischem Marmor die Namen sämtlicher in den Revolutionsjahren 1848/49 gefallenen (475) preußischen Soldaten. Über dem Medaillon des Königs zeigt ein um die Säule laufender Figurenfries von Albert Wolff die Borussia, welche die Witwen und Waisen segnet, während sich die Aufständischen ihr unterwerfen und Minerva die heimkehrenden Krieger mit Lorbeeren bekränzt. Entwurf vom Architekten Brunckow, Ausführung unter Stüler und Saller. Grundsteinlegung 18. Juni 1851, enthüllt 18. Oktober 1854.

Vor der im Invalidenpark 1892-1894 zum Gedächtnis der Kaiserin Augusta erbauten Gnadenkirche befindet sich das Denkmal zum Andenken an die mit der preußischen Korvette „Amazone" untergegangenen 114 Seeleute, ein 6 m hoher Obelisk von Granit.

Vor dem Museum für Naturkunde die von Ohmann modellierten Standbilder des Geologen von Buch (gest. 1855) und des Physiologen Joh. Müller (gest. 1858).

Im zweiten Weltkrieg wurden Park und Denkmäler –bis auf die Invalidensäule- weitgehend zerstört. Die Ruine der Gnadenkirche wurde in den 1960er Jahren abgerissen. Ab 1967 bis zum Fall der Berliner Mauer 1989 standen hier die Baracken der Volkspolizei, die die Grenzübergangsstelle Invalidenstraße bewachten.

Zur Korvette „Amazone", die bereits zur Kaiserzeit als Grundlage für die preußische Marine betrachtet wurde, ein Zitat aus Arenhold: Erinnerungsblätter an die Königlich Preußische Marine, 1902: Es diente lediglich als Schul-

schiff und entsprach diesen Zwecken im Sommer auch sehr gut, da die Takelage für die jugendlichen Schüler äußerst handlich war, die Kreuz-Ober-Bramrah hatte nur eine Länge von 11 Fuß. Im Jahr 1852 machte die Fregatte mit „Gefion" und „Mercur" zusammen eine Reise nach dem La Plata und Westindien, zugleich das erste preußische Geschwader bildend. Auch in den ferneren Jahren wurde die „Amazone" häufig als Kadettenschiff in Dienst gestellt. 1861 wurde sie an die portugiesische Küste geschickt, um dort während der Wintermonate zu kreuzen. Auf dieser Reise ist das Schiff verschollen samt seiner 145 Mann starken Besatzung und vermutlich an der holländischen Küste in einem sehr heftigen Sturm zu Grunde gegangen.

Das Denkmal der Korvette „Amazone" wurde auf Beschluss der SED im Jahre 1951 zerstört. Da Müller-Bohn kein Bild des Denkmals vorsah, ein Bild aus der Illustrirten Zeitung vom 23.5.1863:

Die Invalidensäule hatte den Zweiten Weltkrieg ohne nennenswerte Schäden überstanden, wurde dann aber ein Opfer der Berliner Nachkriegspolitik. Die SED-Fraktion beantragte 1948 die Beseitigung des Denkmals. Der Antrag war zuvor im Ausschuss für Volksbildung beschlossen worden. So kam es zum Abrissbeschluss, allerdings nicht einstimmig, sondern es kam bei der Abstimmung im Plenum Unruhe auf.

Am 14. August desselben Jahres hat eine Baufirma mit einem Seilzug, die Invalidensäule vom Sockel gerissen, wodurch sie am Boden zerschellte. Ihre Trümmer wurden verschrottet und die Friedhofsanlage planiert.

DIE BRONZEBÜSTE VON NEUHAUS

des Begründers der Hamburger Eisenbahn (gest. 1876), mod. von Keil, enthüllt 1883 vor dem ehemaligen Hamburger Bahnhof. Der Sockel ist aus schlesischem Marmor.

Die Büste befindet sich heute im Deutschen Technikmuseum.

Universität

DAS DENKMAL ALBRECHT VON GRAEFES

Im Garten der Königlichen Charité, Ecke Schumann- und Luisenstraße

das Denkmal Albrecht von Graefes,

des berühmten Augenarztes, des eigentlichen Begründers der neueren Augenheilkunde (geb. 1828, gest. 1870 zu Berlin). In der Mitte einer majolikaverkleideten, giebelbekrönten Bogennische erhebt sich die Bronzefigur Graefes, in der rechten Hand den Augenspiegel haltend, während sich die linke auf einen antiken Sessel stützt. Die Reliefs an den Wandflächen zu beiden Seiten der Nische, in farbigen Terrakotten ausgeführt, sind von hoher künstlerischer Schönheit und von ergreifender Wirkung. Auf dem linksseitigen Relief erblicken wir eine Mutter, die schwerleidende Tochter dem berühmten Augenoperateur zuführend, auf dessen Kunst sie ihre ganze Hoffnung setzt. Dahinter ein Handwerker, den erblindeten Kameraden aufopferungsvoll zu dem Arzte geleitend. In der Mitte eine erblindete Mutter, den Säugling auf den Knien; links daneben die kräftige, hohe Gestalt eines erblindeten Kriegsinvaliden, von der Tochter geführt. Graefes Weltruf, der ihm Leidende aus allen Teilen der Welt zuführte, wird angedeutet durch die russische Amme, den augenkranken Säugling im Arm, und durch den in russische Tracht gekleideten Greis, von einem Knaben an die Stätte geführt, die ihm Heilung bringen soll. Das rechtsseitige Relief bringt die Freude der Geheilten zum ergreifenden Ausdruck: Die Jungfrau zur Linken, welche in dem plötzlich sie umgebenden, ihr durch die Kunst des Arztes wiedergeschenkten Lichte noch etwas unsicher auftritt; der geheilte Handwerker, der vor Freude seinem Arbeitsgenossen an die Brust gesunken ist; die auf den Knien liegende Mutter, dem Höchsten dankend, dass er sie ihren Kindern sehend wiedergeschenkt; der noch den Augenschirm tragende Rekonvaleszent, welcher von einem Schüler des großen Meisters auf den Fortschritt der Besserung untersucht wird; die überglückliche junge Mutter, ihren der ewigen Nacht entrissenen Liebling jubelnd an die Brust drückend - das alles sind Bilder, deren erschütternder Inhalt wiederklingt in den Worten des Dichters, welche am Fuße dieser beiden Friese zu lesen sind:

„O, eine edle Himmelsgabe ist das Licht des Auges
    Alle Wesen leben vom Lichte,
      Jedes glückliche Geschöpf -
Die Pflanze selbst kehrt freudig sich zum Lichte."
  (Schiller „Wilhelm Tell", 1. Aufzug, 4. Auftritt.)

Bronzefigur von Rud. Siemering, Architektur von Gropius und Schmieden, Majolikamalerei von Bastanier, Bronzeguss von Gladenbeck (1882).

Das Denkmal wurde im zweiten Weltkrieg stark beschädigt, später aber wiederhergestellt. Es steht heute auf dem Platz vor dem Klinikumgelände an der Luisen- Ecke Schumannstraße.

DIE LÖWENGRUPPE VOR DEM KRIMINALGERICHT

Durch die Karlstraße über den Königsplatz und die Moltkebrücke in kurzer Zeit nach Alt-Moabit. Hier an der Front des Provinzialsteuergebäudes (neuer Packhof) Die Bronzebüsten zweier verdienter Staatsmänner: des Finanzministers von Motz, Gründer des Zollvereins, der ersten Anbahnung zur deutschen Einheit (gest. 1830), modelliert von Herter, und seines Nachfolgers, des Finanzministers von Maaßen (gest. 1834), modelliert von Hundrieser.

Die Löwengruppe vor dem Kriminalgericht in Moabit,

den Kampf eines Löwen mit einer Schlange darstellend, Versinnbildlichung der auf Gesetz und Gerechtigkeit aufgebauten Macht, das Schlangengezücht der Lüge zertretend. Modelliert von Albert Wolff, zu Lauchhammer in Bronze gegossen, aufgestellt am 15. Juni 1895.

Über dem Hauptportal des Kriminalgerichts die Sandsteinfiguren Friedrichs des Großen von Pfuhl, Friedrich Wilhelms III. von Hundrieser, Friedrich Wilhelms IV. von Kokolsky und Kaiser Wilhelms I. von Herter.

Das Gerichtsgebäude, das Hermann Müller-Bohn beschrieben hat, gibt es nicht mehr. Es wurde im Zweiten Weltkrieg, und damit auch die beschriebenen Sandsteinfiguren, zerstört.
 Bereits in den Jahren von 1902 bis 1906 wurde das heutige Kriminalgericht in Moabit gebaut. (in dem übrigens der Fall des „Hauptmann von Köpenick" und später der des „Erich Honecker" zur Verhandlung kamen). 1971 wurde der Bau erweitert und auf die Freifläche vor dem Gerichtsgebäude, Wilsnacker Straße, die bronzene Löwengruppe aufgestellt.

Die Bronzebüste von Schwartz, Direktor des Luisengymnasiums, vor der Anstalt, Ecke Wilsnacker- und Turmstraße, modelliert von Pfannschmidt.

Auch das Luisengymnasium wurde im Krieg zerstört.

Das Kriegerdenkmal in Moabit im Kleinen Tiergarten zum Andenken an die 1870/71 gefallenen Kämpfer des Berliner Nordwestbezirkes, modelliert von Neumann, enthüllt am 16. Juli 1880.

Müller-Bohn liefert auch zu diesem Denkmal keine Abbildung; hier eine zeitgenössische Postkarte:

Das Kriegerdenkmal wurde 1947 entfernt. Auf seinem Sockel wurde ein Denkmal für die Opfer des Faschismus errichtet, aber nach kurzer Zeit wieder abgebaut.

Denkmäler außerhalb des Weichbildes von Berlin, aber zu Berlin gehörig:

Die Büste des Gartendirektors Meyer im Treptower Park, des Schöpfers dieses Parks, des Humboldthaines und zahlreicher Anlagen in Berlin (gest. 1877); modelliert von Gustav Manthe.

Die Skulptur befindet sich immer noch im Treptower Park. Hier ein aktuelles Foto von Georg Slickers:

Die Büste Alexander Brauns, Direktors des Botanischen Gartens (gest. 1877), modelliert von Schaper, 1879 im alten Botanischen Garten zu Berlin aufgestellt, nach der Anlage des neuen Gartens in Dahlem bei Steglitz nach diesem überführt und am 14. Mai 1905 in Anwesenheit zahlreicher Vertreter der Wissenschaft von neuem eingeweiht.

Das von Freunden und Schülern Professor Alexander Brauns errichtete Denkmal befindet sich im Botanischen Garten.

ANHANG

Der Vollständigkeit halber, ist noch Hermann Müller-Bohns Verzeichnis der „Gedenktafeln und berühmter Erinnerungsstätten" angeführt.

1. F. C. **Achard,** Begründer der Rübenzuckerindustrie, Dorotheenstr. 10. (Porträtbüste mit Bronzetafel)
2. Willibald **Alexis** (Wilhelm Hering), der Schöpfer des brandenburgischen historischen Romans. (Der Roland von Berlin. Die Hosen des Herrn von Bredow. Der falsche Woldemar usw.) Zimmerstr. 95.
3. Leopold A. F. **Arends,** Begründer der nach ihm benannten rationellen Volksstenographie, Besselstr. 16.
4. Staatsminister von **Bartholdi,** welcher den Erwerb der Königskrone für Preußen vermittelte, war Besitzer des Hauses Spandauerstr 72. **Graun** starb hier, und **Meyerbeer** wurde hier geboren.
5. **„Baumannshöhle",** Brüderstr. 27. Zu Ende des 18. Jahrhunderts war hier ein Weinkeller, in welchem Lessing, Moses Mendelssohn, Ramler und Nicolai viel verkehrten.
6. Fürst **Bismarck**, Gedenktafel am Gymnasium zum „Grauen Kloster", dessen Schüler Bismarck von 1830-1832 war.
7. Alexander Freiherr von **Blomberg**, Neues Königstor am Friedrichshain. Gedenktafel an der Umfassungsmauer der Bartholomäus-Kirche. Alexander v. Blomberg; fiel hier am 20. Febr. 1813 als erstes Opfer der Freiheitskriege.
8. Fürst **Blücher.** Pariser Platz 2. Dem alten „Marschall Vorwärts" wurde dieser Palast 1815 von der Stadt Berlin geschenkt.
9. August **Böckh**, berühmter Philologe, wohnte Kronenstr. 59.

10. Graf von **Carmer,** Großkanzler, berühmter Staatsmann, führte das von Suarez geschaffene „Allgemeine Landrecht" in Preußen ein. Er wohnte von 1779-1794 Alexanderstr. 70.

11. Adalbert von **Chamisso** wohnte und starb Friedrichstr. 235. Der Dichter fand auch in diesem Hause die Anregung zu seinem berühmten Gedicht von der „alten Waschfrau"

12. Der berühmte Kupferstecher Daniel **Chodowiecki** wohnte 1777-1801 und starb Behrenstr. 31.

13. Freiherr von **Cocceji,** berühmter Jurist und Staatsmann unter Friedrich dem Großen, wohnte Oberwallstr. 1.

14. Feldmarschall von **Derfflinger** erhielt das Haus Köllnischer Fischmarkt 4 1683 vom Großen Kurfürsten zum Geschenk. Unter Friedrich Wilhelm I. wurde von diesem Hause an durch die Breite Straße das grausame Spießrutenlaufen an den Söldlingen oft vollzogen. Das Haus wurde in der Nacht vom 18. zum 19. März 1848, mit Sturm genommen.

15. Ludwig **Devrient,** berühmter Schauspieler, Charlottenstr. 49.

16. Adolf **Diesterweg,** berühmter Pädagoge, Hafenplatz 2.

17. Lamprecht **Distelmeier,** kurfürstlicher Kanzler unter Joachim II., wohnte Poststr. 11. (Siehe auch sein Denkmal S. 218)

18. **Döbbelinsches Theater,** Behrenstr. 62. Hier wurde Lessings „Minna von Barnhelm" am 31. März 1763 in Berlin zum ersten Male aufgeführt.

19. Konstantin von **Doppelmeyer,** schlichter Gedenkstein, etwa 100 Schritt vom Eingang des Zoologischen Gartens, am Reitwege, für den 1873 daselbst vom Pferde gestürzten und verstorbenen Attaché der russischen Gesandtschaft.

20. Varnhagen von **Ense,** Mauerstr. 36.

21. Georg **Ebers,** der bekannte Romanschriftsteller, wohnte eine Zeitlang Poststr. 16. Im 18. Jahrhundert gehörte das Haus einem Vorfahren von Ebers, dem Münzjuden Veitel **Ephraim**, welchem 1754 das Münzwesen übertragen wurde.

22. Jägerstr. 25. Hof links eine Treppe, **historische Erinnerungsstätte.** Hier wurden im März 1813 160.000 goldene Ringe, Armbänder, Ketten usw. auf dem Altar des Vaterlandes zum Einschmelzen dargebracht und eiserne dagegen in Empfang genommen. („Gold gab ich für Eisen")

23. Karl Friedrich **Fasch** stiftete in dem Hause Unter den Linden 59 1791 die Singakademie.

24. **Hoffmann von Fallersleben** wohnte Linkstr. 6.

25. Schinkels erster Bau in Berlin, Friedrichstraße 103. Prinz **Louis Ferdinand,** der bei Saalfeld (10. Oktober 1806) den Heldentod starb, wohnte hier bis zum Ausmarsch der Truppen und gab hier seine von Künstlern und Schriftstellern besuchten Abendgesellschaften.

26. **Fichte,** Neue Promenade 9 u. 10. In dem alten, nunmehr abgebrochenen Haus, das bei Anlegung der Stadtbahn niedergelegt werden musste, wohnte der Philosoph Johann Gottl. Fichte, dessen „Reden an die deutsche Nation" nach der Unglückszeit Preußens so viel zur Erneuerung des deutschen Volksgeistes beigetragen haben. Nach dem Abbruch des Hauses wurde die Bronzetafel mit Porträt im Märkischen Provinzialmuseum untergebracht. Fichte starb 1814 im Friedrich-Wilhelm-Institut, der sogenannten „Pepinière", Friedrichstr. 139/341.

27. Theodor **Fontane,** der berühmte märkische Dichter, wohnte von 1872-1898 Potsdamerstr. 134 c

28. Der Dichter Franz Freiherr **von Gaudy** wohnte Markgrafenstr. 17.

29. **Glinka,** russischer Komponist, Französische Str. 8.

30. **Gneisenau** wohnte Oberwallstr. 4.

31. Der Baumeister Karl von **Gontard,** Erbauer der Kolonnaden in der Königstraße, wohnte Zimmerstraße 25.

32. Joh. **Gotzkowsky,** einer der bravsten Patrioten im Siebenjährigen Kriege, wohnte Brüderstr. 28.

33. Albrecht von **Graefe,** berühmter Augenarzt, Karlstraße 46. Gedenktafel auch an seiner Geburtsstätte Charlottenhof, nahe der Kaiser Friedrich-Gedächtniskirche im Tiergarten. (Siehe auch sein Denkmal S. 393)

34. **Graun,** Komponist und Konzertmeister unter Friedrich dem Großen, wohnte Klosterstr.77.

35. Ed. **Grell,** Meister der Kirchenmusik, gest. 1886, Poststr. 12.

36. Gebrüder **Grimm** wohnten Linkstr. 7.

37. **Gubitz,** Lehrer der Form- u Holzschneidekunst, Schriftsteller und Redakteur, Wallstr. 12

38. Karl **Gutzkow,** Dichter, Universitätsstr. 6.

39. Das **„Hohe Haus",** Klosterstr. 76, später Lagerhaus. Hier stiegen vor Erbauung des Schlosses die Fürsten zu vorübergehendem Aufenthalt ab. Kurfürst Friedrich I. nahm hier 1415 die Huldigung der Städte entgegen; jetzt Rauchmuseum.

40. **Hausvoigtei,** Hausvoigteiplatz 14 (jetzt Deutsche Reichsbank) Hier saßen seinerzeit Fritz **Reuter,** Arnold **Ruge,** Benedikt **Waldeck** und andere politische Gefangene.

41. Philosoph **Hegel,** wohnte und starb Kupfergraben 4a. (Siehe sein Denkmal S. 113.)

42. Dr. Ernst Ludwig **Heim,** „Der alte Heim", bekannter Berliner Arzt, wohnte 46 Jahre und starb Markgrafenstr. 60, Ecke Kronenstraße.

43. Heinrich **Heine** wohnte Taubenstr. 32.

44. Ed. **Hildebrand,** berühmter Aquarellmaler. Kupfergraben 6 a.

45. **Hoffmann,** Taubenstr. 31. Bronzetafel unter einem Bronze-Medaillonporträt, dem Andenken des Schriftstel-

lers und Kammergerichtsrats Ernst Theodor Wilhelm **Hoffmann** gewidmet.

46. Dr. **Hufeland**, Dorotheenstr. 7. Ehemals Wohnung des berühmten Arztes Dr. **Hufeland,** auch Leibarzt der Königin Luise, bei welchem im Frühjahr 1801 Schiller 14 Tage lang zu Gast war.

47. Alexander von **Humboldts** Sterbehaus, Oranienburgerstr. 67. Sein Geburtshaus: Jägerstraße 22. (Siehe auch sein Denkmal S. 114)

48. Aug. Wilh. **Iffland**, Dichter und Schauspieldirektor, Tiergartenstr. 29. Hier empfing Iffland 1804 auch den Besuch Schillers und seiner Gattin.

49. Friedrich Ludwig **Jahn**, Wallstr. 21.

50. David **Kaltsch**, der Schöpfer der Berliner Posse („Berlin, wie es weint und lacht"), wohnte Bellevuestr. 19.

51. **Kammergericht**, von Joachim I. 1516 gestiftet, Lindenstr. 15.

52. Anna Luise **Karschin**, Schriftstellerin, gest. 1791, Sophienkirchhof, Steintafel an der nördlichen Außenwand.

53. Heinrich von **Kleist**, Wohnung bis zu seinem Tode Mauerstr. 53.

54. Feldmarschall von **Kleist,** Spandauerstr. 52.

55. Berlinisches Gymnasium zum **Grauen Kloster,** Klosterstr. 74. Über der Eingangstür Hochrelief, die Gründung des Klosters betreffend. Hier wurde auch die erste Berliner Buchdruckerei von dem Alchimisten **Thurneysser** eingerichtet. Jahn war seinerzeit Lehrer am Gymnasium, Bismarck in späterer Zeit Schüler der Anstalt.

56. **Klosterkirche,** früher Franziskanerkirche zum Grauen Kloster, Klosterstr. 73 a. Tetzel betrieb hier 1517 seinen schwungvollen Ablasshandel.

57. G. W. von **Knobelsdorff,** Baumeister Friedrichs des Großen, Erbauer des Opernhauses, starb Leipzigerstr. 85.

58. Stadthauptmann Christian **Koppen** (siehe Koppendenkmal S. 384). Koppenplatz (Große Hamburger Straße). Steinerne Tafel an der Hinterwand einer vorspringenden Säulenhalle. Dies ist die älteste von der Stadt errichtete Gedenktafel.

59. **Königslinde**. Seit 1887 Gedenktafel an einer alten Linde auf dem Invalidenkirchhof in der Scharnhorststraße, hart am Spandauer Schifffahrtskanal, mit der Inschrift: „Königslinde. Erinnerung an Se. Majestät König Friedrich II."

60. Theodor **Körners** Wohnung von 1811 bis 1813. Brüderstr. 13.

61. **Kurfürstenhaus**, Poststr. 4, eines der ältesten Privathäuser. Anfang des 17. Jahrhunderts im Besitz des Kammerdieners Freitag; der Kurfürst Johann Sigismund übernachtete hier oft aus Furcht vor der „weißen Frau"; er starb auch 1619 in diesem Hause.

62. August **Lehmann**, der Erfinder der Stenotachygraphie, Möckernstr. 112.

63. Gotthold Ephraim **Lessing** wohnte im Jahre 1865 Königsgraben 10. Eine Inschrift unter einer Porträtbüste besagt, dass Lessing in diesem Haus „Minna von Barnhelm" dichtete. Neuere Forschungen haben indes die Unrichtigkeit dieser Behauptung ergeben, da „Minna von Barnhelm" nicht in Berlin, sondern in Breslau entstanden ist, wo Lessing bis 1765 Sekretär des Generals von Tauentzien war.

64. Albert **Lortzing**, der Komponist vieler volkstümlichen Opern („Zar und Zimmermann", „Waffenschmied" usw.) starb 1851 Luisenstr. 53.

65. **Lutter**, vormals **Lutter & Wegener,** Charlottenstr. 49. Berühmte Weinstube, in welcher der Dichter und Satiriker Kammergerichtsrat E. Th. Wilh. Hoffmann und die Schauspieler Ludwig Devrient und Döring viel verkehr-

ten. (Gemeinschaftliche Gedenktafel für Devrient und Hoffmann.)

66. Dr. Franz Eberhard **Marggraff**, gewöhnlich der „alte Marggraff" genannt, verdienter Pädagoge, Sophienstr. 12. Granittafel mit Inschrift und Bronzereliefporträt von Sußmann-Hellborn. Enthüllt 1886.

67 **Marggraff,** Entdecker des Zuckers in den Runkelrüben, Dorotheenstr. 10. (Porträtbüste.)

6'3. **Marienkirche** am Neuen Markt, zweitälteste Kirche Berlins. Vor der Kirchentür links ein steinernes Kreuz, zum Andenken an den 1333 erschlagenen Probst Nikolaus von Bernau.

69. Der Philosoph Moses **Mendelssohn**, Lessings Freund, wohnte in dem alten, nunmehr abgebrochenen Haus Spandauer Str. 68. Wilhelm und Alexander v. **Humboldt** empfingen hier den ersten Unterricht. (Zwei Gedenktafeln, die älteste ist nach dem Neubau des Hauses an der Hofseite eingemauert.)

70. J. H. C. **Meyer**, städtischer Gartendirektor. Marmortafel mit Medaillonporträt im Humboldthain am Verwaltungsgebäude. 1816-1877.

71. Giacomo **Meyerbeer** wohnte 1848-1863 Pariser Platz 6 a.

72. „**Neidkopf**" an dem Hause Heilige-Geist-Straße 38. Die Büste eines Weibes mit verzerrten Zügen und Schlangen statt der Haare auf dem Haupt. Friedrich Wilhelm I. soll dieses Gebilde für einen strebsamen Goldschmied, zum Ärger für den gegenüber wohnenden neidischen Konkurrenten haben anbringen lassen.

73. **Nikolaus**, Probst von Bernau, wurde Spandauerstr. 70, Ecke der ehem. Papenstraße, vom Volke gesteinigt. Hier stand auch zuerst das „steinerne Kreuz", das später an der Marienkirche Aufstellung fand.

74. Fr. **Nikolai**, der bekannte Buchhändler und Freund Lessings, Brüderstr. 13. Vor der Reformation war hier

auch das Ordenshaus der Dominikaner. (Siehe auch Theodor Körner.)

75. **Nikolaikirche**, ältestes Gotteshaus Berlins, aus dem 12. Jahrhundert. Hier traten am 2. November 1539 Kurfürst Joachim II. und sein Volk zur protestantischen Lehre über.

76. **Nikolaikirchhof** Nr. 10 wohnte Lessing.

77. Ant. **Pesne**, Porträtmaler, Direktor der Kunstakademie, gest. 1857, Oberwallstr. 3.

78. **Plamann**'sche Erziehungsanstalt, an welcher Jahn und Friesen als Lehrer wirkten und Bismarck als Schüler weilte. Königgrätzer Straße 88. Im Hofe stand die Bismarcklinde.

79. C. W. **Ramler**, Dichter und Theaterdirektor, Sophienkirche, Steintafel am Ostgiebel der Sakristei.

80. Leopold von **Ranke**, berühmter Geschichtsschreiber, Luisenstr. 24 a.

81. Friedrich von **Raumer**, Geschichtsforscher, wohnte von 1834 bis zu seinem Tode Kochstr. 67.

82. Ludwig **Rellstab**, Berliner Schriftsteller, Jägerstr. 18.

83. Professor Gustav **Richter**, berühmter Maler, Bellevuestr, 5.

84. **Savigny**, berühmter Jurist, wohnte Pariser Platz 5.

85. Joh. Gottfr. **Schadow**, berühmter Bildhauer, wohnte Schadowstr. 11. Büste und Gedenktafel.

86. Der Philosoph F. W. J. von **Schelling** wohnte von 1843-1854 Unter den Linden 71.

87. **Schleiermacher** wohnte Kanonierstr. 4. (Siehe sein Denkmal S. 311)

88. Andreas **Schlüter**, Schöpfer des Denkmals des Gr. Kurfürsten, Brüderstr. 33.

89. J. W. **Schwedler**, Ingenieur, Geburtshaus Gipsstr. 5.

90. Feldmarschall Graf von **Sparr** besaß und bewohnte das Haus Spandauerstr. 21. Nach mannigfachen Umbau-

ten des Hauses übernahm das Märkische Provinzialmuseum den Gedenkstein.

91. Max **Stirner** (Dr. Caspar **Schmidt** 1806-1856), der Schöpfer des philosophischen Werkes „Der Einzige und sein Eigentum", wohnte Philippstr. 19.

92. W. **Stolze,** Stenographiebegründer, Unter den Linden 54/55.

93. Karl Gottlieb **Suarez**, Schöpfer des „Allgemeinen Landrechts", wohnte in seinen letzten Lebensjahren Pariser Platz 3. Auf dem ehemaligen Kirchhof in der Sebastianstraße ist ihm 1876 ein Denkstein mit Reliefbildnis von der juristischen Gesellschaft errichtet worden.

94. Wilhelm **Taubert**, bekannter Liederkomponist, Königgrätzer Str. 108.

95. Caspar **Theiss**, kurfürstlicher Schlossbaumeister, Erbauer des alten Schlosses unter Joachim II. und des Jagdschlosses Grunewald, wohnte bis zu seinem Tode, um 1550, Heilige-Geist-Str. 10/11.

96. Grenadier **Theissen**, Gedenktafel, Jägerstraße 35, an der Front der Reichsbank. Theissen fiel hier am 18. März 1848 als erstes Opfer der Revolution.

97. Ludwig **Tieck**, 31. Mai 1773 Roßstraße 1 geboren. Sterbehaus : Friedrichstr. 208.

98. Rudolf **Virchow**, berühmter Pathologe, wohnte bis zu seinem Tod Schellingstr. 10.

99. Professor Dr. **Voigt**, Förderer des Berliner Turnwesens. Gedenktafel Hasenheide, Turnplatz, in der Nähe des Jahndenkmals.

100. **Voltaire**, Friedrichs des Großen Freund, wohnte Taubenstr. 17; von hier aus sah er auch der Verbrennung seiner Schmähschriften gegen Maupertius auf dem Gendarmenmarkt zu.

101. Benedikt **Waldeck** wohnte Potsdamerstraße 13. (Siehe sein Denkmal S. 338)

102. Joh. **Weinleben**, Kurfürstlicher Kanzler (1541-1558) Poststr. 11.
103. Carl **Werder**, Professor der Literaturgeschichte, Charlottenstr. 49.
104. Gefreiter **Will** vom 2. Garde-Ulanen-Regiment. Gedenkstein am Spreewege, unweit der Zelten am Nordende des Tiergartens, wo der Genannte 1889 vom Blitz erschlagen wurde.
105. Groß-Loge **Royal York**, Dorotheenstraße 27, in welcher Blücher gern weilte. Im Jahre 1815 hier an der Festtafel als Retter des Vaterlandes gefeiert, sprach er die schönen Worte: „Bist Du gegenwärtig, Geist meines Freundes, mein Scharnhorst, dann sei Du selbst Zeuge, dass ich ohne Dich nichts würde vollbracht haben."
106. Karl Friedrich **Zelter**, Leiter der Singakademie, Freund Goethes, Münzstr. 1 geboren.
107. Joachim Hans von **Zieten,** starb 26. Januar 1786 Kochstr. 62.

QUELLEN

1. Literatur:

Die Denkmäler Berlins in Wort und Bild, von Hermann Müller-Bohn, Berlin 1909

Die Denkmäler Berlins und der Volkswitz, von Victor Laverrenz, Berlin 1900

Die Beine der Hohenzollern, von Helmut Caspar, Berlin 2007

Merker, Herrnstadt, Wollweber, Funktionärsschicksale, von Helmut H. Schulz, Göttingen 2015

Der Kaiser und die Siegesallee, von Uta Lehnert, Berlin 1998

Berlin von 1650 bis 1900, von Heinz Spitzer und Alfred Zinn, Berlin 1986

Preußen, von Bernt Engelmann, München 1979

Grüße aus Berlin, von Holger Lehmann, 2011 Berlin

Monument und Nation, von Reinhard Alings, Berlin 1996

Handbuch der Deutschen Bildungsgeschichte, von Christa Berg, 1991, München

Unter den Linden, von Günter de Bruyn, Berlin 2002

2. Internet:

www.luise-berlin.de/
www.stadtentwicklung.berlin.de/
www.napoleon-forum.de/
www.tagesspiegel.de/
https://anderes-berlin.de/
http://berliner-schloss.de/
www.deutsche-schutzgebiete.de/

REKLAME

Die Nachwelt hat der ersten Kaiserin Preußen-Deutschlands keine Kränze geflochten. Was wir heute über sie wissen, stammt aus den zeitbedingten oder politisch bestimmten Urteilen ihrer Gegner. Bismarck hielt die Kaiserin Augusta für seine schlimmste Feindin, was zutrifft. Wilhelm I., ihr Herr Gemahl, misstraute ihrer Aktivität, nicht aber ihrem Urteil. Sie wollte den Gang der deutschen Geschichte gegen alle Widerstände in der ehrenwerten Familie in einem historischen Augenblick mitgestalten, als Preußen am Scheideweg stand. Anders als ihre Vorgängerin auf dem blauen Kornblumenthron Preußens, der Königin Luise, wurde sie in Berlin nicht geliebt, höchstens auf Grund ihrer Stellung respektiert. Zuletzt galt sie nur noch als gefährlich schrullig. In diesem Buch unternimmt es Helmut H. Schulz ihr Bild aus den Fragmenten und Urteilen über diese Frau, mit Phantasie aus heutiger Sicht ein Bild Augustas zusammenzusetzen, einer vergessenen Kaiserin.

Wer daran glaubt, dass Geschichte von Menschen gemacht wird, dem wird mit diesen nicht-chronologischen Streifzügen womöglich das zwiespältige Gefühl geboten, das uns beschleicht, wenn wir meinen, es hätte besser gemacht werden können. Diese vorletzte Kaiserin war eine bemerkenswert starke Frau, im Guten wie im bösen, eine große Hasserin, und eine der auffallendsten Persönlichkeiten unter den aussterbenden Monarchinnen. Bis in die letzten Stunden ihres sterbenden Gatten hinein blieb sie in jedem Zoll: Kaiserin Friedrich Wilhelm, Royal Princess Victoria. Und sie fühlte sich um den Glanz betrogen, der ihren Zustand; hundert Tage Kaiserin sind etwas mager, angesichts einer so langen Wartezeit. Als das Ziel erreicht war, dauerte es nur etwas mehr als drei Monate, genau solange wie Friedrich als deutscher Kaiser auf dem Thron mehr dahinsiechte als regierte.

www.herasverlag.de

Glanz und Elend der Friedrich-Wilhelms

Preußische Könige
Deutsche Kaiser

Hofberichte von Helmut H. Schulz

HeRaS Verlag

Unter „Hofberichte" geht der Autor dem Klatsch bei Kurfürsts, bei Preußens Königen und Kaisern nach, der die Zeitgenossen in Aufregung versetzte. Neben den Standesehen wurde geliebt und gehasst, wurden Ränke geschmiedet und versucht, Politik zu machen.

Wer eine zusammenhängende Geschichtsdarstellung erwartet, der muss sie hinter den Banalitäten suchen, um auf seine Kosten zu kommen. Aber Fürsten – die wie in diesem Fall über Jahrhunderte Friedrich oder Wilhelm oder beides hießen, was auf die Fantasie der Namensgeber schließen lässt – sind eine Institution gewesen, sie lebten und webten außerhalb der gewöhnlichen und moralischen Maßstäbe und Regeln, die sie förderten, ohne ihnen zu unterliegen, umgeben von einem großen Hof und Höflingen. Darüber wird berichtet.

www.herasverlag.de

Helmut H. Schulz erzählt Lebenswege, Aufstieg und Fall, am Beispiel von

Paul Merker, Mitglied des Parteivorstandes, des Zentralsekretariats und des Politbüros der SED außerdem Staatssekretär im DDR-Landwirtschaftsministerium,

Rudolf Herrnstadt, Chefredakteur des Neuen Deutschland, Mitglied des ZK der SED und Kandidat des Politbüros sowie

Ernst Wollweber, Leiter im Range eines Staatssekretärs das Ministerium für Staatssicherheit, war darüber hinaus Mitglied der Volkskammer und des ZK der SED.

So unterschiedlich diese Charaktere waren, sie hatten doch eines gemein: Sie lehnten sich in der ersten Hälfte der 1950er Jahre gegen Walter Ulbricht – vergeblich und mit der Konsequenz ihres eigenen Sturzes – auf.

www.herasverlag.de

MEISTER HEINRICH GRESBECK'S BERICHT VON DER WIEDERTAUFE IN MÜNSTER

neu erzählt von
RAINER V. SCHULZ

HeRaS Verlag

Der Verfasser ist ein Mann aus dem Volk, ungebildet, aber verständig, von lebhaftem Geist, ein aufmerksamer Beobachter. Sein Buch ist original, keine Spur von einer fremden nachbessernden Hand bemerkbar. Er schreibt, wie er sprechen würde, aber sein Stil ist sachgemäß und natürlich, anschaulich. Es zeigt sich die Lust, die ihm das Erzählen bereitet.

Er bietet uns den echten unverfälschten Bericht eines Augenzeugen über die Vorgänge in der Stadt während des Wiedertäuferreiches der 1530er Jahre. Da er ohne Aufzeichnungen, bloß aus dem Gedächtnis schreibt, muss er wider Willen die Zeitfolgen verletzen. Aber er zerstört sie auch mit vollem Bewusstsein, reiht aneinander was ihm einfällt, schaltet etwas anderes ein und kehrt dann ruhig zu der unvollendeten Begebenheit zurück.

www.herasverlag.de

www.ingramcontent.com/pod-product-compliance
Lightning Source LLC
Chambersburg PA
CBHW020217170426
43201CB00007B/240